A

pour découvrir les parcours
des Français en Amérique
Amitiés Caroline
le 3 janvier 2015

Caroline Maniaque

GO WEST !

Des architectes au pays de la contre-culture

Parenthèses

COUVERTURE :
Photomontage de Gunther de Graaff, illustrant la section Cosmorama, « The AA in LA », *Architectural Design*, vol. XLIII, nº 8, juillet 1973.

Publié avec le concours du Bureau de la recherche architecturale, urbaine et paysagère, Direction générale des patrimoines, ministère de la Culture et de la Communication.

72, cours Julien, 13006 Marseille

www.editionsparentheses.com

ISBN 978-2-86364-288-7

Couverture du numéro « Koolhaas : Delirious New York ».

L'Architecture d'aujourd'hui, n° 186, août-septembre 1976.

OUVERTURE

Y A-T-IL DES ÉCHOS DE LA CONTRE-CULTURE AMÉRICAINE ?

Quand Bernard Huet, en août 1976, dans un éditorial de *L'Architecture d'aujourd'hui* intitulé « La nuit américaine », évalue les rapports entre la France et les États-Unis, il se réfère aux influences de l'Amérique capitaliste. En un jugement catégorique, il évoque les édifices majeurs érigés dans le cadre du plan d'aménagement de la Région parisienne — des tours de La Défense aux préfectures des Villes nouvelles, de l'aéroport Charles-de-Gaulle au campus de Tolbiac — et qualifie ces architectures de reproductions caricaturales de l'architecture américaine [1]. Il met en avant deux modèles : d'un côté le modèle de l'américanisation (l'Amérique du Nord comme exemple de progrès technique et organisationnel, un aspect généralement retenu par des observateurs et des historiens), de l'autre celui de l'architecte intellectuel prenant pour exemple l'Italie. Il évoque ainsi le renouvellement intellectuel américain, citant notamment l'*Institute for Urban Studies*, crée par Peter Eisenman en 1967 [2].
À aucun moment dans cet éditorial, Bernard Huet ne fait référence au phénomène de la contre-culture — une zone tampon entre les deux modèles identifiés — ou aux transformations que celle-ci a provoquées.
En juin 1975, Bernard Huet avait pourtant proposé un dossier dans *L'Architecture d'aujourd'hui*, qui présentait un portrait bien différent des États-Unis. Sous le titre « Architecture douce », ce numéro évoquait toute une série de pratiques architecturales éloignées autant de l'architecture commerciale ou du post-modernisme que du versant théorique développé par Peter Eisenman : maisons réalisées à partir de matériaux recyclés, cabanes, sensibilité écologique. L'ensemble des expériences d'habitat mentionnées évoquait le contexte contre-culturel qui avait été si prégnant depuis une dizaine d'années.

Y a-t-il eu, à l'époque, des influences de la contre-culture américaine en France ? Au premier abord on pourrait en douter — les dômes géodésiques n'ont pas été construits en quantité en France et les jeunes gens qui quittaient les villes pour les campagnes ont trouvé dans les villages de l'Ardèche et de la Dordogne bien assez de fermes abandonnées à restaurer.

L'intention de ce livre vise néanmoins à montrer que les influences ont été plus répandues et porteuses d'avenir qu'on ne voudrait le croire. La pénétration de la culture alternative américaine s'est produite, d'une part, par des contacts personnels (les architectes voyagent, visitent, explorent) et, d'autre part, par le rôle actif de périodiques spécialisés (*Architectural Design* ou *L'Architecture d'aujourd'hui*), de revues de société (*Actuel*) et de traductions d'ouvrages qui diffusaient l'information venant des États-Unis.

Cela s'est manifesté en France à la fin des années soixante et pendant les années soixante-dix par des phénomènes nouveaux dans les champs de la communication et de l'architecture : la *Free Press*, l'idée de réseau, le goût pour les *cartoons* américains, l'intérêt pour l'écologie, la fascination pour les structures légères (les gonflables notamment). Cette culture est très présente en France dans la vie des étudiants à la fin des années soixante et dans les écoles d'architecture. Le livre s'attache à rendre compte de cette vague alternative qui a baigné les rives françaises.

Elle fut de courte durée mais a laissé des traces importantes. L'intérêt des architectes pour l'écologie, pour les maisons solaires ou bioclimatiques s'est développé lors de la première crise du pétrole en 1973, mais a perdu de sa prégnance dès 1978 lorsque le prix du baril de pétrole a baissé. Ainsi, plusieurs agences d'architecture qui avaient établi des pratiques professionnelles en matière d'architecture solaire, ont-elles été contraintes de cesser leur activité au début des années quatre-vingt faute de clientèle.

L'écologie n'est plus un sujet de prédilection pour les médias lorsque l'opposition accède au pouvoir (élection de François Mitterand en 1981). L'emblématique magazine *Le Sauvage*, par exemple, cesse de paraître comme si toutes les revendications environnementales s'étaient soudainement volatilisées avec l'investiture socialiste.

Les principales bornes chronologiques, 1960-1980, cadrent plusieurs évolutions, à la fois culturelles et historiques. Aux États-Unis, ces dates englobent la floraison de la contre-culture et son déclin, ainsi que la fin de la guerre du Vietnam (1973). En France, la période marque à la fois le boom économique du début des années soixante et la rupture provoquée par changement politique de 1981. Les deux points médians correspondent à la crise intellectuelle et politique de Mai-68 tant en France qu'aux États-Unis, d'une part et à la coupure que constituent les effets de la crise pétrolière de la fin 1973, d'autre part.

Plus encore que la diffusion d'une influence, c'est le cheminement d'un emprunt à une culture et ses transformations que nous allons retracer en évoquant le voyage des architectes dans l'Amérique de la contre-culture et les réseaux d'information internationaux[3].

[1] Bernard Huet, « La nuit américaine », *L'Architecture d'aujourd'hui* (Paris), nº 186, août-septembre 1976, p. V.

[2] Jean-Louis Cohen, *Scènes de la vie future, L'Architecture européenne et la tentation de l'Amérique, 1893-1960*, Paris, Flammarion - École des hautes études en sciences sociales, 1993.

MÉTHODOLOGIE

La rencontre des témoins, la visite des sites mentionnés et décrits dans les périodiques de l'époque, l'expérience du voyage de découverte en suivant des itinéraires déjà éprouvés par plusieurs Français entre 1960 et 1975 sont quelques-unes des actions qui ont permis de tester et de réviser une vision issue des seules sources documentaires et archivistiques.

En Arizona, j'ai exploré le site de Taliesin Ouest (près de Phoenix), l'atelier-résidence où Frank Lloyd Wright avait installé dès 1937 sa « confrérie » qui comprenait ses collaborateurs, mais aussi des étudiants et des apprentis ; puis la fondation Cosanti à Scottsdale qui fut le premier centre de recherche fondé par l'architecte italien Paolo Soleri, installé en Arizona après avoir séjourné et travaillé à Taliesin. De cet architecte, j'ai pu visiter également le grand chantier d'Arcosanti, à 110 kilomètres au nord de Phoenix où, à partir de 1970, des centaines d'étudiants se sont initiés aux techniques de construction tout en rêvant à l'utopie urbaine écologique imaginée par Paolo Soleri [4] et expérimentant son concept d'« arcologie » (architecture et écologie).

En Californie, en 1998, je suis allée sur le site de Sea Ranch, l'aménagement touristique dessiné en 1962-1965 par l'architecte paysagiste Lawrence Halprin et les architectes Joseph Esherick et Charles Moore, et j'ai rencontré son promoteur, Alfred Boeke. J'ai visité le siège du journal *Whole Earth Review*, domicilié dans une petite maison victorienne de la banlieue de San Francisco. J'ai entraperçu Stewart Brand, l'initiateur du *Whole Earth Catalog* de 1968 à 1973, sur son bateau, *Le Milene*, à Sausalito, dans la baie de San Francisco. J'ai observé le site de Bolinas où réside Lloyd Kahn, l'auteur de *Domebook One* (1970), *Domebook* 2 (1971), et de *Shelter* (1973) ; j'ai rencontré à plusieurs reprises à San Francisco les membres du groupe radical d'artistes-architectes Ant Farm, actif entre 1968 et 1978. En 2000, alors qu'il était l'hôte du maire de Oakland (et gouverneur de Californie de 1975 à 1983) Jerry Brown à nouveau gouverneur depuis 2011, j'ai pu m'entretenir longuement avec Ivan Illich. Il m'a alors éclairé sur les réseaux européens qui soutenaient ses travaux.

À côté de ces témoignages oraux et de l'expérience des lieux, la recherche documentaire s'est fondée sur les revues d'architecture et sur les publications plus informelles, souvent peu répertoriées dans les bibliothèques universitaires. En 2001, ni le *Whole Earth Catalog* ni *Shelter* ne figuraient dans le catalogue de la bibliothèque Avery de l'université Columbia. La pénétration de la contre-culture dans les

[3] Caroline Maniaque, *Les architectes français et la contre-culture américaine* (thèse de doctorat en histoire de l'architecture, Université de Paris 8, 2006, multig.). Voir aussi Caroline Maniaque-Benton, *French Encounters with the American Counterculture 1960-1980*, Burlington/Farnham, Ashgate, 2011 ; « The American Travels of European Architects : 1958-1973 », in Jilly Traganou et Miodrag Mitrašinović (ed.), *Space, Travel, Architecture*, Burlington/Farnham, Ashgate, 2008, p. 189-209.

[4] Paolo Soleri, *Arcology, the City in the Image of Man*, Cambridge, MIT Press, 1971. Le livre a été traduit en français par Catherine Ungar : *Arcologie : la ville à l'image de l'homme*, Roquevaire, Parenthèses, 1980.

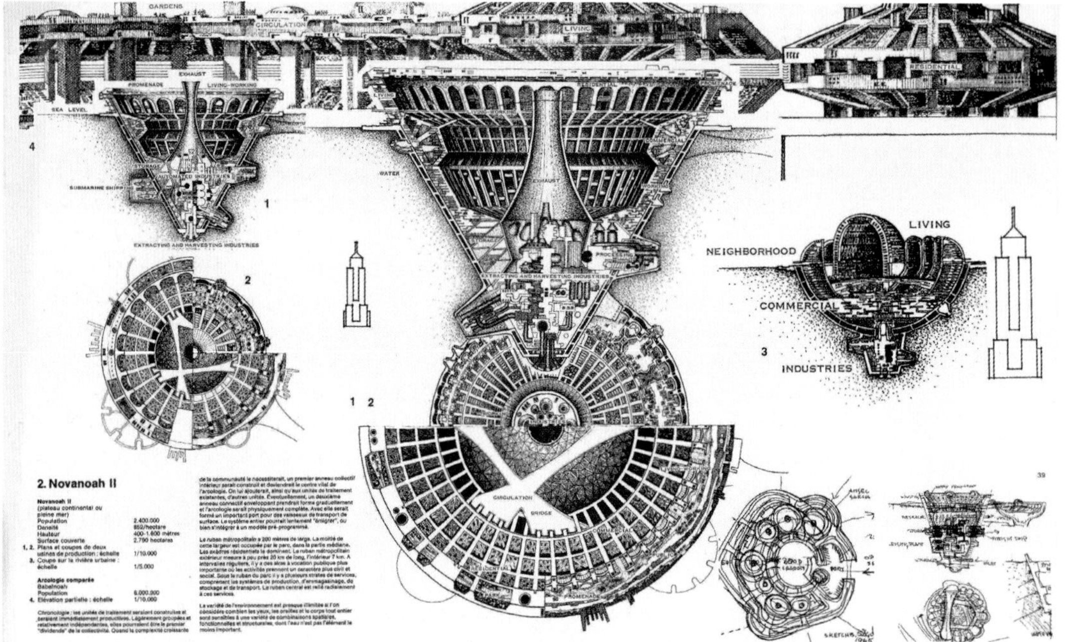

Paolo Soleri, *Arcologie : la ville à l'image de l'homme*, page intérieure. Marseille, Parenthèses, 1980, p. 39.

institutions de la culture savante, donc, était partielle. En revanche, la Fisher Fine Arts Library, la bibliothèque d'art et d'architecture de l'université de Pennsylvanie conservait des documents de ce type, son bibliothécaire Ed Deegan étant très sensible à cette littérature non canonique. L'exploitation de sources documentaires conservées à la bibliothèque de Denver, à celle du College of Environmental Design de l'université de Californie à Berkeley, ou encore dans les *Historical Societies* comme celle de Sausalito, ont permis de mieux cerner les débats qui agitaient l'époque et de visualiser les imprimés qui circulaient. Les archives personnelles de Clark Richert sur Drop City — bandes dessinées, articles de journaux, photographies, reconstitution digitale — donnaient encore plus de matérialité à cette réalisation dont les traces au sol ont disparu.

En France, j'ai interviewé Jean Soum et ai été hébergé dans un zome construit dans son jardin à Seix, en Ariège. J'ai rencontré à plusieurs reprises Marc Vaye qui m'a fourni de nombreux documents iconographiques. François Barré, David Elalouf et Jean Dethier m'ont apporté des informations sur l'exposition « Architectures marginales aux États-Unis » (1975). Jean-Paul Jungmann a ouvert les richesses de sa collection de revues populaires et savantes. Un entretien filmé où il commente l'importance de ces matériaux a été montré dans une exposition à la Bibliothèque des arts décoratifs en 2010 et son collègue Jean Aubert, cofondateur de la revue *Utopie*, a rendu accessible des publications telles que *Icosa* (1973) ou le numéro spécial de *Vroutsch* (1972) consacré à l'autoconstruction.

VOYAGES ET TRANSFERTS

Le voyage de découverte a toujours été pour les intellectuels une opportunité de tester leurs idées. Au XVIIIe siècle, les aristocrates et les artistes affrontent les affres du Grand Tour (principalement en Italie) afin de découvrir les racines de leur propre culture. Mais l'expérience du périple en lui-même — traverser les Alpes, faire des rencontres tout au long du chemin — est souvent plus déterminant que ce à quoi on s'est préparé [5]. Au XXe siècle, les voyageurs européens en Amérique sont plutôt en quête d'une préfiguration du futur que d'une compréhension du passé. Ils traversent alors l'Atlantique pour explorer les performances technologiques nord-américaines. Ces voyages ne se passaient pas dans le vide. À mesure que la prospérité américaine se développe, le phénomène de l'américanisme en Europe, notamment dans les années vingt, tend à englober un certain nombre de traits de « civilisation » : efficacité, productivité, accès aux biens matériels. En 1976, plusieurs numéros de la revue suisse-allemande *Archithese*, dirigée par Stanislaus von Moos, abordent le thème de l'américanisme [6]. Les travaux de Hubert Damisch et de Jean-Louis Cohen développent ces perspectives dans le champ architectural entre 1896 et 1960 [7]. Selon eux, l'idéal américain dans l'architecture est un phénomène majeur du XXe siècle qui touche l'Europe et l'Asie et consiste à adopter les principes américains tels que la standardisation, l'industrialisation ou encore les typologies architecturales du gratte-ciel à l'étalement résidentiel.

Dans la thèse qu'elle consacre aux relations entre la France et les États-Unis en 1989, *France Discovers America 1917-1939, French Writings on American Architecture*, Isabelle Gournay dresse le portrait de l'opinion française sur l'Amérique en s'appuyant sur des publications françaises traitant de l'architecture américaine entre 1917 — lorsque les Américains entrent dans la Grande Guerre — et 1939 [8]. Elle repère les changements d'attitude des Français vis-à-vis de l'environnement construit nord-américain et découvre les indices de l'américanisation

5 Voir entre autres ouvrages consacrés aux voyages, Daniel Roche, *Humeurs vagabondes : de la circulation des hommes et de l'utilité des voyages*, Paris, Fayard, 2003. Henry Liebersohn, *Aristocratic Encounters, European Travellers and North American Indians*, Cambridge, Cambridge University Press, 1998.

6 Trois numéros sont consacrés plus spécialement à l'imaginaire métroplitain. « Metropolis I. New York : un mythe européen », *Archithese*, nº 17, 1976 (contributions d'Andreas Adam, Mario Manieri-Elia, William Curtis, Guisi Rapisarda et Holger Siegel) ; « Metropolis II. New York ou la médiation architecturale d'une explosion », *Archithese*, nº 18, 1976 (éditorial de Stanislaus von Moos, contributions de Cervin Robinson, Werner Oechslin, Rosemarie Bletter, Giorgia Muratore, Rem Koolhaas et Heinz Ronner) ; « Metropolis III. Américanisme, Skyscraper et Iconographie », *Archithese*, nº 20, 1976. Le numéro, sous la responsabilité de Werner Oechslin, propose des contributions de Manfredo Tafuri, Rosemarie Bletter, David Brownlee et Werner Oechslin. Werner Oechslin, « Skyscrapers und Amerikanismus, Mythos zwishen Europa und Amerika », *Archithese*, nº 20, 1976, p. 4-11.

7 Un séminaire à l'École des hautes études en sciences sociales en 1982, un colloque en octobre 1985 sur ce thème et une publication, en 1993, Jean-Louis Cohen, Hubert Damisch, *Américanisme et modernité, L'idéal américain dans l'architecture*, Paris, EHESS/Flammarion, 1993.

8 Isabelle Gournay, *France Discovers America 1917-1939, French Writings on American Architecture*, thèse de Ph.D. Yale University, 1989, multig.

progressive de l'environnement construit français avant et après la Seconde Guerre mondiale.

D'autres travaux s'attachent plus particulièrement à repérer les effets de l'adoption de méthodes nord-américaines dans les différents pays européens, leurs adaptations et leurs impacts effectifs. Jonathan Zeitlin, dans son introduction à l'ouvrage *Americanization and Its Limits : Reworking US Technology and Management in Post-War and Japan* [9], met au jour, en 2000, les fluctuations qui ont affecté l'adoption des méthodes de production américaines et montre les résistances et les transformations de ces méthodes par les Européens et les Asiatiques. Dans son livre paru en 2005, *Irresistible Empire, America's Advance through Twentieth Century Europe*, l'historienne Victoria de Grazia fait le point sur divers travaux relatifs à la notion d'américanisation [10]. Elle rappelle que le terme « américanisation » a été si largement utilisé qu'il lui semble utile de penser, entre autres, à l'américanisation comme un dialogue culturel, pour lequel des intellectuels développent leurs travaux en utilisant l'Amérique comme un trope. À cet égard, elle cite l'ouvrage de Dan Diner, *America in the Eyes of the Germans* [11], ainsi que celui de Jean-Philippe Marty *Extrême-Occident : French Intellectuals and America* [12]. Il est cependant difficile d'évaluer l'impact d'une culture sur une autre et Victoria de Grazia constate que le concept d'américanisation est plus efficace quand il peut être mesuré : la pratique des affaires se plie à cette mesure [13].

La plupart de ces études mettent en scène la société capitaliste et impérialiste, la culture dominante. Dans la période 1960-1970, l'attitude des Français s'avère d'une plus grande complexité, marquée par l'anti-américanisme caractéristique de la politique gaulliste. La fascination pour les produits de la culture populaire américaine — musique, films, bandes dessinées — est contre-balancée par le rejet d'un système de production standardisée qui détruirait les particularismes régionaux de la société française.

Au cours des années soixante à soixante-quinze, quelques architectes français ont été sensibles aux discours autres que celui sur la modernité aux États-Unis. Ils se sont intéressés aux débats sur les technologies appropriées, sur l'autonomie énergétique (éolienne et solaire). Ils ont suivi avec attention les discussions sur l'écologie et l'environnement. Ils ont regardé les *pueblos* du Sud-Ouest des États-Unis comme

9 Jonathan Zeitlin, « Introduction : Americanization and its limits », in Jonathan Zeitlin et Garry Herrigel (ed.), *Americanization and Its Limits : Reworking US Technology and Management in Post-War and Japan*, Oxford/New York, Oxford University Press, 2000, p. 1-50.

10 Victoria de Grazia, *Irresistible Empire : America's Advance through 20th-Century Europe*, Cambridge, The Belknap Press of Harvard University Press, 2005, p. 552-556.

11 Dan Diner, *America in the Eyes of the Germans*, Princeton, Markus Weiner, 1996.

12 Jean-Philippe Marty, *Extrême-Occident : French Intellectuals and America*, Chicago, University of Chicago Press, 1993.

13 Mary Nolan, *Visions of Modernity : American Business and the Modernization of Germany*, New York, Oxford University Press, 1994 ; Marie-Laure Djelic, *Exporting the American Model : The Post-War Transformation of European Business*, New York, Oxford University Press, 1998.

Mesa Verde, site archéologique des Indiens Anasazis dans le Colorado en 1975.

Dans l'extrême sud-ouest de l'État du Colorado, le plateau de Mesa Verde, à plus de 2 000 m d'altitude, abrite une concentration d'habitats indiens ancestraux dans des « pueblos » construits du VIe au XIIe siècle, villages bâtis au sommet de la Mesa et des habitations aménagées au creux des falaises.

exemple d'une architecture parfaitement intégrée aux conditions climatiques et observé les constructions faites à partir d'objets récupérés. L'Amérique n'est donc plus seulement perçue comme l'apothéose de la modernité mais aussi comme l'inspiratrice d'un retour à la nature [14]. Le terme « américanisation » pourrait-il décrire tout à la fois le progrès (la modernisation) et son contraire ? Peut-on encore parler d'américanisation lorsque les phénomènes de résistance — la contre-culture par exemple — sont dans le même temps importés [15] ?
Plusieurs intellectuels partant en Amérique du Nord réussissent à surmonter leur aversion envers l'impérialisme américain pour apprécier la contre-culture. L'obstacle de l'Amérique capitaliste toute puissante a été détourné au profit des valeurs d'une « Amérique autre » — la culture populaire, la contre-culture contestataire, les cultures ethniques, loin des villes. Les motivations des jeunes architectes qui ont soutenu ces mouvements étaient comparables à celles avancées par les positions contre-culturelles au sens large : l'architecture doit être un moyen de se démarquer d'une société qui cautionne les interventions militaires dans le Sud-Est asiatique, qui n'intervient que très peu pour faire face aux gaspillages des ressources de la planète et qui relègue le citoyen à un rôle de consommateur.
La contre-culture architecturale nord-américaine rapidement apparue, rapidement oubliée, a néanmoins fasciné la jeunesse européenne au moment de son émergence au milieu des années soixante. C'est le moment où, en effet, le déplacement et les frais de la vie quotidienne

14 Ces paradoxes entre avancée technique comme signe de la modernité et retour en arrière ont été décodés par Bruno Latour dans son ouvrage *Politiques de la nature : comment faire entrer les sciences en démocratie*, Paris, La Découverte, 1999.

15 Cf. Caroline Maniaque, « A Different Americanization : Exporting Marginality », in *The Americanization of Postwar Architecture*, colloque organisé par Greg Castillo et Paolo Scrivano, Université de Toronto, 2-5 décembre 2005. Les organisateurs recommandaient la lecture du texte d'Alan Brinkley, « The Concept of an American Century » in R. Laurence Moore et Maurizio Vaudagna (ed.), *The American Century in Europe*, Ithaca, Cornell University Press, 2003, p. 7-21.

aux États-Unis sont encore très élevés mais où le voyage s'est démocratisé. L'ouverture des lignes aériennes aux avions à réaction en modifie la nature : l'ère du transport de masse débute avec le Boeing 747 (1970). Au début des années soixante-dix, sur des avions beaucoup plus petits, la compagnie anglaise Laker permet d'aller aux États-Unis en passant par les aéroports londoniens pour l'équivalent de 150 euros pour un aller et retour sans réservation, comme se remémore le journaliste Patrick Farbiaz : « Il suffisait de se pointer sur le tarmac. C'était une expérience extraordinaire. Cela a permis à des milliers et des milliers de jeunes de découvrir les États-Unis, pas cher et de façon extrêmement pratique [16]. »
Nombreux sont les jeunes architectes partis découvrir l'Amérique, sacs au dos, à bord de voitures louées ou achetées. Avec en poche *Sur la route* [*On the Road*] le livre de Jack Kerouac, ils ont traversé le continent, découvert les parcs nationaux, emprunté la route 66 ou, en Californie, la route 1 qui longe la côte du Pacifique, de San Francisco à la frontière mexicaine. Certains ont également participé au festival de musique de Woodstock en 1969, devenu depuis mythique. Ils ne sont plus alors seulement en quête des verticalités architecturales de New York ou de Chicago, de la concentration et de la densité métropolitaines, du gigantisme et de la sophistication constructive, de l'organisation scientifique du travail, de l'efficacité, de la puissance et de la hiérarchie, mais cherchent bien plutôt la liberté, l'aisance, l'esprit rebelle de certains individus, capables d'une part de construire, de bricoler avec leurs mains un habitat fait de matériaux de récupération et, d'autre part, de travailler avec des architectes engagés dans une pratique professionnelle militante.
Apprécier les produits culturels nord-américains (qu'ils soient issus de la culture savante ou même de la culture populaire) n'est cependant pas facile sur le plan idéologique pour les Français. L'anti-américanisme prend des formes complexes au cours des années soixante. Les intellectuels parisiens, qui ne cessent d'attaquer les États-Unis (du *Nouvel Observateur* aux *Temps modernes*), n'hésitent pas à publier des articles dénonçant la misère sociale et mentale des quartiers des grandes villes américaines, conséquence de la faillite du capitalisme. Ainsi, « le ghetto noir, c'est la pathologie élevée à la hauteur d'une institution, l'état de mal chronique et se perpétuant lui-même [17] ». Les articles sur la guerre du Vietnam dans *Le Nouvel Observateur* en 1966 montrent l'horreur de la stratégie militaire nord-américaine. Comme le rappelle le journaliste Philippe Gavi, qui milite dans la mouvance maoïste : « Les États-Unis c'était un peu le gros Satan. On aurait préféré aller en Chine ou en Albanie [18]. »

[16] Cf. Anaïs Kien et Anne Franchini, *Paris-New York-Los Angeles et retour : les voyageurs français aux États-Unis 1968-1978*. La Nouvelle fabrique de l'histoire : les Amitiés intellectuelles 3/5, Paris, France Culture, 14 avril 2006.

[17] Kenneth B. Clark, « Harlem et ses docteurs », *Les Temps modernes*, nº 242, juillet 1966, p. 104. L'article décrit les relations entre pauvreté, criminalité et drogue.

[18] Cf. Anaïs Kien et Anne Franchini, *Paris-New York-Los Angeles et retour : les voyageurs français aux États-Unis 1968-1978*, documentaire cité. À propos de l'enthousiasme pour la Chine de la part des intellectuels après 1968, consulter François Hourmant, *Le désenchantement des clercs, Figures de l'intellectuel dans l'après-Mai-68*, Rennes, Presses universitaires de Rennes, 1997.

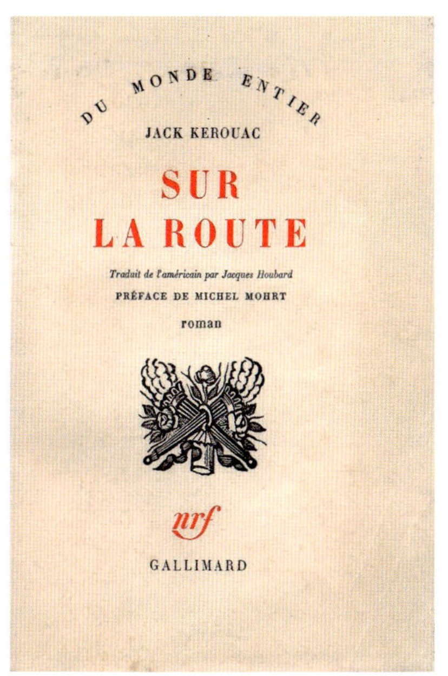

Couverture de la version française de l'ouvrage de Jack Kerouac, *Sur la route*.

Paris, Gallimard, 1960.

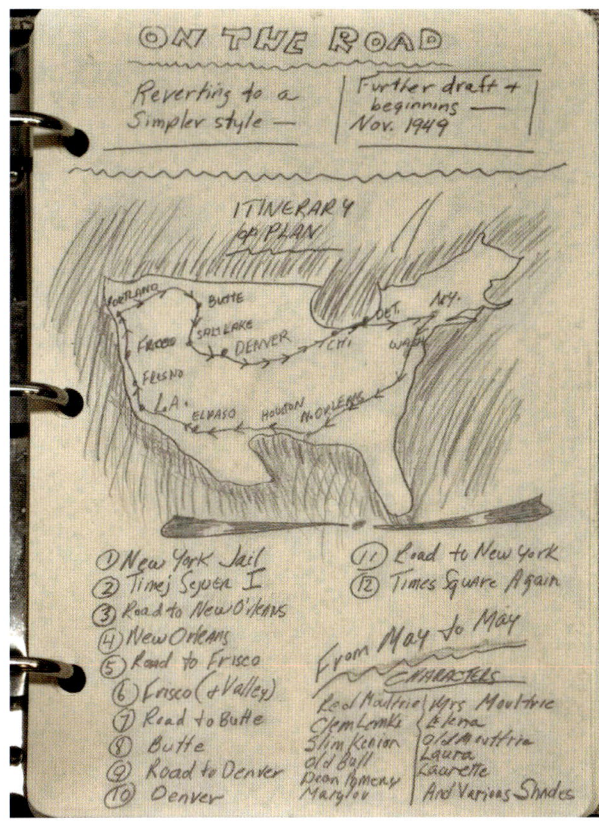

Jack Kerouac, page d'un des carnets préparatoires de *Sur la route*, « Notes nocturnes et diagrammes pour Sur la route » (novembre 1949).

Exposée au musée des lettres et manuscrits de Paris, en 2012.

Arnold Skolnick, Affiche pour le festival de Woodstock (Bethel, NY) 15-17 août 1969.

« Circular handed to students after the burning of files in February this year at the Ecole des Beaux-arts ».

Couverture du numéro « The Beaux-arts Since 68 », *Architectural Design*, septembre 1971.

« Entrée de l'École des Beaux-Arts, c.1968, Paris ».

Architectural Design, septembre 1971, p. 534-535.

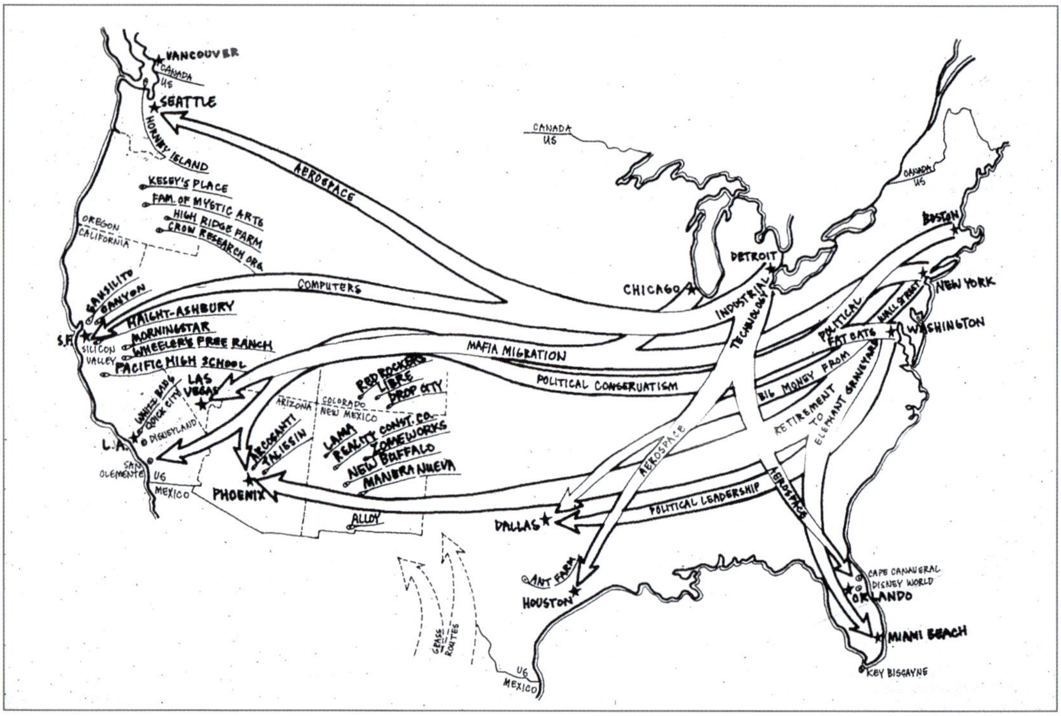

William Chaitkin, Carte des États-Unis avec indication de la migration vers l'ouest de l'architecture alternative.

Source: Charles Jencks, William Chaitkin, *Architecture Today*, New York, Harry N. Abrams, 1982.

Manifestation d'éudiants contre la guerre du Vietnam à Washington en 1969.

Après le mouvement révolutionnaire de 1968, l'exploration des États-Unis s'instaure comme un des rites de passage de la jeunesse européenne. Les jeunes architectes visitent alors les hauts lieux de la contre-culture architecturale repérés et cartographiés dans les revues d'architecture anglo-saxonnes, italiennes et françaises, notamment *Architectural Design*, *Domus* et l'*Architecture d'aujourd'hui*, ou encore dans des magazines tels que la revue underground française *Actuel* (à partir de 1970), ou popularisés dans des ouvrages californiens comme le *Whole Earth Catalog* (1968) ou *Shelter* (1973), disponibles dans les librairies alternatives à Paris, Marseille, Barcelone, Turin, Darmstadt, Vienne ou Londres. Toutes ces expériences ne sont pas sans effet sur la culture architecturale en France.

LA CONTRE-CULTURE

Le terme « contre-culture » apparaît pour la première fois au début des années soixante dans un article du sociologue John Milton Yinger qui tentait alors de caractériser la dimension psychologique de la déviance sociale qu'il avait pu observer dans une série de films produits dans les années cinquante (*The Wild One*, 1954 ; *Rebel Without a Cause* et *Blackboard Jungle*, 1955 ; *West Side Story*, 1957)[19]. Ce terme lui semble plus approprié que celui de *subculture* car, contrairement à ce dernier, la contre-culture aspire à transformer les valeurs de la société qui l'accueille.

[19] John Milton Yinger, « Contraculture and Subculture », *American Sociological Review 25*, nº 4, octobre 1960, p. 625-635, cité par Peter Braunstein et Michael William Doyle, « Historicizing the American Counterculture of the 1960s and '70s », in Peter Braunstein et Michael William Doyle (ed.), *Imagine Nation, The American Counterculture of the 1960s and 1970s*, New York, Routledge, 2001, note 8, p. 13. L'historiographie française sur le thème de la contre-culture nord-américaine est aussi conséquente. Pour un travail d'élucidation historique et sociologique, voir Marie-Christine Granjon, *L'Amérique de la contestation*, Paris, Presses de la Fondation nationale des sciences politiques, 1985. Voir également Christiane Saint-Jean-Paulin, *La contre-culture, États-Unis, années soixante : la naissance de nouvelles utopies*, Paris, Autrement, 1997.

L'historien américain Theodore Roszak revitalise l'expression originale en 1969 dans le titre de son ouvrage *The Making of the Counter Culture*. L'appellation devient alors le signifié exclusif de la version du radicalisme culturel des années soixante aux États-Unis. Theodore Roszak définit ainsi le phénomène : « Une protestation qui prend racine paradoxalement non pas dans la faillite mais dans le succès de l'économie industrielle développée [20]. »

En France, l'analyse du mouvement contre-culturel est menée par le sociologue Alain Touraine. Boursier de la fondation Rockefeller en 1952 et 1953, il avait étudié la sociologie aux universités de Harvard, Columbia et Chicago dans les années soixante, et était donc aux premières loges pour observer le phénomène. Dans l'article « Contre-culture » qu'il rédige en 1974 pour l'*Encyclopædia Universalis*, il note la différence entre le phénomène nord-américain et ses effets en Europe en signalant que, si l'influence américaine s'était étendue surtout à l'Europe occidentale, elle a été limitée cependant par la force des mouvements ouvriers militants en France et en Italie. « Partout la contre-culture s'est mêlée aux nouveaux mouvements contestataires, en particulier parmi les étudiants mais sans jamais se confondre avec eux et parfois en marquant nettement la distance entre le changement culturel et le conflit politique [21]. »

Alain Touraine relève trois notions — l'expressivité, la personne, le groupe — considérées comme caractéristiques des aspirations de la contre-culture et opposées à l'instrumentalité, la règle, la bureaucratie. Il relève aussi comme caractéristique que les *drop-outs* ont tendance à rompre soit avec les études, soit avec les formes habituelles de la vie professionnelle. Le sociologue analyse cet abandon plus comme une protestation vis-à-vis d'une organisation sociale perçue comme pesante, que comme une contestation. Ce refus conduit aussi à rêver d'une société nouvelle, de nouveaux modes de vie (comme la vie en communauté) et fondements philosophiques. À une société qui se définit par sa croissance, sa mobilité, ses changements incessants s'oppose l'idée d'un retour à l'équilibre qui en appelle aux exigences de l'écosystème [22].

Le phénomène contre-culturel, mélange paradoxal de vie communautaire et d'individualisme, se situe néanmoins dans le contexte plus large de l'histoire et de la culture américaine. Un mouvement de mécontentement populaire vis-à-vis du triomphalisme économique et militaire de l'après-guerre s'était déjà fait sentir dans les années cinquante. La culture *Beat* dénonçait le militarisme de la guerre froide, la démagogie anticommuniste, la ségrégation raciale, le conformisme social et le consumérisme.

[20] Theodore Roszak, *The Making of the Counterculture, Reflections on the Technocratic Society and its Youthful Opposition*, Berkeley, University of California Press, 1995 (première édition, 1969), p. XII. Le livre est traduit sous le titre *Vers une contre-culture : réflexions sur la société technocratique et l'opposition de sa jeunesse*, Paris, Stock, 1970 (traduit par Claude Elsen).

[21] Alain Touraine, « Contre-Culture », in *Encyclopædia Universalis* [1974], vol. 6, 2002, p. 392.

[22] Alain Touraine, « Contre-Culture », *op. cit.*, p. 392-393.

Les historiens américains Peter Braunstein et Michael William Doyle brossent un portrait de la contre-culture des années soixante dans *Imagine Nation : The American Counterculture of the 1960s and '70s* (2002) qui rassemble une série de contributions thématiques sur cette époque : la jeunesse, la drogue, la politique, le féminisme, la musique, le sexe, les communautés. Ils proposent de penser historiquement la contre-culture en deux phases. La première met en scène la jeunesse blanche anglo-saxonne, optimiste, celle de l'utopie contre-culturelle des *Flower Children* dont le point de départ serait la tournée des Beatles en 1964. Ce courant arrive à son apogée dans les années 1967-1968, pour retomber peu après l'élection de Nixon en 1968. Les années 1969-1970 marquent le début de la phase descendante de la contre-culture : une conjoncture économique moins florissante et des lois de rétablissement de l'ordre public (*Law and Order)*, mises en place à l'initiative du gouvernement Nixon, injectent à cette jeunesse insouciante et utopique une dose de dure réalité. Néanmoins, le mouvement s'est répandu sous forme de comportements sociaux alternatifs.

Le mouvement hippies *Summer of Love* né à San Francisco en 1967.

Dessin de Yuko Shimizu illustrant un article de *Playboy*.

Pay Boy Magazine, juillet 2007.

Une des caractéristiques de la contre-culture est sa popularité. Devenue un phénomène de masse, elle a été rapidement récupérée à des fins commerciales. Si la notion d'avant-garde, au début du XXe siècle, était attachée à des mouvements élitistes, la contre-culture touche l'ensemble de la société.

Une série d'événements a rythmé l'histoire de la contre-culture, de son émergence à son déclin. Les historiens ont ainsi retenu la première hallucination d'Albert Hoffman après avoir ingéré par inadvertance un comprimé de LSD dans son laboratoire Sandoz en 1943 ; les Beatniks enthousiasmés par le texte de Ginsberg, *Howl*, récité à San Francisco à la galerie Six le 7 octobre 1955 ; Jim Morrison nommant son groupe de rock The Doors, d'après l'allusion d'Aldous Huxley à l'épigramme de William Blake « *If the doors of perception were cleansed* » ; Ken Kesey et les Merry Pranksters, sous acide, redécouvrant les États-Unis, cette fois de l'Ouest à l'Est, à bord de leur « magic bus » ; les fleurs, la musique, la vision idyllique de ce soi-disant *Summer of Love* à San Francisco en 1967 ; et bien sûr le festival de musique à Woodstock les 15, 16 et 17 août 1969.

Quoiqu'il soit relativement aisé de créer une histoire de la contre-culture basée sur la chronologie d'événements marquants, il est pourtant plus approprié de considérer que le « terme "contre-culture" rassemble ce qui ne devrait jamais être interprété comme un mouvement social. C'était bien plutôt essentiellement un ensemble instable d'attitudes, de tendances, de postures, de gestes, de modes de vie, d'idéaux, de visions, de plaisirs sensuels, de moralisme, de négations et d'affirmations[23] ».

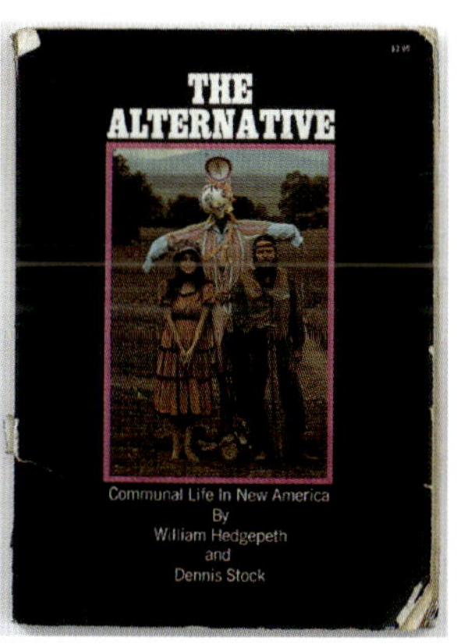

Couverture de l'ouvrage de William Hedgepeth et Dennis Stock, *The Alternative : Communal Life in New America.*

New York, MacMillan, 1970.

La transformation des modes de vie passe par celle des modes d'habiter. La famille mononucléaire est repoussée au profit d'une vie plus collective. De nombreuses communautés surgissent aux États-Unis, adoptant une grande diversité de formes. Ce type de vie n'est cependant

23 Peter Braunstein et Michael William Doyle, « Introduction : Historicizing the American Counterculture of the 1960s and '70s », in *Imagine Nation*, *op. cit.*, p. 10.

pas une invention de la contre-culture hippie. L'historien américain Timothy Miller montre bien que la vie en communauté a toujours existé aux États-Unis et que cette tradition était aussi vive en 1840 qu'en 1940. Toutefois, le phénomène s'accentue entre 1965 et 1975 puisque plusieurs centaines de milliers, si ce n'est un million, de jeunes Américains chercheront à vivre en communauté. Les hippies ont donc plutôt ajouté un nouveau chapitre à cette longue histoire [24].

Couverture du premier numéro de la nouvelle série de *Actuel*, « Les communautés contre la famille ».

Dessin de Robert Crumb, *Actuel*, octobre 1970.

LES HISTORIENS DE L'ARCHITECTURE ET LA CONTRE-CULTURE

Bien que l'intérêt pour la décennie 1965-1975 s'accroisse en ce début du XXIe siècle — à la fois en termes d'histoire culturelle et d'histoire architecturale —, il est néanmoins plus soutenu pour l'histoire des avant-gardes architecturales que pour celle de l'architecture alternative [25]. Parmi les historiens ayant publié des histoires générales de l'architecture moderne dans le dernier quart du XXe siècle, rares sont ceux qui ont évoqué l'épisode de la contre-culture architecturale. Ni Manfredo Tafuri et Francesco Dal Co, ni Leonardo Benevolo, ni William Curtis, ni Kenneth Frampton n'ont traité cette production singulière dans leurs ouvrages généraux traitant de l'histoire de l'architecture [26].
En revanche, elle est prise en compte dans les ouvrages où la dimension sociale et anthropologique du phénomène bâti est envisagée. Ainsi Paul Oliver donne-t-il la plume à Bill Voyd en 1969, dans *Shelter and Society* [27], pour narrer son expérience de constructeur et d'habitant de dômes de la communauté de Drop City. Dolores Hayden évoque elle aussi Drop City et l'insère dans la longue durée de la continuité de structures communautaires comme mode d'habiter aux XIXe et XXe siècles dans son ouvrage *Seven American Utopias : The Architecture of Communitarian Socialism 1790-1975* [28].

24 Timothy Miller, « The Sixties-Era Communes », in *Imagine Nation*, *op. cit.*, p. 327. Consulter également Timothy Miller, *The 60s communes : Hippies and Beyond*, Syracuse, Syracuse University Press, 1999.

25 Hadas A.Steiner, *Bathrooms, Bubbles and Systems : Archigram and the Landscape of Transcience*, thèse de Ph.D., Massachusetts Institute of Technology, 2001, multig. ; Simon Sadler, *The Situationist City*, Cambridge, MIT Press, 1998 ; Stanley J. Mathews, *An Architecture for the New Britain : The Social Vision of Cedric Price's Fun Palace and Potteries Thinkbelt*, thèse de Ph.D., Columbia University, 2003, multig. ; Martin van Schaik et Otakar Máčel(ed.), *Exit Utopia, Architectural Provocations 1956-1976*, Munich, Prestel, 2005. Exposition au Gemeente museum à La Haye en 2005 ; Hilde Heynen, André Loeckx et Lieven De Cauter, *Back from Utopia : the Challenge of the Modern Movement*, Rotterdam, 010 Publishers, 2002 ; Dominique Rouillard, *Superarchitecture*, Paris, Éditions de La Villette, 2004.

26 Kenneth Frampton écrit néanmoins un compte rendu de lecture du livre de Charles Jencks et Nathan Silver, *Adhocism : The Case for Improvisation* ; cf. Kenneth Frampton, « On Charles Jencks and Nathan Silver's : "Adhocism : The Case for Improvisation" », *Oppositions*, nº 3, mai 1974, p. 104-105.

27 Bill Voyd, « Funk Architecture », in Paul Oliver (ed.), *Shelter and Society*, Londres, Barrie & Jenkins, 1969, p. 159.

28 Dolores Hayden, *Seven American Utopias : The Architecture of Communitarian Socialism 1790-1975*, Cambridge, MIT press, 1976, p. 331-338.

Projet « Free Time Node, Trailer Cage » de Ron Herron, Archigram, 1967.

Le phénomène de la contre-culture architecturale est donc relativement négligé par les historiens bien qu'il ait été brièvement considéré dans les années soixante-dix comme un courant majeur. L'historien de l'architecture américain Charles Jencks publie en 1982, en collaboration avec l'architecte anglais William Chaitkin, l'ouvrage *Architecture Today*, dans lequel les deux auteurs font le point sur les développements de l'architecture, notamment en Amérique du Nord, de 1960 à 1980. Le livre, généreusement illustré, est composé de trois parties, traitant du modernisme tardif (*Late-Modernism*), de la post-modernité (*Post-Modernism*) et des approches architecturales alternatives (*Alternatives*). Cette troisième partie, sous la plume de William Chaitkin, est réservée aux constructions légères, éphémères ou mobiles telles que les cabanes, les dômes géodésiques, les enveloppes gonflables, les caravanes, des maisons en bois qui accueillent un mode de vie communautaire, mais prend en compte aussi des exemples de technologies alternatives, à partir de l'énergie solaire ou éolienne, par exemple [29].

Couverture de *Archigram Nine*, avec un dessin de Tony Rickaby.
Londres, Archigram, 1970.

Le substantif *alternative* évoque pour Chaitkin non pas les spéculations en architecture telles les propositions utopiques du groupe anglais Archigram ou celles artistiques et monumentales de Claes Oldenburg tel que le tube de rouge à lèvres monumental à l'université de Yale, mais au contraire les exemples construits de l'architecture marginale, comme les dômes de la communauté de Drop City près de Trinidad (Colorado), les maisons-barges dans la baie de Sausalito au nord de San Francisco (Californie) ou encore les structures gonflables du groupe Ant Farm, comme celle de l'installation temporaire à Freestone en 1970.
Le mouvement de la contre-culture, « une vraie révolution » écrit Chaitkin, témoigne d'une réaction à la fois contre le capitalisme, contre

[29] Charles Jencks, William Chaitkin, *Architecture Today*, New York, Harry N. Abrams, 1982. Le livre est publié en Angleterre sous le titre *Current Architecture* (Londres, Academy Editions).

la ville, contre la *high technology* américaine et contre l'institution même de l'architecture. Il est évident que Charles Jencks et William Chaitkin pensent que l'architecture alternative annonce le futur.
Six ans plus tard, en 1988, le livre est réédité sous le même titre, *Architecture Today*, et chez le même éditeur. Mais cette fois l'ouvrage est diffusé sous le seul nom de Charles Jencks. Le nom de William Chaitkin et le texte « *Alternatives* » auquel il avait contribué disparaissent au profit d'une nouvelle partie sur l'architecture contemporaine des années quatre-vingt. Les informations culturelles et architecturales contenues dans la partie « *Alternatives* » étaient pourtant riches, stimulantes et peu connues. Le changement de goût et de jugement qui s'opère dans ce laps de temps — début et fin des années quatre-vingt — est si grand que les péripéties des architectures alternatives n'ont plus bonne presse. L'aspect « révolutionnaire » identifié par William Chaitkin en 1982 paraît obsolète en 1988. Il est peut-être inévitable qu'une culture basée sur la spontanéité favorisant l'éphémère ait du mal à se perpétuer.
Après une période de latence à la fin des années quatre-vingt et quatre-vingt-dix, un retour d'intérêt pour l'architecture de la contre-culture s'exprime depuis le début du XXIe siècle, renouvelant les perspectives historiques. En 2000, l'article de Margaret Crawford, « Alternative Shelter : Counterculture Architecture in Northern California » dans un ouvrage collectif sur la Californie [30], donne le ton en énonçant les succès commerciaux des constructions alternatives. Dans son article, elle évoque les méthodes de distribution par catalogues, en rapprochant les itinéraires des protagonistes issus de familles bourgeoises fréquentant l'armée. L'auteur met en évidence également les liens entre Buckminster Fuller et la Pacific High School, une école de type Summerhill [31], où Lloyd Kahn, un charpentier passionné par les dômes depuis qu'il avait entendu une conférence de Fuller en 1966, aide à réaliser dix-sept dômes, utilisés comme salles de classe ou dortoirs. Crawford analyse la diffusion de l'information sur la construction des dômes par l'intermédiaire du *Whole Earth Catalog*. Elle démystifie ce type de réalisation architecturale en la revisitant à travers les catégories de genre, de distinction, de réponse au commerce [32].
En 2007, l'historien américain Andrew Kirk revisite le thème de la contre-culture en se concentrant sur le concept émergeant de *soft technology*. Il signale que le mouvement contre-culturel, tel qu'il est développé dans le *Whole Earth Catalog* par exemple, n'est pas nécessairement antitechnologique. Bien au contraire, comme le suggère le

Buckminster Fuller lors d'une conférence en 1970.

30 Margaret Crawford, « Alternative Shelter : Counterculture Architecture in Northern California » in Stephanie Barron, Sheri Bernstein, Ilene Susan Fort (eds.), *Reading California, Art, Image, and Identity, 1900-2000*, Berkeley, University of California Press, 2000,

31 Summerhill School est un établissement d'enseignement fondé en 1921 en Angleterre par Alexander Sutherland Neill (1883-1973) afin d'y appliquer ses théories pédagogiques. Les principes du fonctionnement de l'école sont la liberté et une forme de démocratie basée sur l'égalité des voix pour sa gestion.

32 Voir aussi Thomas Frank, *The Conquest of Cool : Business Culture, Counterculture, and the Rise of Hip Consumerism*, Chicago, University of Chicago Press, 1997 et Todd Gitlin, « Afterword », in *Reassessing the Sixties*, New York, Norton, 1997, p. 291-292.

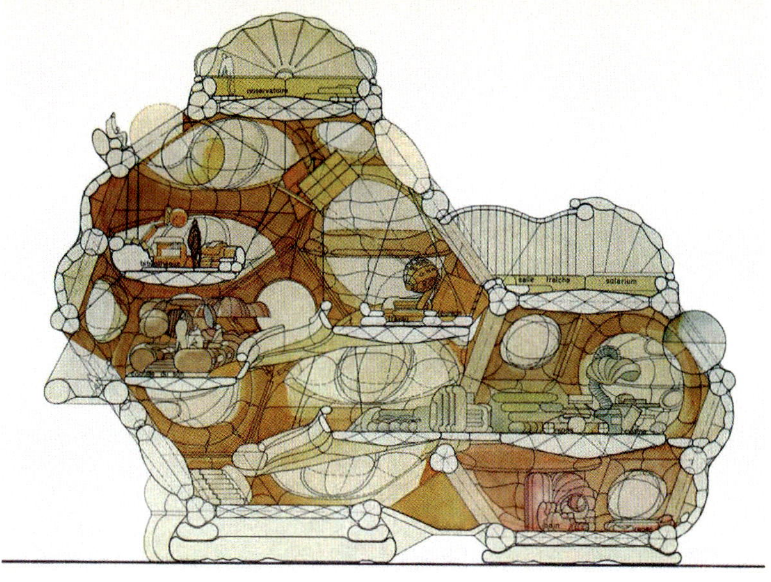

Jean-Paul Jungmann, « Dyodon », Habitation pneumatique expérimentale, 1967.

catalogue, une bonne maîtrise des sciences et de la technologie peut être bénéfique pour produire des outils, les ordinateurs par exemple, capable d'accroître les potentialités d'agir des individus[33].
L'ambivalence entre antimodernité et sophistication technologique est bien illustrée, encore aujourd'hui, par les maisons non reliées aux réseaux infrastructurels. L'acte est autant politique — le refus de payer les taxes des pylônes électriques ou des canalisations d'eau — qu'esthétique ou psychologique — la liberté. Architectes, inventeurs, industriels conçoivent et perfectionnent des maisons autonomes, *off-the-grid* (non reliées aux réseaux de gaz, d'électricité, d'eau), mais équipées de batteries et de systèmes de panneaux solaires hautement perfectionnés. Dans les années quatre-vingt-dix, avec l'émergence de l'internet, ils sont apparus d'une autre nature : une utopie de la « cyberculture » prenant modèle sur l'idéal communautaire des hippies qui s'étaient rebellés contre l'*establishment*. Le livre de Fred Turner, publié en 2006, *From Counterculture to Cyberculture : Stewart Brand, the Whole Earth Network, and the Rise of Digital Utopianism*, montre les liens entre contre-culture et technologie pour mettre l'ordinateur à la portée d'une libération personnelle et construire une société d'échange[34]. Christine Macy et Sarah Bonnemaison analysent quant à elles comment les idées écologiques basées sur la culture alternative ont été intégrées dans l'univers de la consommation domestique sous forme d'objets sophistiqués[35].
Dans le champ architectural, on note un regain d'intérêt au cours des années quatre-vingt-dix pour des thématiques comme l'éphémère, le

[33] Andrew Kirk, *Counterculture Green : The Whole Earth Catalog and American Environmentalism*, Lawrence, University Press of Kansas, 2007.

[34] Fred Turner, *From Counterculture to Cyberculture : Stewart Brand, the Whole Earth Network, and the Rise of Digital Utopianism*, Chicago, University of Chicago Press, 2006. Voir également Caroline Maniaque, « Hard et Soft America : perspectives françaises », *Les Cahiers de la recherche architecturale et urbaine*, n° 11, mai 2002, p. 37-48.

[35] Christine Macy et Sarah Bonnemaison, *Architecture and Nature : Creating the American Landscape*, New York, Routledge, 2003.

transitoire, la légèreté, l'habitat nomade, l'habitat d'urgence. Ce goût se concrétise en architecture par le choix de structures légères, gonflables ou tridimensionnelles, une architecture qui fait appel à la légèreté par opposition à la masse. Joan Ockman écrit en 1998 dans la revue américaine *Metropolis* un article intitulé « Pneumotopian Visions [36] », en évoquant le goût des structures légères chez les architectes d'avant-garde. Marc Dessauce réalise, quant à lui, en 1999, une exposition à l'Architectural League à New York, « The Inflatable Moment », présentée ensuite à l'Institut français d'architecture à Paris, et un ouvrage sur les gonflables abordant notamment les travaux du groupe Utopie [37]. Une exposition consacrée aux travaux du groupe Ant Farm, actif en Californie entre 1968 et 1978, est présentée au musée de l'université de Berkeley en 2003 [38].

Le livre illustré d'Alastair Gordon, publié en 2008, documente avec vigueur le contexte et la diversité des environnements alternatifs et de leurs habitants. Le numéro spécial « Counterculture » de la revue *Volume*, publiée en 2010, fournit des éclairages multiples sur les thèmes de la technologie, de l'environnement et des communautés. Les entretiens avec les protagonistes insistent sur les liens que l'on peut établir entre situations contemporaines et attitudes contre-culturelles des années soixante [39].

En France, les éditeurs participent au mouvement. Les éditions Parenthèses rééditent ainsi en 2005 l'ouvrage de David Wright, *Manuel d'architecture naturelle* et celui d'Edward Mazria, *Le Guide de la maison solaire* [40]. Les éditions Alternatives publient des ouvrages sur l'architecture mobile [41]. Plus étonnant encore, une traduction d'une série d'entretiens entre Richard Buckminster Fuller et Robert Snyder (datant de 1980), est proposée en 2004 [42].

Couverture de la nouvelle édition française du livre de David Wright, *Natural Solar Architecture*.
Marseille, Parenthèses, 2005.

36 Joan Ockman, « Pneumotopian Visions », *Metropolis*, nº 9, juin 1998, p. 86-90.

37 Marc Dessauce (ed.), *The Inflatable Moment : Pneumatics and Protest in '68*, New York, Princeton Architectural Press, 1999.

38 L'exposition a été présentée au University Art Museum à Berkeley à l'automne 2003, à l'Ica à Philadelphie, à l'École d'architecture de Yale, New Haven en 2004. Cf. Caroline Maniaque, « Searching for Energy », in Constance Lewallen et Steve Seid (ed.), *Ant Farm 1968-78*, Berkeley, University California Press, Berkeley Art Museum, Pacific Film Archive, 2003, p. 14-21. Caroline Maniaque, « Le langage alternatif : *l'Inflatocookbook* », *Cahiers thématiques*, nº 3, Pratiques du langage, EAL / Jean-Michel Place, 2003, p. 149-159.

39 Alastair Gordon, *Spaced Out, Crash Pads, Hippie Communes, Infinity Machines, and Other Radical Environments of the Psychedelic Sixties*, New York, Rizzoli, 2008 ; *Volume* (New York), nº 24, « Counterculture, to beyond or not to be », septembre 2010. Pour l'attention portée au petites revues, on peut mentionner également Beatriz Colomina et Craig Buckley (ed.), *Clip/Stamp/Fold : The Radical Architecture of Little Magazines*, 196X-197X, Barcelone, Actar, 2010.

40 David Wright, *Manuel d'architecture naturelle*, traduction de Pierre Bazan (Marseille, Parenthèses, 2005 ; paru initialement en 1979 sous le titre *Soleil, nature, architecture*) ; Edward Mazria, *Le Guide de la maison solaire*, traduction de Pierre Bazan (Marseille, Parenthèses, 2005 ; paru initialement en 1981 sous le titre *Le Guide de l'énergie solaire passive*).

41 Denis Couchaux, *Habitats nomades*, Paris, Alternatives, 2003 ; Véronique Willemin, *Maisons mobiles*, Paris, Alternatives, 2004.

42 Robert Snyder (dir.), *Buckminster Fuller : scénario pour une autobiographie*, Paris, Images modernes, 2004.

Par ailleurs, les nouvelles sensibilités et les politiques gouvernementales favorisant la réflexion sur le développement durable ont probablement aussi joué un rôle dans l'intérêt manifesté par les étudiants en architecture et le public en général pour les thèmes proches de ceux développés par l'architecture alternative. Le livre de Dominique Gauzin-Müller, *Architecture écologique*[43] est un succès commercial. L'ouvrage présente une trentaine d'exemples de pratiques européennes en matière de qualité environnementale et de développement durable appliquées dans les domaines de l'architecture et de l'urbanisme[44].

Couverture illustrée du *Shelter*, édition de 1976.

Attestant d'un retour en force d'un intérêt pour l'architecture organique et notamment les cabanes, les éditions Parenthèses publient à l'automne 2006 la traduction française d'un livre de Lloyd Kahn, *Homework, Maisons à construire*. Pour nous, cette parution signale que « la boucle est bouclée ». L'ouvrage, réalisé par l'auteur du best-seller *Shelter* (vendu à 250 000 exemplaires depuis 1973), enregistre, plus de trente ans après, l'impact que celui-ci a pu avoir en présentant les lieux de vie des personnes qui s'en sont inspiré.

En ce début de millénaire, face à l'ampleur de la crise à la fois écologique et économique, les architectes sont incités par les instances gouvernementales et institutionnelles — en France, par exemple, le Grenelle Environnement en 2007[45]— à développer des positions considérées comme alternatives dans les années soixante-dix : développement durable, énergies renouvelables, participation des usagers. Apparaissent également des critiques fondamentales à l'égard du capitalisme, ses institutions et son expression construite. De nouvelles générations explorent les possibilités d'autoconstruction, luttent pour la préservation de l'environnement. Le slogan « Vivre léger sur terre » redevient plus d'actualité que jamais[46].

Page intérieure de l'édition française de *Homework*.
Marseille, Parenthèses, 2006, p. 99.

[43] Paris, Le Moniteur, 2001.

[44] Le livre est traduit sous le titre : *Sustainable Architecture and Urbanism : Design, Construction, Examples*, New York, Princeton Architectural Press, 2002. Une exposition sur le thème de la maison écologique est présentée à Paris, à la Cité de l'architecture et du patrimoine en mai 2009. Cf. *Habiter écologique, Quelles architectures pour une ville durable*, Arles, Actes Sud, 2009.

[45] Ce terme correspond à un ensemble de rencontres politiques organisées en France en octobre 2007, visant à prendre des décisions à long terme en matière d'environnement et de développement durable, en particulier pour restaurer la biodiversité, à diminuer les émissions de gaz à effet de serre et à améliorer l'efficience énergétique.

[46] Cité par Peter Braunstein et Michael William Doyle, « Introduction : Historicizing the American Counterculture of the 1960s and '70s », in *Imagine Nation, op. cit.*, p. 10.

Ant Farm, « Time Slice, Advertisements for a Counter culture ».
Progressive Architecture, juillet 1970, p. 87.

CHAPITRE 1

CADRAGE : LES DÉBATS AUTOUR DE LA PLACE DE LA TECHNOLOGIE

Les États-Unis ont toujours été perçus par les voyageurs européens comme le pays de la technologie. Parmi les intellectuels qui ont accompagné l'inéluctable évolution de la société technologique, en en pointant les aspects positifs, on rencontre, au cours des années trente et quarante, l'inventeur de la cybernétique Norbert Wiener, l'ingénieur Richard Buckminster Fuller et l'écrivain de science-fiction Arthur C. Clarke.

Toutefois, l'intensité des violences et des destructions de la Seconde Guerre mondiale, accentuée par la technologie moderne (les bombes de Hiroshima et de Nagasaki en 1945), a tempéré l'enthousiasme technologique. Les philosophes et les penseurs commencent à questionner une nation organisée autour de systèmes militaires, de production et de communication.

Au cours des années soixante, nombreux sont les débats à propos de la légitimité de la technologie, de son bénéfice pour la société et de ses effets pervers — société machiniste guerrière, pollution environnementale suscitée par l'industrialisation. Le climat social et politique est mouvementé. La guerre du Vietnam (1965-1973) constitue la toile de fond politique et sociétale de ces critiques très vives sur les bien-fondés de la technologie. Parmi ceux qui s'insurgent contre la technologie perçue comme une force totalitaire et destructrice, on repère de nombreux critiques : Jacques Ellul, Ivan Illich, Herbert Marcuse et Lewis Mumford. Toute une génération d'étudiants, consciente des liens entre la technologie et les ravages de la guerre du Vietnam, sera influencée par leurs écrits.

En 1962, le livre de Rachel Carson, *Silent Spring*, dénonce les usines chimiques fabriquant du napalm, mais aussi des pesticides et herbicides utilisés aux États-Unis [1]. Il contribue à façonner le mouvement environnementaliste. Carson y aborde la question des coûts environnementaux de la production technologique et son livre est l'un des premiers à pousser un cri d'alarme, suivi par celui du biologiste Barry Commoner, *Science and Survival*, qui, en 1966, traite des conséquences écologiques néfastes des essais nucléaires [2], et celui du spécialiste des sciences de l'environnement Paul R. Ehrlich, avec *The Population Bomb*, qui prédit en 1968 un désastre humanitaire dû à la surpopulation et établit

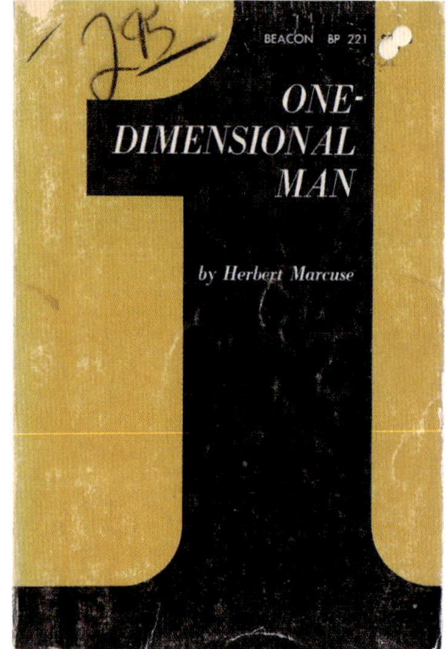

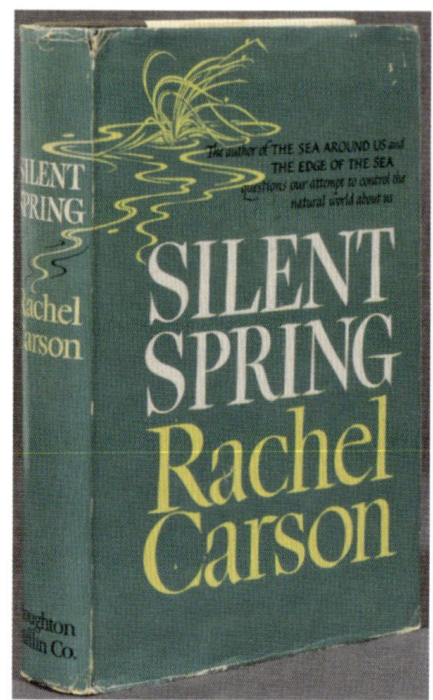

Couverture de l'ouvrage de Herbert Marcuse, *One-Dimensional Man : Studies in the Ideology of Advanced Industrial Society*.

Boston, Beacon Press, 1964.

Couverture de l'ouvrage de Norbert Wiener, *Cybernetics or Control and Communication in the Animal and the Machine*.

2e ed., Cambridge, MIT Press, 1961.

Couverture de l'ouvrage de Rachel Carson, *Silent Spring*.

Boston, Houghton Mifflin, 1962.

des liens de cause à effet entre population et risques environnementaux[3]. Traduits, ces ouvrages auront aussi une résonance en France au moment où se développent les mouvements écologiques au début des années soixante-dix. Les caricaturistes, Ron Cobb par exemple, s'approprient le thème des déchets industriels pour se moquer des progrès technologiques de l'Amérique.

Le philosophe français Jacques Ellul est l'un des premiers à critiquer radicalement le système technologique dans *La Technique ou l'enjeu du siècle* paru en 1954[4]. Ellul y développe une réflexion sur l'évolution de la société moderne, en constatant que la disparition du monde rural traditionnel s'accompagne d'une technicisation et d'une normalisation croissantes de l'être humain comme de son milieu.

Le livre, traduit en anglais en 1964 sous le titre *The Technological Society*, lui assure une grande notoriété auprès des étudiants américains, comme l'atteste leur nombre important venant de Berkeley pour assister à ses cours à l'Institut d'études politiques de Bordeaux jusqu'en 1980. Les points caractéristiques de sa pensée sont la critique de l'État et de la bureaucratie technicienne ; une préférence pour la démocratie directe ou du moins pour la démocratie participative allant de pair avec

1 Rachel Carson, *Silent Spring*, Boston, Houghton Mifflin, 1962. Témoignant du renouveau d'intérêts pour ces thèmes, cet ouvrage est de nouveau disponible en français : *Le Printemps silencieux*, préface d'Al Gore, traduit de l'américain par Jean-François Gravrand et Baptiste Lanaspeze, Paris, Wildproject, 2009. Cela témoigne du renouveau d'intérêt contemporain pour ces thèmes. Cf. Serge Andier, « « Printemps silencieux », de Rachel Carson et « Face à la crise : l'urgence écologiste », d'Alain Lipietz : pour un New Deal écologiste », *Le Monde des livres*, 25 juin 2009.

2 Barry Commoner, *Science and Survival*, New York, Viking Press, 1966 (traduction française : *Quelle Terre laisserons-nous à nos enfants ?*, Paris, Seuil, 1969).

3 Paul R. Ehrlich, *The Population Bomb*, New York, Ballantine Books, 1968 (traduction française : *La bombe P*, Paris, Fayard, 1972).

4 Jacques Ellul, *La Technique ou l'Enjeu du siècle*, Paris, Armand Colin, collection Sciences politiques, 1954 (réédition chez Economica en 2008) ; traduction américaine : *The Technological Society*, New York, Knopf, 1964.

GEORGIA STRAIGHT - NOV 19, 1969.

Ron Cobb, « United States Apollo 58 », *Mah Fellow Americans,* 1969.

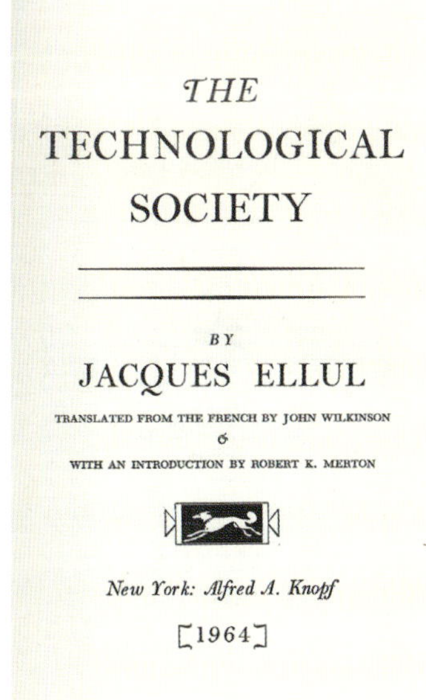

THE

TECHNOLOGICAL SOCIETY

BY

JACQUES ELLUL

TRANSLATED FROM THE FRENCH BY JOHN WILKINSON

&

WITH AN INTRODUCTION BY ROBERT K. MERTON

New York: Alfred A. Knopf

[1964]

Couverture de l'ouvrage de Jacques Ellul, *The Technological Society.*

New York, Alfred A. Knopf, 1964.

la défense de l'échelon local ou régional face au centralisme jacobin ; la volonté de substituer à l'État-Nation un cadre fédéral, l'internationalisme, la défense des concepts d'autogestion et d'autonomie au plan économique et politique. Il soutient une critique du productivisme, de la société industrielle, de l'organisation capitaliste du travail et plus généralement une critique de la primauté de la logique économique dans les sociétés modernes. Pour lui, l'expansion de la science et de la technique ne signifie pas automatiquement progrès de la Raison et progrès de l'homme. Sa critique de la consommation va jusqu'à l'éloge de la frugalité et d'un certain ascétisme. Surtout, il prône une défense de l'environnement.

La personnalité et les écrits de Jacques Ellul (1912-1994) requièrent une attention particulière. Ce philosophe, juriste et théologien, professeur, semble avoir été apprécié davantage aux États-Unis qu'en France où son influence était, somme toute, peu perceptible à l'époque. Le double investissement spirituel et politique de Jacques Ellul, son christianisme d'un côté et son adhésion à l'anarchie de l'autre, fut mal compris en France alors que cette liberté d'accepter de multiples voix intérieures est une caractéristique de l'Amérique. Jacques Ellul pointe le fait que la technique est non seulement artificielle, autonome et exponentielle mais aussi ambiguë : le progrès technologique résout des problèmes en en créant d'autres. S'il permet, par exemple, d'augmenter la production alimentaire, il engendre aussi le risque des pesticides dangereux et ces effets indésirables ne sont pas forcément prévisibles [5].

Lewis Mumford est l'un des opposants les plus virulents contre cette culture dominée par un système de production qui s'avère destructif. Après avoir écrit un pamphlet contre les mégastructures dans les années quarante, il explore une nouvelle fois, en 1967, préoccupé par le concept de mégamachine, les profondeurs de la société technologique dans *The Myth of the Machine* [6]. Il dénonce dans la technologie l'expansion continuelle de la production et son obsolescence rapide. Selon lui, ces processus militent consciemment contre la perfection, la permanence, l'efficacité et, surtout, le bien-être, pour générer une consommation continuelle. La population des villes est celle qui souffre le plus des disfonctionnements de la société technologisée. Dans son livre *The City in History* [7], il s'insurge contre la destruction du tissu cellulaire de la ville et rend responsables les ingénieurs et les urbanistes de ne pas avoir su former un vaste organisme urbain à l'échelle de la région [8].

[5] Carl Mitcham et Robert Mackey (ed.), *Philosophy and Technology : Readings in the Philosophical Problems of Technology*, New York, The Free Press, 1983, p. 5.

[6] Lewis Mumford, *The Myth of the Machine* (vol. 1, *Technics and Human Development*, 1967 ; vol. 2, *Pentagon of Power*, 1970), New York, Harcourt Brace Jovanovich (trad. française : *Le Mythe de la machine*, Paris, Fayard, 1973). Voir à ce propos l'ouvrage de Robert Wojtowicz, *Lewis Mumford and American Modernism*, Cambridge, Cambridge University Press, 1996, p. 3. Lewis Mumford enseigne à l'université de Pennsylvanie de 1951 à 1956 puis de 1959 à 1961 (parallèlement il enseignera au MIT de 1957 à 1961). À travers ses ouvrages, il développe une critique du modernisme et de la technologie.

[7] Lewis Mumford, *The City in History*, New York, Harcourt Brace Jovanovich, 1961 (traduction française : *La Cité à travers l'histoire*, Paris, Seuil, 1964 ; n^lle^ éd. : Marseille, Agone, 2011).

Pages intérieures de l'ouvrage de Lewis Mumford, *The Myth of the Machine* (vol.2, *Pentagon of Power*).

New York, Harcourt Brace Jovanovich, 1970.

10: Autocratic Technocracy

As was demonstrated in Volume One of 'The Myth of the Machine,' part of the immense productivity of the Pyramid Age was devoted to pyramid building itself, including the extensive mortuary cities that were necessary to ensure the performance of the required rituals. But this ancient power complex likewise produced masterpieces of architecture and engineering: dams, irrigations works, canals, reservoirs, temples, palaces, and cities, the latter often built in Mesopotamia on man-made mounds, high above flood level. As in our own age, these genuine benefits must be balanced off against the use of the same engineering skill in destroying cities, ruining soils, exterminating innocent civilian 'enemies,' and mercilessly exploiting the mass of workers whose forced labor, disciplined to machinelike precision, made these feats possible.

Historically, autocracy and technocracy are Siamese twins; and there are many present indications that their nature has not changed. But what archetypal fantasy erupting from the unconscious caused a contemporary technocrat to conceive his ideal collective habitation in the imitative form of a pyramid, big enough to entomb the population of a whole town? There are many contemporary variants of such dehumanized megastructures, apart from Buckminster Fuller's other project of a city under a geodesic dome: plans for underwater cities, underground cities, elevated linear cities, cities a mile high, all compete for attention as the City (read Anti-City) of the Future. Whatever their superficial difference, all these projects are essentially tombs: they reflect the same impulse to suppress human variety and autonomy, and to make every need and impulse conform to the system of collective control imposed by the autocratic designer. Small wonder that signs of revolt against the megamachine have broken out, ominously like those which ended the Pyramid Age in Egypt.

11: Space Rockets as Power Symbols

The moon rocket is the climactic expression of the power system: the maximum utilization of the resources of science and technics for the achievement of a relatively minuscule result: the hasty exploration of a barren satellite. Space exploration by manned rockets enlarges and intensifies all the main components of the power system: increased energy, accelerated motion, automation, cybernation, instant communication, remote control. Though it has been promoted mainly under military pressure, the most vital result of moon visitation so far turns out to be an unsought and unplanned one—a full view of the beautiful planet we live on, an inviting home for man and for all forms of life. This distant view on television evoked for the first time an active, loving response from many people who had hitherto supposed that modern technics would soon replace Mother Earth with a more perfect, scientifically organized, electronically controlled habitat, and who took for granted that this would be an improvement. Note that the moon rocket is itself necessarily a megastructure: so it naturally calls forth such vulgar imitations as the accompanying bureaucratic obelisk (office building) of similar dimensions, shown here (left). Both forms exhibit the essentially archaic and regressive nature of the science-fiction mind.

Entre 1960 et 1975, le déclin des industries traditionnelles — la sidérurgie de Pittsburgh, les usines automobiles de Detroit — et le développement des secteurs aéronautique, électronique et militaire entraînent un mouvement des populations vers l'ouest ainsi que vers le sud. L'argent et la main d'œuvre se déplacent vers la *Sun Belt* : électronique en Californie du Nord, aérospatiale à Seattle, Houston et Cap Canaveral. En France, à travers les médias et le discours politique, les États-Unis sont tenus pour responsables du développement de la société « surtechnologisée et mal technologisée », pour reprendre une expression du philosophe et critique social américain Paul Goodman. Les termes de « progrès », de « modernité » et de « science et technologie » seront présents dans les débats qui serviront à fédérer le mouvement écologique.

La critique française de la production technologique américaine est alimentée par la traduction en 1970 du livre de Theodore Roszak, *Vers une contre-culture*[9]. Dans son livre, Roszak présente notamment les idées que Jacques Ellul avait développées dans *La Technique ou l'enjeu du siècle* (1954), en pointant les effets négatifs de la société technologique. Roszak s'appuie également sur les travaux de Herbert Marcuse, de Allen Ginsberg, de Alan Watts, de Timothy Leary et de Paul Goodman, ouvrant ainsi au public français un cadre intellectuel allant de la critique sociologique à la poésie, de la philosophie à la religion.

Le livre de Charles Reich, traduit en 1971 sous le titre *Le Regain américain, Une révolution pour le bonheur*, a lui aussi été marquant des deux côtés de l'Atlantique[10]. Dans cet ouvrage, contrairement aux écrits de

8 Jean-Marie Domenach, « Mégalopoles », *Informations & Documents*, n° 208, 15 décembre 1964, p. 8-11. Un second article paraît en 1966 sous le titre « L'urbaniste en colère Lewis Mumford », *Informations & Documents* (Paris), n° 226, 1er avril 1966, p. 42-45.

9 Theodore Roszak, *The Making of the Counterculture*, *op. cit.*, p. XII.

Couverture de l'ouvrage de Theodore Roszak, *The Making of a Counter Culture : Reflections on the Technocratic Society and its Youthful Opposition.*

Garden City, Anchor Books, 1969.

Jacques Ellul ou de Rachel Carson, Charles Reich incite à penser la nouvelle ère technologique de façon positive en s'appropriant l'outil technologique pour un mode de vie choisi, vécu comme une nouvelle frontière à atteindre. Charles Reich insiste sur le rôle d'une éducation non pas au sens étroit de préparation scolaire, mais au sens plus large d'un enseignement qui amène à l'autonomie personnelle : « la plus grande partie de notre "éducation" a consisté à apprendre comment faire marcher la machine, comment fonctionner en tant que rouage d'une organisation ; ce qu'il nous faut, c'est une éducation qui nous apprenne à nous servir de la technologie, à la contrôler, à l'orienter, et à la mettre au service des valeurs de notre choix [11] ».

Au moment où Reich développe son argument pour une approche positive vis-à-vis de la technologie, un mouvement de retour à la terre se manifeste en France. Dans ce contexte, comment l'audience française pouvait-elle apprécier ou même comprendre la position de Reich ?

Les publications alertant sur les limites de la société technologique sont relayées dans la presse généraliste à la sensibilité underground comme dans les numéros d'*Actuel*. Le livre de Charles Reich y est, entre autres, vivement recommandé en mai 1971, ainsi que l'ouvrage *Pour comprendre les médias*, de Marshall McLuhan [12], considéré alors comme l'un des livres les plus importants de l'époque, justement parce que l'auteur fait l'hypothèse que les médias exercent une action profonde sur l'individu et dictent leurs décisions [13]. Dans le même article, le journaliste se demande si les Américains sont capables de développer une nouvelle conscience qui placerait les valeurs humanistes au-dessus des valeurs de la culture technologique. Sur un mode humoristique et mordant, la bande dessinée de Gébé, *L'An 01 (on arrête tout, on réfléchit et c'est pas triste)*, imbibée d'une culture critique à l'égard de la technologie, reprend à son compte une partie de ces alertes dès 1970. Gébé, dessinateur et rédacteur en chef d'*Hara-Kiri* puis de *Charlie-Hebdo*, publie cette bande dessinée à partir de 1970 sous forme d'un feuilleton dans *Politique-Hebdo*, puis dans *Charlie Mensuel*, enfin en album en 1972. Cette série écologique et utopique qui prône avec humour le retour vers les campagnes et la fuite de la ville, est adaptée au cinéma par Jacques Doillon (avec la collaboration de Gébé, d'Alain Resnais et de Jean Rouch) et sort en février 1973. Plus de 500 000 spectateurs verront le film. Le film américain d'anticipation *Soleil vert*, de Richard Fleischer (1973), décrit quant à lui une société à l'avenir lourd de menaces, en l'occurrence celle de la surpopulation et de l'épuisement des ressources

Couverture de l'ouvrage de Marshall McLuhan, *Understanding Media, The Extensions of Man.*

New York, McGraw-Hill, 1964.

[10] Charles Reich, *The Greening of America : How the Youth Revolution Is Trying to Make America Livable*, 1970 (traduction française : *Le Regain américain, Une révolution pour le bonheur*, Paris, Laffont, 1971).

[11] Charles Reich, *Le Regain américain*, *op. cit.*, p. 368.

[12] Marshall McLuhan, *Understanding Media : the Extensions of Man*, Londres, Sphere Books, 1967 (traduction française : *Pour comprendre les média : les prolongements technologiques de l'homme*, traduit de l'anglais par Jean Paré, Paris, Seuil, 1968).

[13] Jim Haynes, « Global Village News », *Actuel* (Paris), nº 8, mai 1971, p. 36. Les débuts d'*Actuel* et notamment les liens entre son rédacteur en chef Jean-Michel Burnier, Bernard Kouchner et Jean-François Bizot sont racontés dans l'ouvrage de Hervé Hamon, Patrick Rotman, *Génération : récit*, 2, *Les Années de poudre*, Paris, Seuil, 1988, p. 249-266.

Couverture de l'ouvrage de Gébé, *An 01 (on arrête tout, on réfléchit et c'est pas triste).*

Paris, Éditions du Square, 1972.

Photogrammes du film de Jacques Doillon, Gébé, Alain Resnais et Jean Rouch *L'An 01* (1973).

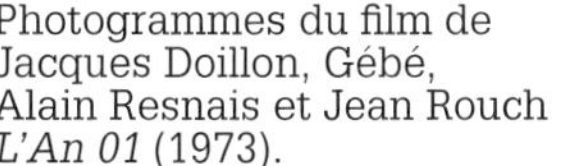

On reconnaît : Georges Wolinski, François Cavanna, Delfeil de Ton, Cabu, Professeur Choron.

René Dumont au cours de la campagne officielle pour les élections présidentielles, le 19 avril 1974.

« Nous allons bientôt manquer de l'eau et c'est pourquoi je bois devant vous un verre d'eau précieuse puisque, avant la fin du siècle, si nous continuons un tel débordement elle manquera. »

Deux photogrammes du film de Richard Fleischer, *Soleil vert* (1973).

naturelles, avec en toile de fond, l'euthanasie comme principe de régulation.
En France on peut rappeler par ailleurs la première candidature de l'agronome René Dumont à l'élection présidentielle de 1974 qui marquera la conscience écologique de toute une génération. Le résultat du scrutin n'est pas significatif, mais il s'agit alors d'utiliser les médias, la télévision en premier lieu, pour ouvrir la pensée écologiste au plus grand nombre.

CRITIQUE DU CAPITALISME

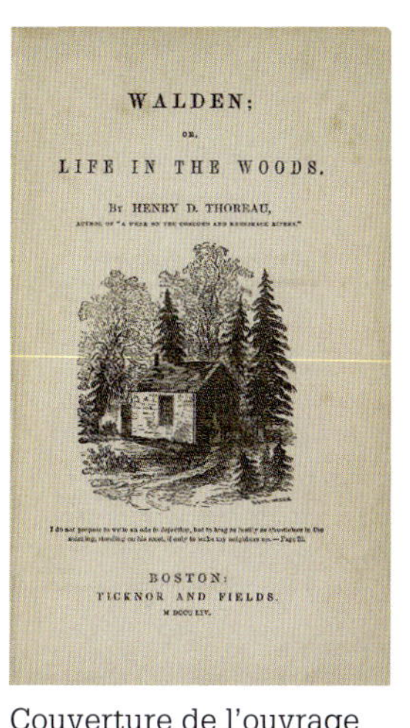
WALDEN;

OR,

LIFE IN THE WOODS.

By HENRY D. THOREAU,

BOSTON:

TICKNOR AND FIELDS.

M DCCC LIV.

Couverture de l'ouvrage de Henry David Thoreau, *Walden, or Life in the Wood.*
Boston, Ticknor and Fields, 1854.

La critique du capitalisme américain prend des formes multiples. L'une d'entre elles, qui s'est développée sur la côte Est dès le milieu du XIXe siècle, est représentée par la pensée transcendantaliste, incarnée par la figure de Henry David Thoreau (1817-1862) et par Ralph Waldo Emerson (1803-1882). Le transcendantaliste postule que tout homme est doté à sa naissance d'une connaissance intuitive qui le met en communication directe avec Dieu, le cosmos et la nature. Cette conscience lui permet de juger du bien et du mal et de dégager une loi morale capable d'orienter son action. Il est trop individualiste pour s'engager au sein d'un parti : la recherche de la vérité par introspection individuelle prime sur tout autre devoir. Toute autorité temporelle doit se plier à ces principes : « Rien n'est plus sacré que l'intégrité de votre propre esprit [...]. Aucune autre loi ne peut être sacrée pour moi, si ce n'est celle de ma nature [14]. »
L'originalité et la modernité de Henry David Thoreau et des Transcendantalistes — et le rapprochement que l'on peut faire entre leurs idées et celles qui caractérisaient l'Amérique de la contre-culture — tiennent à leur anti-intellectualisme, à leur culte de la nature, à leurs critiques de l'industrialisation, du machinisme et de la condition ouvrière, ou encore à l'attirance qu'exerce sur certains d'entre eux l'utopisme communautaire. L'importance accordée à l'intuition et à l'introspection entraîne, chez les Transcendantalistes, la dépréciation, voire le mépris avoué du savoir et de l'accumulation des connaissances au profit du vécu et de l'action pratique. Les Transcendantalistes dénoncent les méfaits de l'industrialisation et militent pour une fusion avec la nature et les forces cosmiques, en se libérant d'un intellectualisme ressenti comme desséchant. Ils cherchaient déjà à la fin du XIXe siècle à protéger l'environnement. Ils se différencient des courants philosophiques européens, comme le saint-simonisme et le marxisme sur plusieurs points. Le transcendantalisme insiste sur l'action et non sur la théorie, met l'accent sur la nature et non sur la ville, sur la liberté de l'individu et non sur la soumission au groupe.
Dans les années trente, un mouvement organique, s'inspirant du transcendantalisme dont l'architecte Frank Lloyd Wright sera proche, milite pour une économie décentralisée aux États-Unis. On peut discerner des similitudes entre ces pensées et celle des partisans de l'économie décentralisée des années soixante-dix : elles partagent la conviction que la technologie, lorsqu'elle est utilisée sans moralité ni responsabilité écologique, est la cause des désordres sociaux et environnementaux. L'usage approprié de la technologie peut en revanche entraîner une révolution apte à inspirer l'utopie du futur [15].

[14] Ralph Waldo Emerson, *Self Reliance*, cité par Marie-Christine Granjon, *L'Amérique de la contestation*, Paris, Presses de la fondation nationale des sciences politiques, 1985, p. 28.

[15] Voir Andrew Kirk, « "Machines of Loving Grace", Alternative Technology, Environment, and the Counterculture », in Peter Braunstein et Michael William Doyle (ed.), *Imagine Nation, The American Counterculture of the 1960s and 1970s*, New York, Routledge, 2001, p. 377.

Un exemple de la réflexion sur la technologie appropriée se mesure dans les travaux de Ernst Schumacher, économiste britannique enseignant les sciences économiques à l'université Columbia à New York dans les années soixante. Ses travaux sont proches de la philosophie bouddhiste et proposent une technologie à visage humain basée sur des techniques locales traditionnelles permettant de générer un revenu pour le plus grand nombre. Son ouvrage publié en 1973, *Small is Beautiful*[16], dont la fortune du titre qualifie toute une philosophie de simplicité volontaire, le situe dans la lignée d'une longue liste de penseurs, comme l'anarchiste Piotr Kropotkin (1842-1921) ou l'homme politique indien Mohandas Gandhi (1869-1948), et, dans les années soixante, le philosophe américain Paul Goodman (1911-1972) ou l'anarchiste américain promoteur de la « Social Ecology » Murray Bookchin (1921-2006).

Couverture de l'ouvrage d'Ernst Fritz Schumacher, *Small is Beautiful : a Study of Economics as if People Mattered*.
Londres, Blond and Brigg, 1973.

> « Le type de travail que la technologie moderne s'entend le plus à réduire, voire à éliminer est le travail manuel, productif, qui demande de l'adresse et maintient en contact avec les vrais matériaux de toutes sortes. Dans une société industrielle avancée, un tel travail se fait excessivement rare ; en vivre de façon décente est devenu virtuellement impossible. Une grande partie de la névrose moderne découle peut-être de cela même ; car l'être humain, défini par saint Thomas d'Aquin comme un être doué d'un cerveau et de mains, n'apprécie rien davantage que de s'adonner à un travail créateur, utile, productif, qui exige à la fois la contribution de ses mains et celle de son cerveau[17]. »

Ce courant de pensée peut être qualifié d'économie libertaire, qui se distinguerait à la fois du socialisme et du capitalisme orthodoxe par le fait de considérer la taille des organisations humaines et laborieuses comme un critère majeur. Les formes d'expériences communautaires et l'éthique artisanale caractéristique de la contre-culture sont deux exemples de cette pensée économique favorable aux initiatives locales. La critique simultanée de l'État communiste et de l'État capitaliste conduit à réfléchir à d'autres types d'organisation sociale. Ainsi Paul Goodman, l'inspirateur du philosophe Ivan Illich (1923-2002), est-il l'un de ceux qui fournissent les bases théoriques de cette nouvelle société fondée sur « un système décentralisé, communautaire et convivial qui, à l'inverse du Système Organisé, permette aux hommes, célébrant leurs retrouvailles, de se sentir à l'aise dans la civilisation et de redonner sens à leur vie[18] ».

En 1960, Goodman, porte-parole écouté de la jeunesse nord-américaine rebelle, propose une théorie pratique de l'utopie dans son livre *Growing Up Absurd*, une critique du « Système Organisé » de la société technologique. Mais ce que Paul Goodman refuse dans la société technologique,

16 Ernst F. Schumacher, *Small is Beautiful : a Study of Economics as if People Mattered*, Londres, Blond and Brigg, 1973 (traduction française : *Small is beautiful : une société à la mesure de l'homme*, traduit de l'anglais par Danielle et William Day et Marie-Claude Florentin, Paris, Seuil, 1978).

17 Ernst F. Schumacher, *Small is beautiful*, *op. cit.*, p. 156.

18 Bernard Vincent, *Paul Goodman et la reconquête du présent*, Paris, Seuil, 1976, p. 173.

L'être humain, défini par saint Thomas d'Aquin comme un être doué d'un cerveau et de mains, n'apprécie rien davantage que de s'adonner à un travail créateur, utile, productif qui exige à la fois la contribution de ses mains et celle de son cerveau

ce n'est point la technologie mais la société ou, plus exactement, l'usage que la société a fait de la technologie pour devenir ce qu'elle est alors. Paul Goodman note que face à un État centralisé et à une bureaucratie interventionniste qui tendent à se substituer à l'action des individus et des groupes, il est urgent, pour l'homme contemporain, de ressaisir son autonomie et de travailler à l'instauration d'une société décentralisée où chacun puisse reprendre un contact créateur avec la réalité, avec les autres et avec lui-même [19].

Couverture de l'ouvrage de Paul Goodman, *Growing Up Absurd.*
New York, Random House, 1960.

DÉSORDRES ENVIRONNEMENTAUX ET RÉCUPÉRATION CAPITALISTE DU MOUVEMENT ÉCOLOGIQUE

Aux États-Unis, la confiance générale en la technologie est donc contrebalancée par la méfiance ressentie vis-à-vis du matérialisme et du pouvoir politique. Les débats sur la place de la technique dans la société, son contrôle, tout comme les réflexions sur la société décentralisée, interviennent dans un contexte où les désordres environnementaux entraînés par la société technologique commencent à être dénoncés. Le mouvement écologique prend de l'ampleur, obligeant le gouvernement américain à statuer sur des lois de préservation de l'air et de l'eau. L'écologie devient le thème autour duquel se cristallise le discours des intellectuels radicaux. Toutefois cette conscience écologique ne tarde pas à s'étendre au grand public, au-delà des cercles contre-culturels, grâce notamment à la première journée consacrée à la Terre en avril 1970, une des premières protestations d'envergure sur le territoire américain qui ait secoué le monde politique et forcé l'insertion de la problématique environnementale à l'agenda national. En effet, elle a mené à la création de l'agence de protection de l'environnement des États-Unis (EPA) et à l'adoption de la loi « *Clean Air, Clean Water, and Endangered Species* » en 1970.

Dans un même ordre d'idée, la Conférence internationale de design (IDCA) organisée à Aspen, Colorado, en juin 1970, est consacrée aux relations entre design et environnement. Ces conférences avaient eu lieu

[19] Cf. Paul Goodman, *Growing Up Absurd*, New York, Random House,1960. Deux livres de Paul Goodman ont été traduits en français : Paul Goodman, *Direction absurde*, Les Hautes Plaines de Mane, Robert Morel, 1971 et *La Contre-éducation obligatoire*, Paris, Fleurus, 1972.

Robert Rauschenberg / American Environment Foundation, affiche du « Earth Day 22 April 1970 ».

chaque été depuis 1951, rassemblant, entre autres, des créateurs d'objets industriels, des architectes, des économistes, des historiens[20].
En juin 1970, Jean Baudrillard, à la tête d'une délégation française invitée, prononce un discours[21]. La représentation française aux États-Unis dans le cadre d'une conférence internationnale est si rare, en tout cas dans le champ de l'architecture et de l'environnement, qu'elle vaut d'être signalée pour elle-même. Au cours de son intervention, faite au nom du groupe, Jean Baudrillard s'étonne de l'émergence d'un nouveau credo, celui de la récupération et du recyclage promus par le gouvernement[22].

[20] Consulter Reyner Banham, *The Aspen Papers, Twenty Years of Design Theory from the International Design Conference in Aspen*, New York, Praeger Publishers, 1974. Reyner Banham est en charge de l'organisation du programme à partir de 1964.

[21] Outre Jean Baudrillard, la délégation française était composée, entre autre, de Jean Aubert (architecte, urbaniste et designer, enseignant à la faculté de Vincennes, membre du Groupe Utopie), de François Barré, de Claude Braunstein (designer, membre du comité directeur de l'Institut de l'Environnement), de Henri (Enrique) Ciriani (architecte et membre de l'Atelier d'Urbanisme et d'Architecture), d'André Fischer (géographe), d'Odile Hanappe (économiste), de Roger Tallon (designer).

[22] Cf. Jean Baudrillard, « Statement by the French Group, 1970, The Environnemental Witch-Hunt », in Reyner Banham, *The Aspen Papers*, *op. cit.*, p. 208.

LES SOMMETS D'ASPEN

par notre envoyé spécial Gilles de Bure

Photo Jacqueline Nelson

Fondée en 1951 à Aspen (Colorado) par Walter Paepcke, président de la Container Corporation of America, l'International Design Conference in Aspen (IDCA) en était cette année à sa vingtième édition. Créée pour confronter les expériences et explorer les problèmes des designers, de l'industrie et de la société en général, la conférence est à la fois professionnelle et non spécialisée.
En fait, lieu de rencontres et d'échanges plus que de travail et de recherches, l'IDCA a accueilli des « speakers » prestigieux tels que Philip Johnson, Paul Rudolph, Richard Neutra, Charles Eames, George Nelson, Saul Bass et Robert Blechman.
Exclusivement américaine durant longtemps, l'IDCA décida, voici quelques années, d'inviter tous les ans une délégation étrangère. Ce qui fut le cas récemment de l'Angleterre, du Portugal et de la Suède. 1970 fut l'année de la délégation française qui était ainsi composée :
« Jean Aubert : architecte, urbaniste et designer – Enseignant à la Faculté de Vincennes – Membre du groupe Utopie.
« François Barré : Secrétaire général du Centre de Création Industrielle.
« Jean Baudrillard : Sociologue, Enseignant à la Faculté de Nanterre, Membre du groupe Utopie, Auteur de « Le Système des objets » et de « La Société de consommation ».
« Claude Braunstein : Designer-Membre du Comité Directeur de l'Institut de l'Environnement.
« Enrique Ciriani : Architecte-paysagiste – Membre de l'Atelier d'Urbanisme et d'Architecture.
« André Fischer : Géographe - Professeur à la Sorbonne.
« Odile Hanappe : Économiste - Professeur à l'Institut de l'Environnement.
« Roger Tallon : Designer - Professeur à l'École Nationale Supérieure des Arts Décoratifs.
En outre, le signataire de ces lignes y représentait la presse. Au total donc, une délégation de 9 membres.
Se déroulant du 14 au 19 juin dernier, la XXe IDCA attira environ 2 000 participants et accueillit 12 « speakers » parmi lesquels le professeur Reyner Banham, l'architecte Paul Friedberg, le géographe Peter Hall, le constructeur Carl Koch, le politicien Stewart Udall, l'avocate noire Cora Walker et le « jeune lion » de Berkeley Sim Van Der Ryn.
Présidée par le designer Eliot Noyes, la conférence avait pour thème « l'Environnement par le design ».
Le thème choisi fut rapidement débordé par l'exposé de la pollution aux États-Unis et son remède miracle l'écologie.
Les écologistes menés par leur grand-prêtre Clifford Humphrey ne masquèrent pas – par leur enthousiasme – l'ambiguïté qui se cache sous la lutte contre la pollution, et surtout, n'abordèrent jamais la question des raisons profondes de la pollution.
Membre du bureau de l'IDCA, Saul Bass ne fut pas dupe et déclara : « Le retour à la terre est une notion religieuse. Le grand-prêtre dit nous sommes tous des salauds, mais si nous plantons un arbre, nous serons pardonnés. Tout le monde se lève et applaudit à tout rompre : c'est une manière de pénitence, de contrition ». Poussant plus loin, il ajoutait à propos de la politique d'écologie du gouvernement américain : « Tout ce que Nixon embrasse est suspect à mes yeux. »
Tension donc –, au sein de la conférence – ; Herbert Bayer, ancien du Bauhaus, qui fut à l'origine de l'IDCA la résumait ainsi : « Créée pour être un lien entre les designers, les industriels et le gouvernement, l'IDCA devient depuis deux ans une simple rencontre de professionnels où tout ce qui est discuté l'est en termes d'argent. Devenue trop large et revenant trop souvent, elle perd en qualité d'audience et ne trouve pas la matière suffisante pour tenir une telle fréquence.
L'IDCA mourra si elle ne change pas ».
Pourtant, la conférence avait bien commencé, avec une intervention passionnante, dominée par l'humour, l'intelligence et la lucidité et due à Richard Farson membre du California Institute of the Arts, et responsable d'une école de design. Pour Farson, les designers créent des problèmes mais ne les résolvent pas, la plupart du temps parce qu'ils ont peur des contradictions. Or, il faut embrasser les paradoxes, garder le contact avec le public et tenter avant tout de poser les questions correctement. En bref, il faut tout refaire, réécrire les textes historiques; changer le leadership de l'enseignement; transformer les rapports femmes-politique, changer la vie, mais pas dans un sens décoratif; en arriver à la libération de l'homme; faire des libertés individuelles un droit réel.
Vaste programme qui suppose – toujours selon Farson – de considérer qu'on apprend rien des experts; mais seulement de ses propres réussites et des erreurs des autres.
De nombreux problèmes ont été soulevés par l'intervention de Farson; il n'a malheureusement proposé aucune solution à ces problèmes.
Ce qui ne fut pas le cas de Richard Saul Wurman, architecte-urbaniste et enseignant, qui proposait des solutions efficaces et réalistes pour rendre les villes plus habitables, plus « fréquentables ». Nous reviendrons dans un prochain numéro sur sa très concrète intervention. Un problème se posait aux participants, le design et l'écologie étaient-ils véritablement la panacée aux déchirements de l'environnement?
Pour Reyner Banham, professeur et critique d'architecture londonien, « l'environnement couvre toutes les disciplines. Cela ne m'intéresse pas de toucher à tout; c'est trop gros, trop important. Et d'ailleurs, quelle sorte d'enseignement peut-on offrir aux futurs « envi-

1- Enrique Ciriani et François Barré.
2- Jean Baudrillard et Jean Aubert.

Gilles de Bure, « Les sommets d'Aspen ».
Créé (Paris), n° 6, novembre-décembre 1970.

Cette pensée, ils peuvent l'acheter comme tout le reste : il leur suffit d'en passer commande aux universitaires, fondations, centres de recherches.

Jean Baudrillard critique ouvertement l'attitude récupératrice des États-Unis :

> « Cette pensée, ils peuvent l'acheter comme tout le reste : il leur suffit d'en passer commande aux universitaires, fondations, centres de recherches. Le Club de Rome [23] n'a rien fait d'autre : ce groupe, sélect, de patrons à surface mondiale a passé commande au MIT. Le MIT a livré la *marchandise*, sous forme de recommandations abondamment fondées. Aux économistes maintenant de voir comment le capitalisme peut s'accommoder de ces recommandations [24]. »

Couverture de l'ouvrage de Reyner Banham (ed.), *The Aspen Papers, Twenty Years of Design Theory from the International Design Conference in Aspen*.
New York, Praeger Publishers, 1974.

Baudrillard rappelle que l'intérêt soudain pour les questions environnementales n'est pas spontanément apparu à la conscience collective par miracle mais qu'il a sa propre histoire. Il ajoute que si Reyner Banham a montré les limites et les illusions techniques et morales des pratiques du design et de l'environnement, il n'en a pas pourtant évoqué les questions politiques et sociales. Ce n'est pas par hasard, estime le philosophe, que les gouvernements occidentaux ont lancé cette nouvelle croisade environnementale et tentent de mobiliser la conscience populaire en criant à l'apocalypse.

À l'intervention de Baudrillard font écho les revendications de plusieurs groupes d'enseignants et d'étudiants en architecture, notamment ceux de Berkeley, comme Sim Van der Ryn et les membres du Farallones Institute, le collectif Ant Farm, ainsi que les groupes Ecology Action, People Architecture Group et Environment Workshop. Ils demandent que les créateurs présents prennent position aussi bien sur la guerre au Vietnam, la reconnaissance des peuples autochtones, la pauvreté que sur leur responsabilité à adopter des solutions alternatives pour lutter contre le gaspillage des matériaux. La session se conclut par la signature d'une charte en dix points, engageant les designers à respecter les conséquences environnementales de leurs travaux, et signée par l'ensemble des participants [25].

En France, la question environnementale a surgi des cendres de Mai-68 et « plus précisément encore de l'échec de la révolution de mai [26] ». Le pouvoir politique essaie de canaliser les énergies des individus vers les

[23] En 1970, le Club de Rome, groupe de réflexion réunissant, depuis 1968, des scientifiques, des économistes, des fonctionnaires nationaux et internationaux, ainsi que des industriels, préoccupés des problèmes complexes auxquels doivent faire face toutes les sociétés, tant industrialisées qu'en développement, n'avait pas encore publié le rapport qui scellera sa renommé (*The Limits to Growth*).

[24] Jean Baudrillard, *op. cit.*, p. 208.

[25] Parmi les designers on relèvera, entre autres, les noms de William Houseman (en charge du programme), Eliot Noyes, Ben Yoshioka, Ian Chermayeff, Saul Bass, Herbert Bayer, Peter Blake, George Nelson. Minutes de la conférence, 20 juin 1970, Getty Research Institute, archives IDCA 1970, boîte 19 f.14.

[26] Jean Baudrillard, *op. cit.*, p. 208.

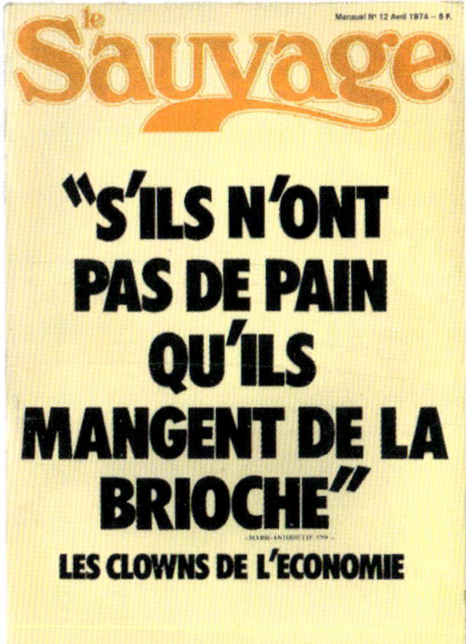

Deux couvertures de la revue *Le Sauvage*.
N° 12, avril 1974 et n° 17, septembre 1974.

enjeux tels que la protection des rivières et des parcs nationaux afin de limiter les manifestations dans les rues pour des causes politiques :

> « Aux États-Unis, ce n'est pas une coïncidence si cette nouvelle mystique, cette nouvelle frontière s'est développée parallèlement à la guerre au Vietnam. En France comme aux États-Unis, il y a une situation de crise potentielle. Ici comme là-bas, les gouvernements restructurent leur idéologie afin de faire face à la crise et de la surmonter. L'objectif principal n'est pas la sauvegarde de l'espèce humaine mais celle du pouvoir politique[27]. »

Couverture de l'ouvrage de Donella H. Meadows, Dennis L. Meadows, Jørgens Randers, *Halte à la croissance ?*.
Paris, Fayard, 1972.

Le journaliste Michel Bosquet, dans la nouvelle revue écologiste *Le Sauvage*, lancée en 1973 par *Le Nouvel Observateur*, s'exprime dans des termes très semblables à ceux de Baudrillard lorsqu'il évoque le rapport alarmiste du Club de Rome (publié deux ans après le colloque à Aspen) :

> « Ne sous-estimez pas les capitalistes, leurs capacités d'adaptation et leurs ruses. S'ils s'intéressent aujourd'hui à l'écologie, c'est pour mieux nous récupérer et nous vendre un monde apparemment nouveau dont, en fait, ils garderont le contrôle. N'attendons pas l'avènement des éco-fascistes pour promouvoir une société libre et non marchande[28]. »

Le rapport Meadows (1972), commandé par le Club de Rome, avait pour titre *The Limits to Growth* traduit en français sous un titre plus radical *Halte à la croissance ?*[29]. Les auteurs du rapport recommandaient que la production industrielle des pays riches cesse de croître, que seules devaient se développer, durant les quinze ans à venir, les industries des pays pauvres. Le Club de Rome invitait alors les industriels à rechercher, entre autres, la durabilité maximale des produits pour qu'ils redeviennent pratiquement inusables et, pour le moins, facile à réparer.

Ecology Action, « The Unanimous Declaration of Interdependence » in *Difficult but Possible*. ⟶
Supplement of the *Whole Earth Catalog*, septembre 1969, p. 12-13.

[27] *Ibid.*

[28] Michel Bosquet, « Le grand complot éco-fasciste », *Le Sauvage* (Paris), nº 4-5, juillet-août 1973, p. 76-84.

[29] Club de Rome, Donella et Dennis L. Meadows, Jørgen Randers, *The Limits to Growth, A Report for the Club of Rome's Project on the Predicament of Mankind*, 1972 (Janine Delaunay, Donella Meadows, *Halte à la croissance ?*, Paris, Fayard, 1972).

The Unanimous Declaration of Interdepedence

When in the course of evolution it becomes necessary for one species to denounce the notion of independence from all the rest, and to assume among the powers of the earth, the interdependent station to which the natural laws of the cosmos have placed them, a decent respect for the opinions of all mankind requires that they should declare the conditions which impel them to assert their interdependence.

We hold these truths to be self-evident that all species have evolved with equal and unalienable rights, that among these are life, liberty and the pursuit of happiness. That to insure these rights, nature has instituted certain principles for the sustenence of all species, deriving these principles from the capabilities of the planet's life-support system. That whenever any behavior by members of one species becomes destructive of these principles, it is the function of other members of that species to alter or abolish such irrelevant behavior and to reestablish the theme of interdependence with all life, in such a form and accordance with those natural principles that will effect their safety and happiness. Prude indeed, will dictate that cultural values long established should not be altered for light and transient causes, that mankind is more disposed to suffer from asserting a vain notion of independence than to right themselves by abolishing that culture to which they are now accustomed. But when a long train of abuses and usurpations of these principles of interdependence, evines a subtle design to reduce them, through absolute despolation of th planet's fertility, to a state of ill will, bad health, and great anxiety, it is their right, it is their duty, to throw off such notions of independence from other species and from the life-support system and to provide new guards for the reestablishment of security, and maintenance of these principles. Such has been the quiet and patient sufferage of all species, and such is now the necessity which constrains the species homo sapiens to reassert the principles of interdependence. The history of the present notion of independ is a history of repeated injuries and usurpations all having in direct effect the establishmen of an absolute tyranny over life. To prove this let facts be submitted to a candid world.

- *People are proliferating in such an irresponsible manner as to threaten the survival of all species.*
- *People have refused to recognize that they are interacting with other species in an evolutionary process*

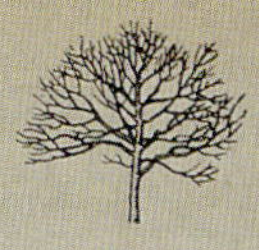

- *People have fouled the waters that all life drinks of and they have fouled the air that all life partakes of.*
- *People have transformed the face of the earth to enhance their notion of independence from it and in so doing have interrupted many natural processes that they are dependent upon.*
- *People have contaminated the common household with substances that are foreign to the life processes which are causing many organisms great difficulties.*
- *People have massacred and extincted fellow species for their feathers and fur, for their skins and tusks.*
- *People have persecuted most persistantly those known as coyote, lion, wolf, and fox because of their dramatic role in the expression of interdependence.*
- *People have warred upon one another which has brought great sorrow to themselves and vast destruction to the homes and the food supplies of many living things.*
- *People have denied others the right to live to completion their interdependencies to the full extent of their capabilities.*

We therefore, among the mortal representatives of the eternal process of life and evolutionary principles, in mutual humbleness, explicitly stated, appealing to the ecological consciousness of the world for the rectitude of our intentions, do solemly publish and declare that all species are interdependent, that they are all free to realize these relationships to the full extent of their capabilities; that each species is subservient to the requirements of the natural processes that sustain all life. And for the support of this declaration with a firm reliance on all other members of our species who understand their consciousness as a capability, to assist all of us and our brothers to interact in order to realize a life process that manifests its maximum potential of diversity, vitality and planetary fertility to ensure the continuity of life on earth.

On the Planet, Earth,
August, 1969

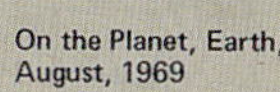

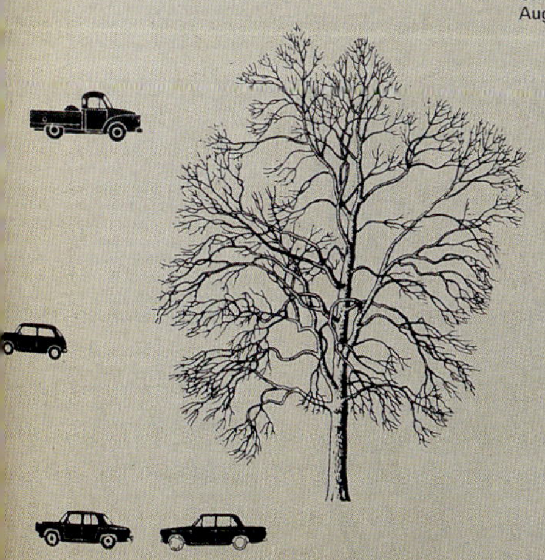

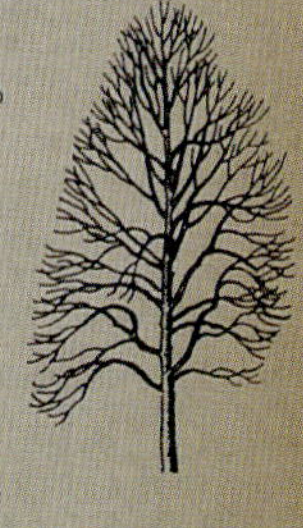

The Declaration of Interdependence, written by Thomas Jefferson and Cliff Humphrey and many delegates is available in poster form (17"x22") for $1 from:

Ecology Action
P.O. Box 9334
Berkeley, Calif. 94709

The poster has lots of space at the bottom for signatures, paw prints, fly specks, snake slithers, clam spit, pollen...

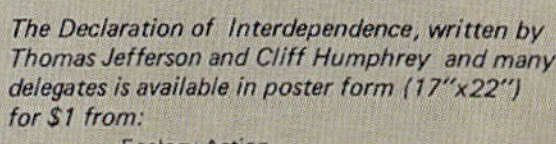

Ne sous-estimez pas les capitalistes, leurs capacités d'adaptation et leurs ruses. S'ils s'intéressent aujourd'hui à l'écologie, c'est pour mieux nous recycler et nous vendre un monde apparemment nouveau

En 2005, Jean Baudrillard se remémorant l'épopée d'Aspen et le discours remarqué qu'il y a prononcé, souligne les différences entre les mentalités françaises et nord-américaines :

> « Aspen, c'est vrai, a tout de même été le lieu d'expression d'une contre-culture et de ce fait, digne d'intérêt. La "contre-culture" nous était étrangère, nous étions très "français" [...], à Aspen s'est plutôt exprimée la contre-culture à l'américaine... je crois que le "flash contre-culturel" était déjà un peu "métastasé", même si ce voyage-là, c'est vrai, demeure malgré tout une révélation. C'était l'Amérique qui commençait vraiment un voyage illuminant, même si au retour nous n'en avons pas ramené beaucoup, en France ? [...] Il n'y avait pas moyen de métaboliser cet apport dans un contexte français dominé par le gauchisme "politico-politicard", même si, à partir de ce moyen-là, les choses ont malgré tout commencé à décliner ici aussi, simultanément. Nous étions déjà sur le chemin du grand recyclage, de la restauration, de la réhabilitation [30]. »

LA RÉVOLTE UNIVERSITAIRE AUX ÉTATS-UNIS

C'est dans les universités américaines que le passage à l'acte politique des étudiants instigateurs des événements de Mai-68 a pris naissance. Le système universitaire américain est secoué depuis 1964 par une série de révoltes : Berkeley est le premier campus à connaître une crise importante. Le mouvement atteint rapidement la côte Est. En 1968, puis au printemps 1970, les vagues de révoltes à l'université Columbia se caractérisent par une grande violence. Si l'action de groupes révolutionnaires fut souvent décisive, il ne s'agit pas en général d'actes de violence isolés, mais d'un malaise profond, ressenti tant par les étudiants que par les enseignants.

Cette agitation universitaire n'est pas propre aux États-Unis même si le mouvement y prend une ampleur redoublée par le fait même que ces crises universitaires sont souvent directement liées à des problèmes sociaux et nationaux extérieurs à l'université, à la lutte pour les droits civiques et, si les étudiants français se rebellent contre les formes d'instruction traditionnelles et l'autorité de leurs aînés, les jeunes Américains redoutent, eux, la mort au Vietnam. La persistance du mouvement de révolte de 1965 à 1970, parmi les communautés noires-américaines

30 Jean Baudrillard, Jean-Louis Violeau, *À propos d'Utopie*, entretien avec Jean-Louis Violeau, Paris, Sens & Tonka, 2005, p. 40-41.

Manifestation d'étudiants « Free Speech » devant l'une des entrées de l'université à Berkeley en 1964.

comme parmi les étudiants, a sans doute pour ferment une opposition sous des formes multiples à la guerre menée au Vietnam.

Des points communs existaient entre la nouvelle gauche française et le radicalisme américain, tels qu'une certaine quête d'idéalisme, une aspiration à l'autonomie, un refus de toute forme d'autorité et un engagement politique non violent. La révolution politique était pensée comme contingente à une révolution contre-culturelle, tant sur la scène universitaire que sociale.

En analysant l'imaginaire développé par les groupes (en Amérique du Nord, en Amérique latine, en Asie ou en Europe) qui se réclamaient de la Nouvelle Gauche (*New Left*), l'historien George Katsiaficas montre les correspondances culturelles, politiques et économiques entre différents pays et identifie un point commun qu'il nomme « *eros effect* », reprenant là un concept que Herbert Marcuse avait lui aussi identifié comme fondamental. Par « *eros effect* », il entend « la capacité de millions de gens de voir au-delà de la réalité sociale contemporaine — de concevoir et de lutter pour un monde meilleur — et d'exprimer une des caractéristiques humaines (l'effet éros) capable de transcender le temps et l'espace [31] ».

Dans *L'Homme unidimensionnel* (1964), Herbert Marcuse note que les systèmes de production dans les sociétés capitalistes et socialistes refrènent les esprits et contraignent la liberté des individus. Les systèmes de production hiérarchisés et très organisés suppriment le rôle de l'ouvrier dans le processus du travail. Les artisans ne peuvent plus exprimer leur créativité et leur savoir-faire. La critique de Marcuse est particulièrement forte en ce qu'elle touche chaque individu en lui disant qu'il n'est pas libre. Il voit dans les sociétés capitalistes avancées un transfert progressif du pouvoir de l'individu à l'appareil technocratique et bureaucratique, d'un travail vivant à un travail mort, d'un

31 George Katsiaficas, *The Imagination of the New Left : A Global Analysis of 1968*, Boston, South End Press, 1987, p. XIV.

contrôle personnel à un contrôle distant, d'une machine ou d'un groupe de machines à tout un système mécanisé[32].

Toutes ces réflexions ont nourri le contexte dans lequel la contre-culture s'est développée. La traduction d'ouvrages a contribué à sensibiliser des Français à une Amérique autre, anticapitaliste et critique de l'industrie, à une époque où la France se montrait profondément méfiante à l'égard de la domination américaine.

FASCINATION ET REJET DU MODÈLE AMÉRICAIN EN FRANCE

L'évolution politique, économique et culturelle de la France de l'après-guerre prend une forme nettement différente de celle vécue par les Américains : nationalisme très présent, regard soupçonneux du général de Gaulle vis-à-vis de l'Otan, construction de la force de frappe française, préoccupations coloniales. Dans les années cinquante, période où la France est encore affectée par les épreuves de la Seconde Guerre mondiale et le monde de l'architecture stimulé par les enjeux de la Reconstruction, l'image des États-Unis qui domine dans les médias français est celle de l'Amérique triomphante qui fournit les ressources financières du plan Marshall et des techniques de production et de construction efficaces[33].

La société française est alors écartelée entre la fascination pour les États-Unis et le rejet de la politique américaine. La question monétaire est au cœur des débats. Le général de Gaulle, lors d'une conférence de presse le 4 février 1965, dresse une critique du système monétaire international et conteste l'hégémonie du dollar comme les avantages qu'en tirent les Américains. Les craintes du général de Gaulle que la France et l'Europe soient sous la tutelle américaine sont partagées par d'autres et contribuent au basculement de l'opinion française vis-à-vis des États-Unis d'Amérique, oscillant entre des vagues d'engouement et de rejet du modèle américain[34]. Le titre accrocheur du bes-seller de l'homme de presse français Jean-Jacques Servan-Schreiber, *Le Défi américain*, publié en 1968, et le ton apocalyptique de son récit confortent l'appréhension parmi les Français que les Américains étaient en train de conquérir culturellement et économiquement leur pays et l'Europe[35].

[32] Herbert Marcuse, *Eros and Civilization : a Philosophical Inquiry into Freud*, New York, Vintage Books, 1962 (traduction française : *Eros et civilisation, contribution à Freud*, traduit de l'anglais par Jean-Guy Nény et Boris Fraenkel, Paris, Minuit, 1963) ; *One-dimensional Man : Studies in the Ideology of Advanced Industrial Society*, Boston, Beacon Press, 1964 (tradution française : *L'Homme unidimensionnel : essai sur l'idéologie de la société industrielle*, traduit de l'anglais par Monique Wittig, Paris, Minuit, 1968).

[33] Jean-Louis Cohen, *Scènes de la vie future, L'architecture européenne et la tentation de l'Amérique, 1893-1960*, Paris, Flammarion, 1995, p. 163. Le chapitre « La Seconde Guerre mondiale et les reconstructions européennes », p. 159-181, évoque les différents aspects de la réception française des techniques américaines de l'après-guerre.

[34] Denis Lacorne et Jacques Rupnik, « La France saisie par l'Amérique », in Denis Lacorne, Jacques Rupnik et Marie-France Toinet (dir.), *L'Amérique dans les têtes, Un siècle de fascinations et d'aversions*, Paris, Hachette, 1986, p. 20.

Sur le plateau de l'émission télévisée *Bouton Rouge*, les Pink Floyd interprètent « Let there be more light ».
Présentée par Pierre Lattes, 24 février 1968.

À la puissance militaire, politique et économique de l'Amérique s'ajoute celle de ses produits culturels, essentiellement ceux de l'industrie du divertissement. La musique populaire américaine — le swing, le rock'n'roll — s'est infiltrée en France malgré la forte résistance d'une chanson française restée compétitive. La stratégie médiatique de chanteurs tels que Richard Anthony, Eddy Mitchell, Johnny Halliday ou encore Dick Rivers et Sheila, de se choisir des noms à consonance nord-américaine, a comme effet de cristalliser l'appétit du public qui peut ainsi vénérer des idoles françaises tout en étant à la page de l'attraction transatlantique.

L'image de l'Amérique est aussi perceptible dans les programmes télévisuels comme l'émission de variétés de l'ORTF, « Bouton rouge », réalisée par Jean-Christophe Averty, diffusée le samedi après-midi à partir du 16 avril 1967 (jusqu'au début de mai 1968), au cours de laquelle Antoine, « le Bob Dylan français [...] quelqu'un qui pourrait remuer à nouveau l'univers des jeunes », tel que le présente le producteur, chante « je m'en fous, tout est bien et je reprends la route demain [36] ».

La conscience que l'Amérique est le laboratoire où se développent des phénomènes qui viennent s'installer en France, entraîne les intellectuels, notamment « les commentateurs marxisants », comme le précise Richard Kuisel, à renouveler leurs attaques contre les Américains « en s'inspirant largement de la littérature américaine, consacrée aux sciences sociales ». Ils enrichissent leurs arguments, grâce aux études des sociologues et économistes américains tels que Charles Wright Mills (1916-1962), William H. Whyte (1917-1999), David Riesman (1909-2002) et John Kenneth Galbraith (1908-2006) [37]. Ces universitaires développent des concepts qui seront utilisés par les intellectuels en France : « élite du

35 Richard Kuisel, *Le Miroir américain, 50 ans de regard français sur l'Amérique*, Paris, Jean-Claude Lattès, 1996, p. 294.

36 « Bouton Rouge », ORTF, 16 avril 1967. Variétés jeunesse, 1967, N&B (Archives de l'Ina, BNF, Paris).

37 Charles Wright Mills, *The White Collars : The American Middle Classes*, New York, Oxford University Press, 1951 [traduction française : *Les Cols Blancs : essai sur les classes moyennes américaines*, Paris, Seuil, 1970] ; *The Power Elite*, New York, Oxford University Press, 1956 [*L'Élite du pouvoir*, Paris, François Maspero, 1969] ; William Whyte, *The Organisation Man*, New York, Simon & Schuster, 1956 [*L'Homme et l'organisation*, Paris, Plon, 1959]. Davis Riesman, *The Lonely Crowd, a Study of the Changing American Character*, New Haven, Yale University Press, 1950 [*La Foule solitaire*, Paris, Arthaud, 1964] ; *Abundance for what ?*, Garden City, Doubleday, 1964 [*L'Abondance à quoi bon ?*, Paris, Robert Laffont, 1969] ; John Kenneth Galbraith, *The Affluent Society*, Toronto, New American Library, 1958 [*L'Ère de l'opulence*, Paris, Calmann-Lévy, 1961].

pouvoir», «l'homme de l'organisation», «l'homme tourné vers l'extérieur» ou encore la «société d'abondance».
Dans une société française en pleine transformation — passant d'une société catholique, rurale, possédant encore des colonies, à une société urbaine, industrialisée, décolonisée —, la culture populaire nord-américaine se diffuse à partir de canaux multiples : les bandes dessinées, les publicités (les analyses des stratégies de l'image publicitaire menées par Marshall McLuhan étaient aussi très appréciées), le jazz, la pop music [38]. Une façon pour les intellectuels de faire accepter leur attaque du capitalisme et de dénoncer la société de consommation est de viser les États-Unis comme l'origine d'autres maux plus pernicieux. Des observateurs comme Jean Baudrillard, Bertrand de Jouvenel, Alain Touraine, Georges Elgozy et Henri Lefebvre soutenaient que l'abondance des biens de consommation aggraverait l'aliénation, et «dénonçaient la valeur attribuée aux objets au détriment des rapports sociaux, à la gratification personnelle plutôt qu'à l'éthique du travail et aux désirs préfabriqués plutôt qu'aux réels besoins. Ils montraient comment le fait d'acheter devenait une acquisition de signes de reconnaissance sociale [39] ».
À l'échelle internationale, l'Amérique représente la prospérité économique, *L'Ère de l'opulence* comme le signale en 1961 le titre de la traduction française de l'ouvrage de l'économiste John Kenneth Galbraith [40]. Dans son ouvrage *La Société de consommation* paru en 1970, Jean Baudrillard ne tardera pas à pointer les signes en France de cette ère de l'opulence. Dans la première partie intitulée «La liturgie formelle de l'objet», il commente le phénomène :

> «Il y a aujourd'hui tout autour de nous une espèce d'évidence fantastique de la consommation et de l'abondance, constituée par la multiplication des objets, des services, des biens matériels, et qui constitue une sorte de mutation fondamentale dans l'écologie de l'espèce humaine. À proprement parler, les hommes de l'opulence ne sont plus tellement environnés, comme ils le furent de tout temps, par d'autres hommes que par des objets [41].»

Baudrillard attribue cela en partie à la société capitaliste nord-américaine. En 1965, Georges Perec, dans son roman *Les Choses, Une histoire des années soixante*, pour lequel il obtient le prix Renaudot, traite de la recherche du bonheur dans la société de consommation qui commence

[38] Pour une étude culturelle de la France des années cinquante aux années soixante, Kristin Ross, *Aller plus vite, laver plus blanc : la culture française au tournant des années soixante*, traduit par Sylvie Durastanti, Paris, Abbeville, 1997. Voir aussi Rob Kroes, R. W. Rydell, D. F. J. Bosscher (ed.), *Cultural Transmissions and Receptions : American Mass Culture in Europe*, Amsterdam, VU University Press, 1993. Pour une étude sur l'impact de la publicité, Marshall McLuhan, *The Mechanical Bride : Folklore of Industrial Man* [1951], Boston, Beacon Press, 1967.

[39] Richard Kuisel, *Le Miroir américain…*, *op. cit.*, p. 308. Pour replacer la France dans son contexte politique, économique et culturel, voir l'ouvrage de Jean Fourastié, *Les Trente Glorieuses*, Paris, Fayard, 1979 ; Jean-Pierre Rioux, *La France de la Quatrième République*, 2 volumes, Paris, Seuil, 1980 ; Serge Berstein, *La France de l'expansion*, Paris, Seuil, 1989.

[40] John Kenneth Galbraith, *The Affluent Society*, *op. cit.*

[41] Jean Baudrillard, *La Société de consommation : ses mythes, ses structures*, Paris, Denoël, 1970, p. 9.

Photogrammes du film
La Maman et la Putain,
Jean Eustache (1973).
Jean-Pierre Léaud, Françoise Lebrun, Bernadette Lafont.

à se mettre en place en France. En décrivant un jeune couple faisant des enquêtes d'opinion sociologiques sur la société de consommation, il décrit la force du désir de consommation renforcé par les outils publicitaires : « Ils eurent envie de moquettes, de tables, de fauteuils, de divans. Et c'est ainsi que petit à petit, s'insérant dans la réalité d'une façon un peu plus profonde que par le passé, ou, fils de petits-bourgeois sans envergure, puis étudiants amorphes et indifférenciés, ils n'avaient eu du monde qu'une vision étriquée et superficielle, ils commencèrent à comprendre ce qu'était un honnête homme [42]. » Jean Eustache, dans le film *La Maman et la Putain* (1973), montre le climat désabusé qui touche la génération de l'après Mai-68.

Pourtant la jeunesse européenne des années soixante et soixante-dix, encline à rejeter l'Amérique capitaliste, est amenée à accepter les contre-propositions sociétales avancées par la jeunesse nord-américaine [43]. L'anti-américanisme de la gauche française coexiste alors avec une sorte de passion sous-jacente pour certains aspects de la vie aux États-Unis. Plus précisément, la gauche est en fait divisée entre une méfiance anticapitaliste à l'égard de tout ce qui peut provenir de l'Amérique et une attirance pour les formes d'expression nord-américaines.

42 Georges Perec, *Les Choses, Une histoire des années soixante*, Paris, Julliard, 1965, p. 36.

43 *On the Road*, le livre-culte de cette contre-culture présente une Amérique idéalisée, où Jack Kerouac (1922-1969) chante la modernisation technique tout comme le mode de vie bohème. Le livre est traduit en français en 1960 sous le titre *Sur la route* (Paris, Gallimard).

Photogramme du film *Easy Rider*, Dennis Hopper (1969).

Ant Farm, structure gonflable de 15 m de diamètre érigée lors de la conférence Freestone (Californie), solstice printemps 1970.

Ainsi le road-movie *Easy Rider* du réalisateur Dennis Hopper, relatant le voyage de deux jeunes motards, est devenu un emblème de la génération hippie des années soixante et soixante-dix[44].
La culture oppositionnelle en France concilie cette double image de l'Amérique avec la croyance que l'Amérique elle-même est double : une Amérique impérialiste et raciste, d'une part, et l'« autre Amérique », celle de Jack Kerouac, celle de Martin Luther King et de Malcolm X, celle d'Elvis Presley et de Bob Dylan, celle de Mario Savio et de Jerry Rubin. Cette idée de l'« autre Amérique » permet à cette génération d'absorber l'Amérique sans endosser les responsabilités politiques de l'« Amérique officielle ».
Cela ne manqua pas d'engendrer des divergences entre l'« autre Amérique » imaginée par la culture d'opposition et l'identité historique de la contre-culture nord-américaine, en particulier en ce qui concerne les significations intellectuelles. La culture oppositionnelle européenne était principalement une culture antagoniste alors que la contre-culture nord-américaine était une culture alternative. En Italie, en France, comme en Allemagne, l'influence marxiste faisait en sorte que la société soit perçue comme essentiellement conflictuelle, que le rôle de l'opposition soit d'interférer, d'agir sur les contradictions internes afin de les subvertir[45]. La contre-culture nord-américaine, influencée par la sociologie fonctionnaliste, percevait le système social comme un mécanisme autonome avec peu ou pas de contradictions ; la question était moins celle de subvertir le système que de le quitter, physiquement et mentalement, pour en construire un autre ailleurs. Cette différence fondamentale allait créer un malentendu, la contre-culture américaine étant souvent soit mythifiée soit rejetée comme apolitique et naïve.

[44] Dennis Hopper, *Easy Rider*, 1969. Le film a reçu le prix de la meilleure première œuvre au Festival de Cannes en 1969 et les critiques ont analysé le film sous l'angle d'un tribut au nouveau réalisme italien et à la Nouvelle Vague française, le réalisateur se dégageant ainsi de l'emprise des conventions hollywoodiennes.

[45] Voir à ce propos la subtile analyse d'Alessandro Portelli sur la réception italienne de la contre-culture. Alessandro Portelli, « The Transatlantic Jeremiad : American Mass Culture and Counterculture and Opposition Culture in Italy », in Rob Kroes, R. W. Rydell, D. F. J. Bosscher (ed.), *Cultural Transmissions and Receptions, American Mass Culture in Europe*, Amsterdam, VU University Press, 1993, p. 125-138.

Maison-barge à Waldo Point, Sausalito, Californie, ca. 1968.

CHAPITRE 2

DÉCOUVERTE DE LA CONTRE-CULTURE ARCHITECTURALE PAR L'EXPÉRIENCE : DE SAUSALITO À DROP CITY

La cinéaste française Agnès Varda capte l'*autre* Amérique lors de son séjour de trois ans en Californie, de 1967 à 1970, où elle a séjourné avec son mari Jacques Demy, qui obtient en 1967 un contrat avec la maison de production Columbia Pictures [1]. Elle s'intéresse aux causes politiques et à la contre-culture dont témoignent ses courts et longs métrages *Black Panthers*, *Lions'Love* [2] et *Oncle Yanco*.

Court métrage de 22 mn, *Oncle Yanco* est tourné en 35 mm en trois jours, du 27 au 30 octobre 1967. Agnès Varda y filme les maisons-bateaux de Waldo Point, la baie de Sausalito, une commune toute proche de San Francisco [3]. C'est un haut lieu de la contre-culture où Alan Watts et Allen Ginsberg rassemblaient des amis pour réciter leurs poèmes. L'endroit avait aussi retenu l'attention d'*Architectural Forum* en mars 1967 [4] et commençait à devenir un lieu de pèlerinage pour les architectes européens qui pouvaient y observer toute une série de constructions flottantes pleines de fantaisie.

Oncle Yanco concerne les retrouvailles d'Agnès Varda avec son oncle grec, comme elle l'énonce en voix off dans les premières minutes :

> « C'est un portrait reportage du peintre Jean Varda, mon oncle. Dans les faubourgs aquatiques de San Francisco, centre intellectuel et cœur de la bohème, il navigue à la voile latine et peint des villes célestes et byzantines, car il est Grec. Cependant, il est très lié au jeune mouvement américain, et reçoit des *hippies* dans son bateau-maison [5]. »

Les particularités du site sont montrées en une suite de séquences rapides. La caméra passe à travers les différents bateaux de Sausalito. Le regard de la cinéaste s'attarde sur les multiples aspects de ces maisons flottantes au dessin hautement individuel et original, s'arrête sur les pots de fleurs, les objets rassemblés. La domesticité, le sentiment de chez soi sont évoqués, à travers les images de Varda, comme autant de signes d'identité et d'appartenance. C'est l'occasion pour elle de filmer une communauté humaine — celle des jeunes hippies qui se sont installés dans des maisons-barges de fortune —, avec ses rites, ses repas, ses joies et ses souffrances, ses quêtes d'amour. Elle l'observe comme un écosystème cohérent.

Agnès Varda avait déjà porté son regard sur une communauté villageoise dans le film *La Pointe courte* en 1954. De la même façon, on peut

Maison-barge « Madonna » construite par Chris Roberts (depuis démolie), c.1968, Sausalito (Californie).

La récupération évoquée par Henry Miller anticipe un phénomène qui va devenir de plus en plus fréquent. Des architectes construisent dès le milieu des années soixante avec des éléments récupérés : des pneus, des cannettes de bière ou autres matériaux de rebut [10].

Le documentaire d'Agnès Varda contribue à prolonger le mythe de l'Ouest mais d'une façon paradoxale *Oncle Yanco* montre un monde presque irréel, un fragment de l'imaginaire, un antidote au présent, une vision de perfection. Le héros n'est pas un hors-la-loi ou un cow-boy mais une figure patriarcale au milieu de jeunes, aux qualités morales solides.

Oncle Yanco est un hommage aux liens familiaux que Varda retisse. L'oncle d'Amérique, qui selon l'expression française désigne celui qui s'est enrichi aux États-Unis, ne semble pas rouler sur l'or (encore un mythe qui s'effondre). Il est en tout cas un personnage riche d'humanité (il parle de l'amour, de la vie, de la mort) au sein d'une communauté que l'œil de la caméra présente comme idyllique.

D'ailleurs, lorsqu'en 1969 il est question de démolir quelques-unes des maisons-barges de Sausalito, Jean Varda est appelé à témoigner sur la qualité patrimoniale de ces constructions. Il déclare que ces assemblages sont détestés comme l'étaient la tour Eiffel ou le Golden Gate à leur époque, avant de devenir des symboles. Lorsque le procureur lui demande : « En tant qu'artiste et habitant le Marin County depuis des années, pensez-vous que ces constructions font honneur au Marin County ? », il répond : « Oh, oui, beaucoup. C'est la seule chose qui ait une réelle beauté. Les autres choses ont des raisons fonctionnelles, elles ne nourrissent pas spirituellement l'être humain [11]. » Les bateaux-maisons étaient, en quelque sorte, le monument de San Francisco, au même titre que les tours de Watts de l'Italien Simon Rodia (également nommé Sam Rodillo) à Los Angeles.

Les Tours de Watts érigées par Simon Rodia entre 1925-1954, Los Angeles, c.1971.

Bien avant les barges de Sausalito, les architectes voyageurs européens venaient en effet visiter cette autre construction fantastique — neuf tours (dont trois très grandes) faites de matériaux de récupération — située dans le quartier de Watts à Los Angeles, un environnement visionnaire érigé peu à peu des années vingt à 1954. Le quartier

[10] On peut rappeler ici l'ouvrage de Jan Wampler, *All Their Own : People and the Places They Build*, New York, Oxford University Press, 1977. L'auteur photographie et analyse une série de réalisations architecturales basées sur la récupération d'éléments divers. En 1972, l'architecte américain Michael (Mike) Reynolds construit une maison avec des « briques » faites de cannettes de bière. Il développe cette technique constructive qu'il brevète par la suite sous le nom de « Earthship », construisant plusieurs maisons dans la région de Taos (Nouveau-Mexique). Ce sont des maisons faites à partir de pneus de camion ou d'automobile, enrobés d'une sorte de pisé. Panneaux solaires, réservoirs pour récupérer l'eau de pluie, recyclage des eaux usées sont quelques-unes des particularités de ces constructions autonomes, non reliées aux réseaux d'eau et d'électricité ; Cf. Michael Reynolds, *Earthship*, Taos, Solar Survival Architecture, 1990.

[11] « As an artist and a part of Marin County for many years, do you think that this casts a credit on the county of Marin ? [...] Oh, very much. It is the only thing that has real beauty. The other things have functional missions and functions, they do not sustain the human being. » Déposition de Jean Varda, 7 mai 1969, Compte rendu de justice à propos des maisons-bateaux, Marin County, Californie (Archives de la Sausalito Historical Society, Sausalito).

sam rodillo

tours de watts, los angeles

Né en Italie vers 1890, Simone Rodillo, dit Sam, vint se fixer en Californie. C'est en reconnaissance au pays qui lui avait été hospitalier qu'il construisit, dans une banlieue industrielle, ses fameuses tours. Il avait été maçon dans son pays natal, et il s'en souvint dans cette construction. La structure, composée d'une solide armature métallique enrobée de ciment, est enrichie extérieurement par l'application de textures variées, rocs, débris de mosaïque et de vaisselle, coquillages, tessons de bouteilles et verre pilé, empreintes dans le ciment frais.

Un architecte français, Maurice Silvy, décrit ainsi cette construction issue de l'imagination : « Structures primitives, cages gigantesques, tours de Babel ou flèches gothiques, châteaux de feux d'artifice, fusées pointées vers le ciel ou arbres de Noël, décors de fête foraine ou d'un palais fantastique : les tours de Watts sont tout cela et bien davantage. Le bâtisseur fécond avait coutume de dire : « Elles fonctionnent... »

Hélas ! Sam Rodillo a maintenant quitté ses tours. Il erre, paraît-il, sur les routes des Etats-Unis et il est question de démolir ces merveilleux témoins d'une imagination qui est peut-être moins naïve qu'on serait tenté de le croire si on les compare avec les croquis de l'architecte Frei Otto (v. p. 89).

Photos Maurice Silvy.

27

était devenu le symbole par ailleurs des révoltes populaires de l'année 1965. Hans Sperlich et Ulrich Conrads n'avaient-ils pas décrit les tours de Watts comme « l'expression extrémiste d'une architecture sans revêtement où l'ossature possède une valeur intrinsèque. Comme c'est le cas pour le Palais de Hauterives, un "homme du peuple" a développé, naïvement, sans référence aux théories, un certain principe architectonique de base [12] ». Pour l'historien de l'art Thomas Crow, l'assemblage de Simon Rodia aura certainement permis à une génération d'artistes californiens de revendiquer leur originalité par rapport aux artistes de la côte Est. La plupart d'entre eux, loin de l'économie du marché de l'art, étaient attirés par l'idée du collage et de l'assemblage, pour des questions de coût et par recherche de l'éphémère. En exploitant ces techniques, recyclant et détournant les rebuts de la société d'abondance, ces artistes conféraient un sens à leur marginalité [13]. Le jazzman Charles Mingus, qui habitait le quartier de Watts, décrit aussi l'étrange univers de Simon Rodia :

> « Il avait bâti autour de sa petite maisonnnette en bois démontable un mur bas en forme de bateau à l'intérieur duquel il érigeait trois espèces de mâts, de différentes hauteurs, en forme de cornet à glace renversé. Il dressait d'abord des armatures de métal et de treillis qu'il recouvrait d'un enduit de ciment, puis il décorait le tout de motifs de fantaisie à l'aide de débris de coquillages, de facettes de miroir et de tout ce qui lui tombait sous la main [14]. »

En ce qui concerne *Oncle Yanco*, ce n'est pas tant le résultat, le film, que la façon de le produire qui est importante. Agnès Varda met en place sa propre maison de production ce qui lui permet de prendre part à chaque étape du processus de fabrication du film, et ainsi d'assurer que sa propre identité et son point de vue prévalent. C'est le paradigme des publications de la contre-culture telles que le *Whole Earth Catalog*, qui cherche à s'échapper d'une société où le travail, comme le dit Herbert Marcuse, « serait toujours aliéné, c'est-à-dire, serait toujours un travail produit pour un "autre", et non pas pour les besoins de l'individu [15] ».

« Sam Rodillo, Tours de Watts, Los Angeles ». *L'Architecture d'aujourd'hui*, n° 102, juin-juillet 1962, p. 27.

12 Ulrich Conrads et Hans Sperlich, *L'Architecture fantastique*, Paris, Delpire, 1960, p. 42. Pour une analyse du statut de l'image dans la qualification artistique de ces tours, consulter Sarah Schrank, « Picturing the Watts Towers : the Art and Politics of an Urban Landmark », in Stephanie Barron, Sheri Bernstein, Ilene Susan Fort, *Reading California : Art, Image, and Identity*, Berkeley, University of California Press, 2000, p. 373-386.

13 Voir Thomas Crow, *The Rise of the Sixties : American and European Art in the Era of Dissent, 1955-69*, New York, Harry N. Abrams, 1996, p. 25.

14 Charles Mingus, *Beneath the Underdog*, 1971 (traduction français : *Moins qu'un chien*, Marseille, traduit par Jacques B. Hess, Parenthèses, 1982, p. 32) ; également cité in Catherine Grenier (dir.), *Los Angeles 1955-1985, Naissance d'une capitale artistique*, Paris, Centre Pompidou, 2006, p. 73.

15 « ... is still alienated, that is, it is still production for an Other, and not for the individual's own needs », Herbert Marcuse cité par Andrew Feenberg, in *Alternative Modernity, The Technical Turn in Philosophy and Social Theory*, Berkeley, University of California Press, 1995, p. 56-57.

DÉCOUVRIR ET REDÉCOUVRIR DROP CITY

Le lieu le plus emblématique de la contre-culture architecturale est sans conteste Drop City, un lieu communautaire dont le bâti est fait de structures géodésiques couvertes, situé près de la petite ville de Trinidad dans le Colorado [16]. Les fondateurs, les Américains Clark Richert (né en 1941), Gene Bernofsky (né en 1941) et JoAnn Bernofsky (née en 1942) se rencontrent en 1961 à Lawrence, Kansas, alors qu'ils sont étudiants en art. Ils sont alors tentés par la vie communautaire et achètent ensemble un vaste terrain près de Trinidad pour la modique somme de 450 dollars. Peu après avoir assisté, non loin de là, à Boulder, à une conférence de Richard Buckminster Fuller sur les dômes géodésiques, Clark Richert a l'idée de bâtir des structures similaires. Avec ses compagnons, il les recouvre de panneaux de tôle récupérés sur des carcasses d'automobiles.

La communauté s'établit en mai 1965. Si l'on en croit le recensement établi par Pierre Lacombe, pour *L'Architecture d'aujourd'hui* en août 1968, le site est alors occupé par « 10 garçons, 3 filles, 3 enfants, des chiens, des poules, des chats [17] ». Le journaliste dessine un plan du site, indique pour chaque dôme la couleur dominante vert clair, bleu et argent, noir et rouge, et photographie en détail le lieu. Ces photographies ne reflètent pas seulement les provocations formelles ou les « performances technologiques » mais captent aussi la domesticité, le mode de vie, ce qui est relativement rare dans *L'Architecture d'aujourd'hui*.

Les dômes de Drop City représentent alors un symbole collectif de liberté antibourgeoise, une prise de position quant à la récupération des matériaux ainsi qu'une mise en œuvre d'un principe mathématique

[16] Voir C. Trego, « Drop City : New Life for Junked Cars », *Architectural Forum* (New York), septembre 1967, p. 74-75 ; « Le cupole di Drop City », *Domus* (Milan), n° 458, janvier 1968, p. 1 ; Pierre Lacombe, « Drop City, Colorado : coupoles géodésiques pour l'habitat hippie », *L'Architecture d'aujourd'hui* (Paris), n° 141, décembre 1968-janvier 1969, p. 82-84. Drop City est aussi signalé dans Paul Oliver (ed.), *Shelter and Society*, New York, Praeger, 1969, p. 156-164 ; Peter Cook, *Experimental Architecture*, Londres, Studio Vista, 1970, p. 26 et suiv. ; Charles Jencks, *Architecture 2000 : Predictions and Methods*, Londres, Studio Vista, 1971 ; Charles Jencks & Nathan Silver, *Adhocism : the Case for improvisation*, Londres, Secker and Warburg, 1972, p. 100 et suivantes ; Charles Jencks, *Modern Movements in Architecture*, Garden City, New York, Anchor, 1973, p. 90 et suiv. Drop City est également cité dans l'ouvrage de Dolores Hayden, *Seven American Utopias*, *op. cit.*, p. 331-338, ainsi que dans celui de Timothy Miller, *The 60s communes : Hippies and Beyond*, Syracuse, Syracuse University Press, 1999. « Drop city : Historical Notes on the Pioneer Hippie Communes », *Syzygy : Journal of Alternative Religion and Culture* (Santa Barbara), n° 1, hiver 1992, p. 22-23 ; Clark Secrest, « No Right to be Poor : Colorado's Drop City », *Colorado Heritage* (Denver), hiver 1998, p. 14-21. D'autres travaux mentionnant Drop City dans un contexte d'histoire culturelle plus large : Alain Gerrand, « American Alternatives », *Architectural Design* (Londres), janvier 1975, p. 18-24 ; Margaret Crawford, « Alternative Shelter : Counterculture Architecture in Northern California », in Stephanie Barron, Sheri Bernstein, Ilene Susan Fort (eds.), *Reading California…*, *op. cit.*, p. 248-270 ; Simon Sadler, « Drop City Revisited », *Journal of Architectural Education* (Hoboken), printemps 2006, p. 5-14.

[17] Pierre Lacombe, *op. cit.*, p. 82-84.

Drop City, près de Trinidad (Colorado), c.1968.

stimulant. Un des « communards », Peter Rabbit, précise les méthodes constructives radicales consistant à découper des panneaux hexagonaux en tôle avec une hache :

> « Lorsqu'on découpe les toits de voiture, le premier coup est le plus difficile — si vous ne le portez pas correctement, la hache rebondit sur la surface du toit — mais lorsque vous avez démarré, vous n'avez plus qu'à suivre la coupe précédente ; c'est un peu comme utiliser un ouvre-boîte, c'est aussi le premier coup qui fait le plus de bruit [18]. »

Sortes de huttes collectives, ces dômes établissent aussi un lien avec un habitat traditionnel, le tipi ou la yourte. Leur facilité de montage les range dans la catégorie de constructions éphémères ou nomades. La quinzaine de dômes colorés fait la renommée de la communauté :

> « En 1967, il y eut une migration de jeunes faisant de l'auto-stop vers Haight-Ashbury, à San Francisco. Tout comme Formentera aux Baléares, le lac Atitlan au Guatemala ou Katmandou au Népal, Haight-Ashbury était un aimant pour les jeunes, le lieu où il fallait être — une sorte de Biarritz de la contre-culture des années soixante. Drop City devint le point d'arrêt de ces voyageurs transcontinentaux et des centaines de personnes y trouvèrent le Paradis terrestre. Des milliers d'autres en prirent connaissance en lisant le livre de Steve Baer, *Dome Cookbook*, entre autres. Le dôme fit rapidement partie du mythe — un des Droppers écrivit que “vivre dans un dôme, c'est être psychologiquement en parfaite harmonie avec la structure naturelle” [19]. »

Ainsi, lorsque Marc Vaye (né en 1949), alors étudiant en deuxième année à l'École spéciale d'architecture, atterrit en Amérique en juillet 1970 avec 100 dollars en poche, son itinéraire est basé sur le livre de Jack Kerouac, *On the Road*, et sa destination est Drop City, dont il a pris connaissance par des revues d'architecture. Les dômes géodésiques sont en effet présentés dans *Architectural Forum* en septembre 1967, tout

Pierre Lacombe, « Drop City, Colorado : coupoles géodésiques pour l'habitat hippie ». →
L'Architecture d'aujourd'hui, n° 141, décembre 1968-janvier 1969, p. 82-83.

18 Peter Rabbit, *Drop City*, cité par Witold Rybczynski, *Paper Heroes, Un regard sur la technologie appropriée*, traduit de l'américain par Hubert Guillaud, Roquevaire, Parenthèses, 1983, p. 82.

19 Witold Rybczynski, *op. cit.*, p. 82.

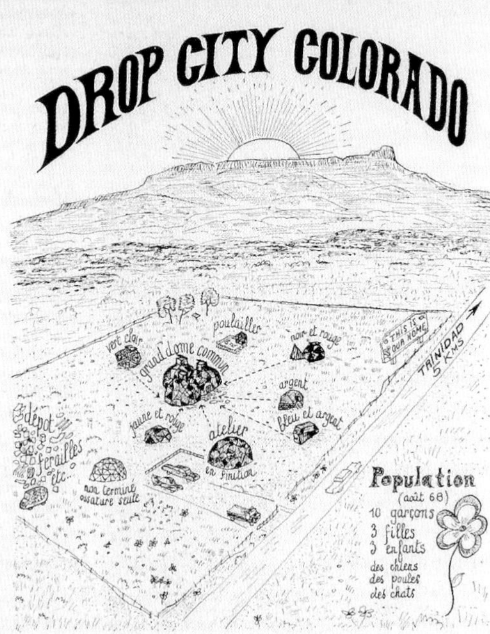

COUPOLES GEODESIQUES POUR L'HABITAT HIPPIE.

Drop City est une communauté « hippie » établie depuis trois ans près de la petite ville de Trinidad dans le sud du Colorado. Tout d'abord, les « droppers », logeant dans leurs voitures, édifièrent le premier bâtiment composé de trois grandes coupoles géodésiques et comprenant la salle de repas et de réunions, la cuisine, les sanitaires et un atelier. Puis, tout autour, ils construisirent des dômes plus petits réservés au logement et constituant le domaine privé de chacun.

Ces dômes, peints de couleurs vives, sont formés d'une ossature bois sur laquelle sont clouées des plaques de tôles récupérées sur de vieilles voitures.

Un enduit goudronneux les joints. L'isolation th est réalisée à l'aide de rène expansé de 10 cm seur.

Les ouvertures, de form ses, sont toujours disp façon à ne pas rompre de la structure.

Le « village » est situe terrain à flanc de cote reux et envahi d'herbe fleurs.

Les habitants : peintre ciens, écrivains, se p un peu d'argent en don cours dans les univers sines ou en faisant des ils sont pratiquement no rebuts de Trinidad (le su ket leur réserve les inve

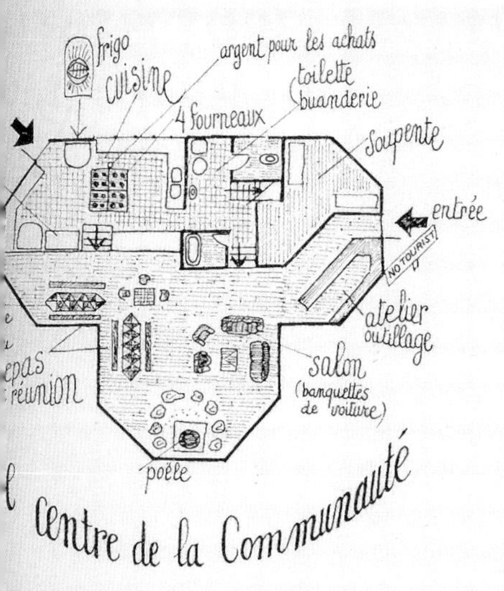
frigo
cuisine
argent pour les achats
toilette
buanderie
4 fourneaux
soupente
entrée
NO TOURIST
atelier
outillage
epas
réunion
salon
(banquettes
de voiture)
poêle
Centre de la Communauté

rien n'éta
formalisé

Jean Soum visitant
Drop City, près de Trinidad,
Colorado, 1975.

Cartop Dome (construit avec de la carrosserie automobile), Drop City, près de Trinidad, Colorado, c.1966.

comme dans les magazines européens tels que *Domus* en janvier 1968 et *L'Architecture d'aujourd'hui* en décembre 1968[20].
Ce qui l'impressionne à propos de Drop City, à part le fait qu'elle représente l'exemple emblématique du communautarisme contre-culturel, c'est que « rien n'était fixe, rien n'était formalisé, tout était possible[21] ».
Lors de son deuxième voyage en 1973, Marc Vaye rencontre Steve Baer, un expert en physique thermique, déjà connu pour ses inventions d'une grande ingéniosité, exploitant les principes fondamentaux du mouvement de la chaleur à travers les corps solides, fluides et gazeux. Vaye visite à cette occasion la maison que celui-ci vient de se construire à Corrales près d'Albuquerque, remarquable par son système de climatisation passif :

> « La maison de Steve Baer est faite avec un soubassement en terre et une couverture géodésique en panneau sandwich aluminium — donc à la fois basse et haute technologie. C'est ce qui nous passionnait : l'idée de quelque chose qui soit à la fois de sensibilité écologiste sans être antitechnologique. J'aurais pensé que la technologie était criminelle en soi[22]. »

C'est une maison de onze petites pièces de forme polygonale — qu'il appelle *zome* —jointes les unes aux autres par un ou deux côtés, l'ensemble formant un plan en grappe. Les murs, en brique d'adobe, sont recouverts à l'extérieur d'aluminium. La face sud de quatre des *zomes* est entièrement percée par une fenêtre à simple vitrage. À l'intérieur, des barils métalliques remplis d'eau s'empilent, sur toute la surface d'ouverture. En été, par temps très chaud, un volet actionné à la main obture la fenêtre le jour. La nuit, il est ouvert afin de permettre un rafraîchissement par rayonnement vers l'extérieur. En hiver, c'est l'inverse : les barils accumulent la chaleur créée par l'exposition maximale au rayonnement solaire pendant la journée, tandis que, la nuit, le volet est fermé pour prévenir toute déperdition thermique vers l'extérieur[23]. Pour les architectes français, la maison n'est pas seulement une merveille de technologie douce, elle est chargée aussi d'un « potentiel révolutionnaire », parce qu'elle démontre que l'énergie solaire peut être canalisée, dispensant ainsi une source de chaleur appréciable. Cela constitue donc une alternative en ressource énergétique au moment où d'autres solutions plus discutables sont envisagées, comme l'énergie nucléaire.

[20] « Le cupole di Drop City », *Domus* (Milan), nº 458, janvier 1968, p. 1 ; Pierre Lacombe, « Drop City, Colorado : coupoles géodésiques pour l'habitat hippie », *L'Architecture d'aujourd'hui* (Paris), nº 141, décembre 1968-janvier 1969, p. 82-84.

[21] Marc Vaye, entretien avec l'auteur, Paris, 28 juin 2001.

[22] *Ibid.*

[23] Pour les détails constructifs des maisons de Steve Baer voir : Varoujan Arzoumanian et Patrick Bardou, *Archi de terre*, Roquevaire, Parenthèses, 1978, p. 58-64.

La maison de Steve et Holly Baer à Corrales, Nouveau-Mexique ; vue extérieure.

La maison de Steve et Holly Baer à Corrales, Nouveau-Mexique, 1973.

Mur sud : un des grands porte-volets d'aluminium est dans sa position ouverte.

Intérieur de la maison de Steve et Holly Baer à Corrales, Nouveau-Mexique, 1975.

Plan de la maison de Steve et Holly Baer à Corrales, Nouveau-Mexique.

Extrait de l'ouvrage *La Face cachée du soleil*, Paris, 1974, p. 38.

les ZOMES de Steve Baer

revêtement extérieur (aluminium) réfléchissant le rayonnement solaire.

le rayonnement solaire ouvre automatiquement les skylids pour que la chaleur pénètre

4 façades verticales plein sud

éolienne puisant l'eau fraîche souterraine pour usage domestique.

Le soleil chauffe de l'eau, dans des barils métalliques peints en noir, à travers une vitre.

panneaux basculants abaissés au sol par un système de poulies pour permettre au rayonnement de pénétrer.

Collecteur plan pour chauffer l'eau domestique.

11 zones
– rombododécaèdre tronqué –
implantées au Nouveau Mexique (U.S.A)
★ espace abondant
★ ensoleillement favorable 3200h/an.
Climat désertique (sec)
altitude ≈ 1500m.

Salle de bain
chambre parents
murs solaires
patio
séjour
chambre d'amis
chambre d'enfant
chambre d'enfant
bains
Cuisine
Entrée
bains

2 poêles à bois dans les 2 pièces les plus mal exposées tournent pendant les 10 plus mauvais jours d'hiver.

Le périmètre intérieur et les cloisons en adobe (brique de terre sèche) assure le volant thermique qui manque à l'aluminium.

La chaleur de la cuisinière est accumulée dans une masse d'adobe entourant le four et dans des bidons d'eau.

panneau sandwich isolant de la fraîcheur nocturne.

Skylids fermés en l'absence de rayonnement solaire.

l'eau des barils restitue dans les pièces principalement par rayonnement et aussi par convection la chaleur accumulée pendant le jour.

les panneaux sont relevés pour emprisonner la chaleur à l'intérieur

38

Maison de Steve Baer à Corrales : coupes sur les trente citernes d'eau et les murs en adobe.

Extrait de l'ouvrage *Archi de terre*, Roquevaire, Parenthèses, 1978, p. 61.

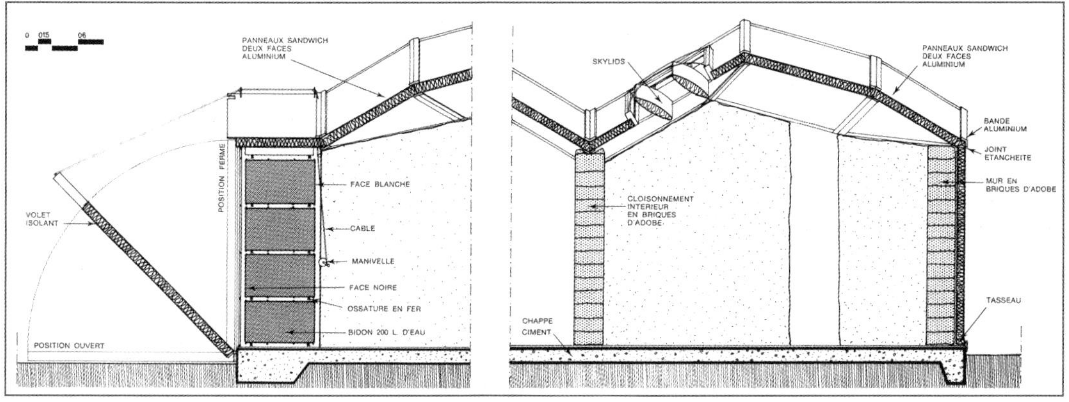

Hubert Guillaud et Patrick Bardou et leur véhicule Dodge Monaco au Nouveau-Mexique en 1975.

« Free Form » une maison construite par Bob de Buck et Jerry Thorman à Truchas, Nouveau-Mexique, 1975.

Nous étions hors système, nous étions des marginaux, complètement décalés par rapport à la situation de carrière professionnelle, de situation.

engagement politique, dont sa participation en 1967 à l'élaboration de *Tout !*, le journal du groupe de militants maoïstes *Vive la Révolution*. Il raconte son épopée américaine comme suit :

> « Jusqu'en 1970, je militais dans un groupe Mao qui a été dissous. Me sentant vraiment orphelin, je suis parti un an aux États-Unis en 1971-1972. Ce qui se passait en Amérique nous intéressait vraiment à l'époque. Les femmes avaient tissé des contacts sérieux avec les féministes américaines. Quant à nous, on avait des contacts avec les Black Panthers. [...] À Berkeley, j'ai rencontré des gens qui étaient des militants alternatifs. J'ai voyagé en stop en Californie. [...] J'ai habité pendant six mois dans un endroit qui s'appelait Canyon. J'avais rencontré une fille et c'est là qu'elle habitait. [...] Il y avait quelques dômes que j'ai pu visiter lorsque nous allions chez les uns et chez les autres. J'ai participé à la construction d'un des dômes. J'habitais auprès d'une maison faite avec des traverses de chemin de fer. Il y avait aussi des cabanes dans les arbres [28]. »

Jacques Barda apprend alors à se servir des outils du charpentier et de l'ébéniste. Il est embauché comme apprenti chez un ébéniste à San Francisco en 1971 :

> « À San Francisco, j'ai travaillé pendant six ou neuf mois chez un charpentier-ébéniste. C'était chez le père de quelqu'un que je connaissais à Paris. Il s'appelait Arthur Hannah et il avait son atelier sous le Bay Bridge. J'y allais deux jours par semaine pour y fabriquer des meubles. Ce n'est que petit à petit que j'ai pu me servir des outils : la scie circulaire, les grandes ponceuses à bande, la dégauchisseuse. Au départ, mes tâches consistaient à couper une table, à amincir le pied. J'ai aussi fait des projets de lampe, de design [29]. »

À ce moment-là, il ne voulait « rien avoir à faire avec l'architecture » :

> « Travailler de mes mains, c'était une poursuite de la vie militante mais de façon isolée. Nous étions hors système, nous étions des marginaux, complètement décalé par rapport à la situation de carrière professionnelle, de situation [30]. »

Le travail manuel — faire des meubles ou réaliser son abri — est vécu comme un moment essentiel de l'apprentissage de la réalité de la chose construite. Marc Vaye et ses compagnons de voyage, tout comme Jacques Barda, retourneront en France avec de vrais outils de transmission, catalogues et ouvrages parmi lesquels le *Whole Earth*

28 Jacques Barda, entretien avec l'auteur, Paris, 23 mai 2003.

29 *Ibid.* Ce témoignage est révélateur d'une situation : comment survivre psychologiquement à l'évanouissement de l'effervescence de la vie de militant gauchiste quelques années après Mai-68 ? Partir, découvrir un nouveau monde et acquérir de nouveaux apprentissages pratiques, fait office de thérapie.

30 *Ibid.*

Couverture du premier numéro du *Whole Earth Catalog*, automne 1968.

Menlo Park, Portola Institute.

Couverture du livre *Domebook One*.

Los Gatos (Californie), Pacific Domes, 1970.

Hubert Guillaud, Varoujan Arzoumanian et Patrick Bardou auprès de leur habitacle Dodge Monaco avec lequel ils sillonnent les États-Unis et le Mexique en 1975-1976.

Le Pueblo Bonito (XIe siècle) dans le site archéologique de Chaco Canyon des Indiens Anasazis, Nouveau-Mexique, en 1975.

Extrait du livre de bord du Groupe No Reproduction (Varoujan Arzoumanian, Patrick Bardou, Hubert Guillaud), 1975.

Catalog (1968), le *Dome Cookbook* (1968), le *Domebook One* (1970) et le *Domebook 2* (1971).

L'autoconstruction, la pratique qui consiste à construire et à « solariser » soi-même sa maison, contribue aussi à une émancipation des dépendances multiples créées par la société de consommation. En s'appropriant une activité relevant de spécialistes du bâtiment et de la production et distribution d'énergie, l'autoconstructeur répond à l'idéal d'autonomie de la société contre-culturelle des années soixante.

Patrick Bardou et Varoujan Arzoumanian (qui voyagent avec Hubert Guillaud désormais co-responsable du CRATerre), alors étudiants en architecture à l'école de Marseille-Luminy, découvrent eux aussi en 1975 les maisons solaires du Nouveau-Mexique à bord d'une Dodge Monaco Break qu'ils achètent en Pennsylvanie avant de la revendre six mois plus tard, à la fin de leur voyage. Ils rendent visite à Steve Baer, observent sa maison à Coralles et découvrent les réalisations de David Wright.

Ils explorent les villages indiens de Chaco Canyon et visitent les sites archéologiques du Canyon de Chelly. Ils se procurent de la documentation, achètent ce qui est disponible sous forme de revues ou de livres. Au cours de ce voyage, il leur vient l'idée de monter une maison d'édition, qu'ils baptisent Parenthèses, consacrée à l'architecture et à l'urbanisme, grâce à laquelle ils pourraient diffuser des informations collectées lors de leur long périple mais aussi d'entamer des programmes de traduction. Leur premier ouvrage, *Archi de terre*, est un succès (12 000 exemplaires vendus). Dès la fin des années soixante-dix, ils publient les traductions de deux ouvrages nord-américains (aujourd'hui encore

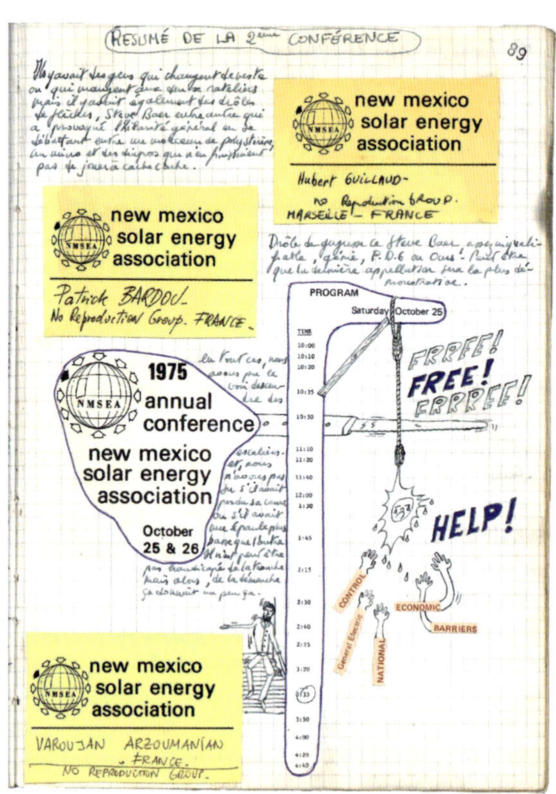

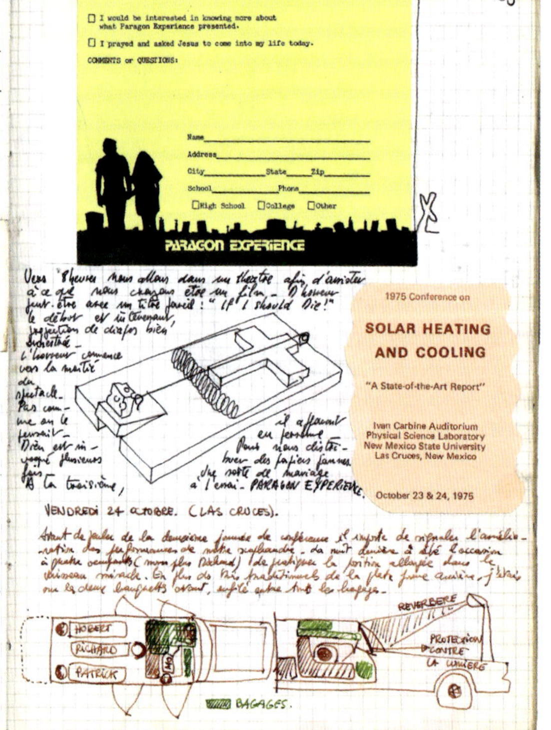

Deux pages du livre de bord du Groupe No Reproduction, Nouveau-Mexique, octobre 1975.

réédités) dédiés aux maisons solaires passives. Le périple nord-américain leur avait permis de rencontrer leur auteur respectif, Edward Mazria et David Wright[31].
Les maisons-barges de Sausalito filmées par Agnès Varda, les dômes colorés de Drop City, photographiés par les voyageurs et publiés par les revues d'architecture européennes, les maisons dotées de systèmes solaires passifs, surtout construites dans le Colorado et le Nouveau-Mexique, et dont les plans et les systèmes constructifs sont publiés en France et précisément analysés par les étudiants architectes français, constituaient donc les « monuments » de la culture alternative. Les architectes français voyageant aux États-Unis échangent des informations et des idées avec les protagonistes de la contre-culture américaine. À leur retour en France, ces architectes vont transmettre leurs trouvailles à leurs collègues, aux étudiants et aux disciples. Ils perpétuent le culte de certains sites architecturaux, étapes obligées du pèlerinage contre-culturel. Ces itinéraires fascinent une génération trouvant là le moyen d'embarquer vers de nouveaux voyages transatlantiques.

Couvertures des deux premiers livres des Éditions Parenthèses, 1979.

31 David Wright, *Manuel d'architecture naturelle*, Marseille, Parenthèses, 1979 (réédité en 2005 et en 2009 ; traduction de l'ouvrage publié en anglais sous le titre *Natural Solar Architecture : A Passive Primer*, New York, Van Nostrand Reinhold Co., 1978) ; Edward Mazria, *Le Guide de la maison solaire*, Roquevaire, Parenthèses, 1re édition 1981 (*The Passive Solar Energy Book*, Emmaus, Rodale Press, 1979).

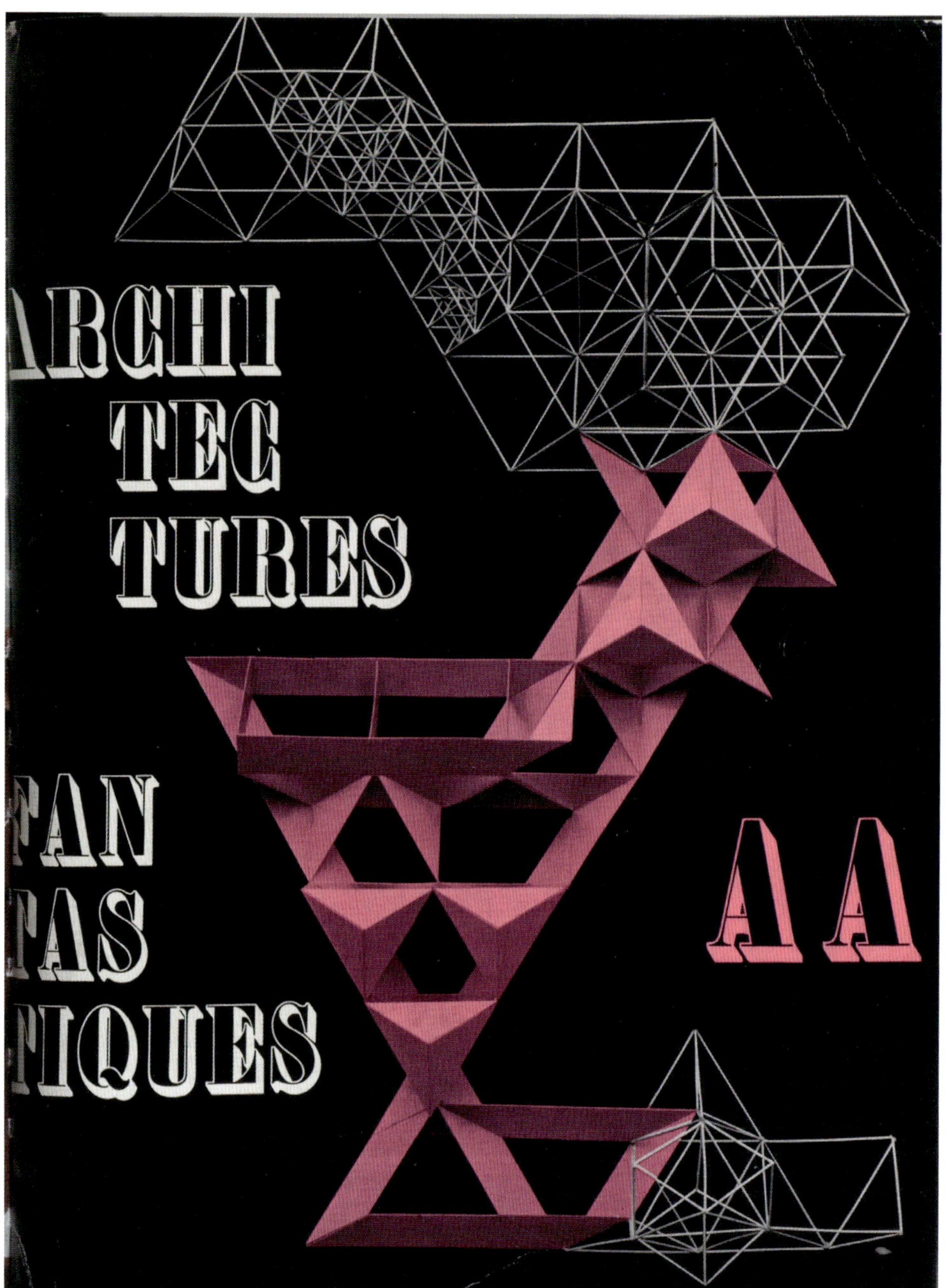

Couverture du numéro spécial « Architectures fantastiques ».

L'Architecture d'aujourd'hui,, n° 102, juin-juillet 1962.

CHAPITRE 3

DIFFUSION DE LA CONTRE-CULTURE ARCHITECTURALE EN FRANCE

Au début des années soixante, les architectes français se sont tournés vers l'architecture nord-américaine principalement pour découvrir l'architecture dite savante, qui développe des techniques d'industrialisation et de préfabrication, met en œuvre les murs-rideaux et les structures en acier. Les rédacteurs en chef de la revue *L'Architecture d'aujourd'hui* ont toujours, depuis sa fondation, bien documenté cette architecture américaine et, entre 1945 et 1959, elle en fait la une à de nombreuses reprises. En général, ces articles mettent l'accent sur sa modernité, son fonctionnalisme et son efficacité. Une autre tendance s'intéresse à l'architecture de Frank Lloyd Wright parce qu'elle représentait un produit purement américain — les maisons usoniennes en sont un bon exemple — et non le produit d'un transfert transatlantique (une architecture internationale de type Bauhaus). Qu'en est-il de l'intérêt pour cette *autre* architecture — les dômes, les cabanes, les maisons solaires —, l'architecture emblématique de la contre-culture décrite par William Chaitkin ?

Si l'architecture de la contre-culture est en général peu commentée dans les revues d'architecture françaises, dès le début des années soixante, les colonnes de *L'Architecture d'aujourd'hui* invitent les lecteurs à découvrir les « demeures inspirées » de Bruce Goff et d'Herb Greene. Souvent étiquetés disciples de Frank Lloyd Wright, ces deux architectes ont appréhendé l'architecture sous des formes insolites, utilisant avec une grande liberté des matériaux hétéroclites ou récupérés et, de ce fait, leurs réalisations ont été assimilées à l'architecture marginale. Ainsi, le numéro de *L'Architecture d'aujourd'hui* de juin-juillet 1962, présentant les « architectures fantastiques », les « architectures visionnaires », les « demeures inspirées », s'appuie-t-il sur le livre d'Ulrich Conrads et de Hans Sperlich, *Phantastische Architektur*, traduit en français en 1960 dans lequel les auteurs montraient des rapprochements entre architecture expressionniste et manifestations utopiques des années soixante [1].

Introduit par Alexandre Persitz et Jürgen Joedicke, ce numéro de l'été 1962 présente une série de projets et de réalisations, de Bruno Taut à Gaudí. On y trouve également le projet de la Tour municipale à Philadelphie conçue par Louis Kahn et Ann Tyng en 1956. Les articles

Ces murs se continuent dans la nature, s'épanouissant en rocailles baroques, enchâssant un oiseau d'or venu de Perse, surplombant une piscine de turquoise ou servant de contrepoids au lit de la chambre à coucher.

consacrés aux travaux de Bruce Goff, Herb Greene et Paolo Soleri sont conséquents. Michel Pillet, le correspondant français aux États-Unis pour *L'Architecture d'aujourd'hui*, raconte l'accueil chaleureux que lui a réservé « l'insolite monsieur Bruce Goff » à Oklahoma et décrit l'étonnement ressenti devant la maison Joe D. Price (Shin'en Kan) :

> « Le premier choc fut d'entrevoir la "chose", accroupie sur une petite hauteur, scintillante, tendant vers nous ses bras sombres. Sur plan rectangulaire, la maison est une pyramide basse en aluminium doré posée sur des murs faits d'anthracite et de blocs de verre brut. Ces murs se continuent dans la nature, s'épanouissant en rocailles baroques, enchâssant un oiseau d'or venu de Perse, surplombant une piscine de turquoise ou servant de contrepoids au lit de la chambre à coucher. »

Michel Pillet, « Bruce Goff, Habitation Bavinger ». ⟶
L'Architecture d'aujourd'hui, numéro spécial « Architectures fantastiques », n° 102, juin-juillet 1962, p. 54-55.

Michel Pillet avait visité aussi la « maison en spirale » de Bruce Goff, aussi appellée maison Bavinger, réalisée dès 1950 près de Norman, Oklahoma :

> « Le lent mouvement ascensionnel du volume intérieur conduit peu à peu par diverses plates-formes en porte-à-faux au-dessus d'une sorte de jungle, jusqu'à l'atelier brutalement éclairé d'où l'on voit toute la campagne environnante. La lumière vient de partout et de nulle part, le bruit de l'eau semble tourner avec la spirale et tout finit par prendre un caractère presque obsédant. Certains furent impressionnés par cette sensation d'évoluer à l'intérieur d'un être vivant [2]. »

Pillet présente également l'étonnante maison-carapace de Herb Greene, laquelle sera de nouveau à l'honneur en avril 1964 dans la revue *Aujourd'hui, art et architecture*. Le rédacteur choisira d'utiliser un cliché de la maison Norman en première de couverture [3].

Michel Pillet, « Herb Greene ». ⟶
L'Architecture d'aujourd'hui, numéro spécial « Architectures fantastiques », n° 102, juin-juillet 1962, p. 58-59.

REVUES FRANÇAISES

L'impression générale de l'état de l'architecture nord-américaine qui ressort de la lecture du numéro spécial « USA 65 » de *L'Architecture d'aujourd'hui* est celle d'une architecture monumentale de verre, d'acier ou de béton, remarquablement construite, une architecture unifiée symboliquement et stylistiquement, à quelques exceptions près. Le siège de la fondation Ford à New York, réalisé par John Dinkeloo et Kevin Roche, est l'un des bâtiments les plus spectaculaires. Ce numéro

1 Ulrich Conrads, Hans Sperlich, *Architecture fantastique*, Paris, Delpire, 1960, p. 7.

2 Michel Pillet, « L'insolite monsieur Bruce Goff », *L'Architecture d'aujourd'hui* (Paris), spécial « Architectures fantastiques », nº 102, juin-juillet 1962, p. 50.

3 *Aujourd'hui, art et architecture*, nº 45, avril 1964.

bruce goff

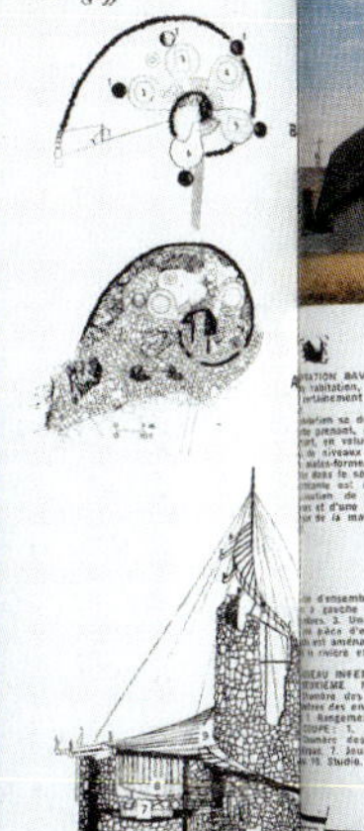

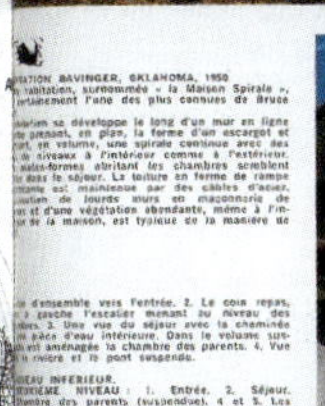

...TATION BAVINGER, OKLAHOMA, 1950
...habitation, surnommée « la Maison Spirale », ...rtainement l'une des plus connues de Bruce ...

...tation se développe le long d'un mur en ligne ...te prenant, en plan, la forme d'un escargot et ...tant, en volume, une spirale continue avec des ...de niveaux à l'intérieur comme à l'extérieur. ...plates-formes abritant les chambres semblent ...re dans le séjour. La toiture en forme de rampe ...ntante est maintenue par des câbles d'acier. ...ociation de lourds murs en maçonnerie de ...re et d'une végétation abondante, même à l'in-...eur de la maison, est typique de la manière de

...e d'ensemble vers l'entrée. 2. Le coin repas, ...à gauche l'escalier menant au niveau des ...bres. 3. Une vue du séjour avec la cheminée ...pièce d'eau intérieure. Dans le volume sus-...est aménagée la chambre des parents. 4. Vue ...rivière et le pont suspendu.

...VEAU INFERIEUR.
...XIÈME NIVEAU : 1. Entrée. 2. Séjour. ...hambre des parents (suspendue). 4 et 5. Les ...bres des enfants également suspendues. 6. Sto-... 7. Rangement.
...OUPE : 1. Entrée. 2. Rangement. 3. Visites. ...hambre des parents. 5. Escalier vers bains. ...age. 7. Jeux. 8. Chambre d'enfants. 9. Lanter-... 10. Studio.

HABITATION POLLOK, OKLAHOMA CITY.
Surgissant dans une banlieue banale, cette habitation est formée de neuf cubes couverts chacun par un toit à double pente. Chaque cube correspond à une pièce d'habitation avec, au centre de l'ensemble, la cuisine. Un porche couvert en matière plastique translucide dans les tons verts relie la partie habitation au garage.
Bruce Goff a utilisé pour la construction les matériaux les plus simples, pierres, bois peint en gris et vert. Les sols sont recouverts en dalles de pierre pour les terrasses et les accès, dalles de vinyl noir et or et tapis pour les pièces d'habitation.

5. Vue d'ensemble. A droite, le garage. A gauche, la partie habitation. 6. Vue sur la terrasse et l'entrée, avec à droite l'habitation et à gauche le garage.

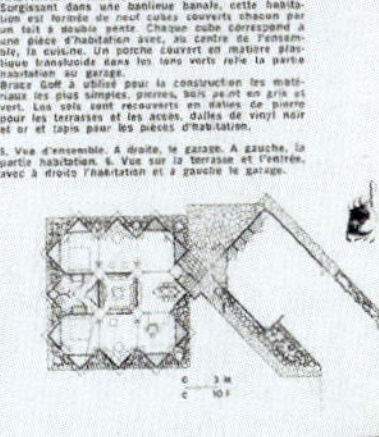

...bitation à norman, oklahoma

...Pour construire sa propre maison, Herb ...ene a choisi un terrain situé dans une ...rie typique de l'Oklahoma. La protection ...tre les vents, le désir de créer intérieure-...nt un volume extrêmement souple, ont ...té l'adoption d'un plan elliptique, avec ou-...tures seulement dans les parties les plus ...ées. Les limitations du budget n'ont sans ...te pas été étrangères au choix du maté-..., des planches de bois, dont l'architecte ...u tirer extérieurement et intérieurement des ...ets surprenants. « La forme de mon habita-..., déclare-t-il, s'explique par mon souci de ...rapprocher du monde de notre expérience ...sible, par une méthode qui est celle de ...ition passée au crible de la raison... les ...nes droites, les cercles, les carrés, ou les ...mes libres, ne sont pas les seuls issus de ...re expérience sensorielle, ces formes géo-...riques n'en sont qu'un aspect. D'autres ...tions entre l'homme et ce qui l'entoure, ...tions de substance et de qualité, ne ...ptent pas moins dans notre expérience ...sible. »

...n'est pas inutile de souligner une sorte ...humour conscient que Greene conserve vis-... de cette forme et aussi sa conviction que ... dans cette sorte d'inspiration, ne pour-... constituer un exemple à répéter.

...N : A. NIVEAU INFERIEUR : 1. Enfants. 2. Pa-... 3. Débarras et équipement mécanique. 4. Cui-... 5. Terrasse dallée. 6. Garage. B. NIVEAU ...ERIEUR : 1. Galerie. 2. Bureau. 3. Débarras. ...éserve livres. 5. Vide du rez-de-chaussée. 6. Sé-... 7. Bibliothèque.

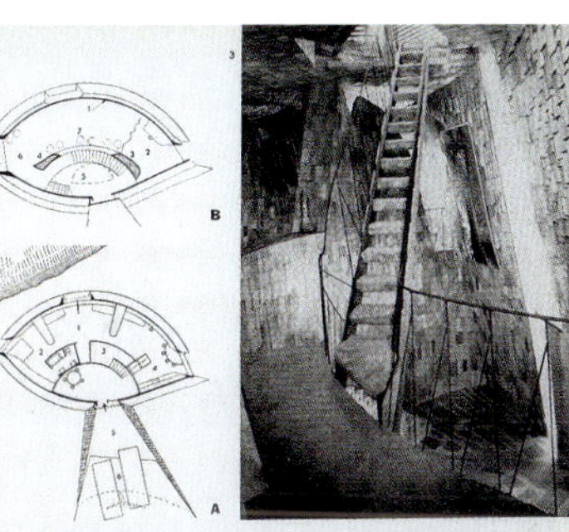

herb greene

Né en 1929, Herb Greene commença ses études d'architecte à l'Université de Syracuse, mais c'est à celle d'Oklahoma qu'il devait les terminer, sous la direction de Bruce Goff, qui évoque ainsi le jeune étudiant : « Sa facilité pour le dessin attira d'abord notre attention, mais il nous parut très vite évident que c'était beaucoup plus que simple facilité. Son esprit aiguisé, curieux, plus intéressé par les principes que par les effets, se développait avec une rapidité surprenante. »

Certes, Herb Greene a subi les influences de son professeur, mais il reconnaît également celles de Wright, de Le Corbusier, de Gaudi...

Parallèlement à ses réalisations architecturales, il travaille la peinture et a déjà fait une exposition d'une vingtaine d'œuvres dans les musées d'Oklahoma. Dans ce domaine, il déclare lui-même se rattacher à Matta, Tchelitchev et Bruce Goff lui-même.

Bruce Goff signale également l'intérêt de ses montages sur les sujets les plus divers : « Il fait cela aussi sérieusement que l'architecture, et il est également doué pour ces deux activités. Son génie est si vaste qu'il a besoin de la peinture et de l'architecture pour s'extérioriser. »

Herb Greene a construit d'assez nombreuses habitations et quelques bâtiments à usage commercial. Après avoir travaillé dans différentes agences locales, il est maintenant professeur associé à l'Université d'Oklahoma, et c'est encore Bruce Goff qui déclare qu'il « a maintenant prouvé qu'il n'est le disciple de personne, mais qu'il a quelque chose à dire qui lui est propre, et qu'il le dit clairement et sans peur. Son œuvre élargira les assises à la fois de la peinture et de l'architecture, et j'attends avec un intérêt toujours croissant chacune de ses nouvelles réalisations ».

1. Vue d'ensemble au sud, avec l'abri pour voiture au premier plan. 2. Détail du pignon est. 3. La galerie et l'escalier menant au niveau supérieur. 4. Vue à l'ouest avec, à gauche, au niveau supérieur, le séjour vitré.

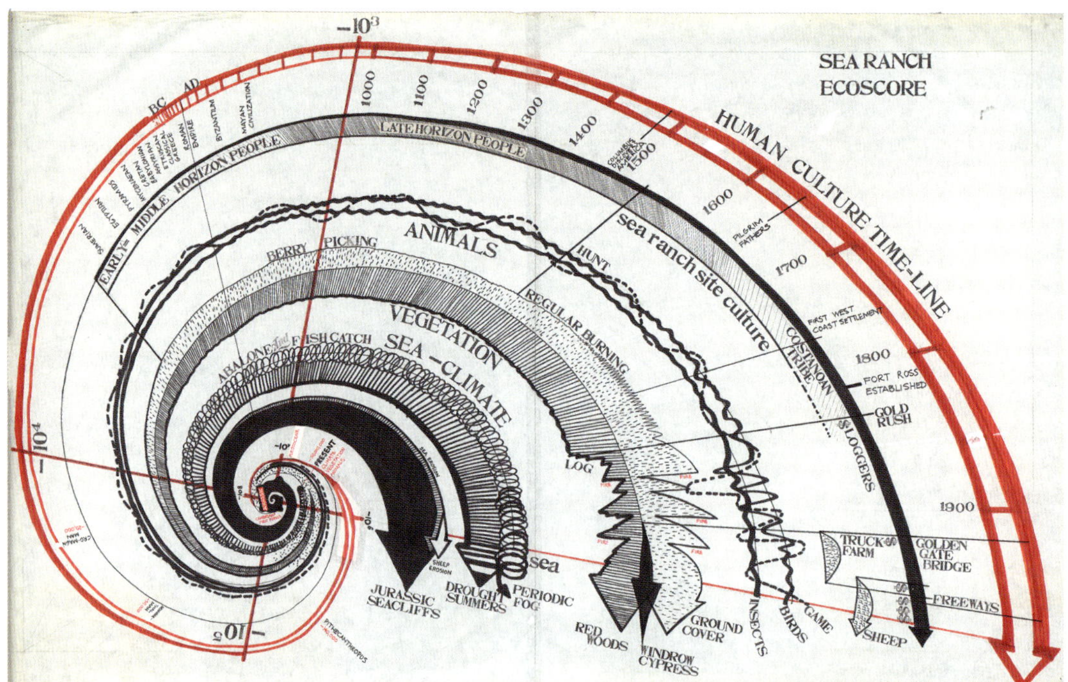

Lawrence Halprin, *Ecoscore* sur le site de Sea ranch montrant les forces qui ont modelé le terrain à travers le temps, ca. 1968.

MLTW (Charles Moore, Donlyn Lyndon, William Turnbull, Richard Whitaker), Condominium (1963), Sea Ranch (Californie), 1999.

Joseph Esherick, Maison modèle (1965), Sea Ranch (Californie), 1999.

spécial « USA 65 » ne s'attarde pas sur les signes de la culture populaire : pas de néons, pas de rues brouillées par des panneaux publicitaires, pas de représentation du *strip*.

André Bloc mentionne de nouveau des figures singulières issues de la filiation de Frank Lloyd Wright, comme Paolo Soleri et Bruce Goff. Le premier, depuis la publication de ses dessins dans le livre d'Ulrich Conrads et Hans Sperlich, ne cesse d'apparaître dans les revues (« Paolo Soleri reste un chercheur isolé auquel il faudra bien se décider à faire confiance ; son prodigieux esprit créateur le situe parmi les personnalités les plus intéressantes du moment[4] »). Quant à Bruce Goff, lui aussi présenté dans le livre de Conrads et Sperlich, André Bloc le décrit comme étant resté « ...plus fidèle à la lettre qu'à l'esprit du maître disparu, sans renouvellement des idées directrices[5] ».

Une année plus tard, à la fin de l'année 1966, le portrait de l'Amérique proposé par *Aujourd'hui, art et architecture* présente des lignes de force moins architecturales que paysagères et artistiques[6]. La page de couverture sur laquelle est reproduit un dessin de l'artiste Roy Lichtenstein intitulé *Landscape*, place d'emblée le numéro sous le signe de la figure *pop*.

Roy Lichtenstein, « Paysage », couverture de *Aujourd'hui, art et architecture*.
N° 55-56, décembre 1966-janvier 1967.

Un dossier de huit pages couvre l'aménagement du site de Sea Ranch. C'est en réaction contre les effets de suburbanisation qui touche l'habitat de loisirs aux États-Unis, que des promoteurs, des architectes et des paysagistes (Oceanic Properties Inc., Halprin, Esherick, Moore, Lyndon, Turnbull et Whitaker) proposent cet ensemble le long de la bande côtière de l'océan Pacifique, réalisé à quelque 160 km au nord de San Francisco[7]. Par l'enracinement dans le site dont elles tirent leur organisation, leurs silhouettes et leurs matériaux, par la variété de leurs profils, par la succession et la spécificité de leurs espaces, ces constructions et l'aménagement général ont séduit toute une génération d'architectes[8]. Dès 1963 d'ailleurs, quatre amis d'atelier de l'École des beaux-arts de Paris, Jean-Jacques Orzoni, Jean-Marc Roques, Jacques Labro et François Lombard avaient découvert ce site lors d'une virée à moto. Le « condominium » de Charles Moore et de ses associés était toujours en construction, mais les amis sont tenus informés par la progression du chantier par l'architecte-paysagiste Lawrence Halprin[9] lui-même,

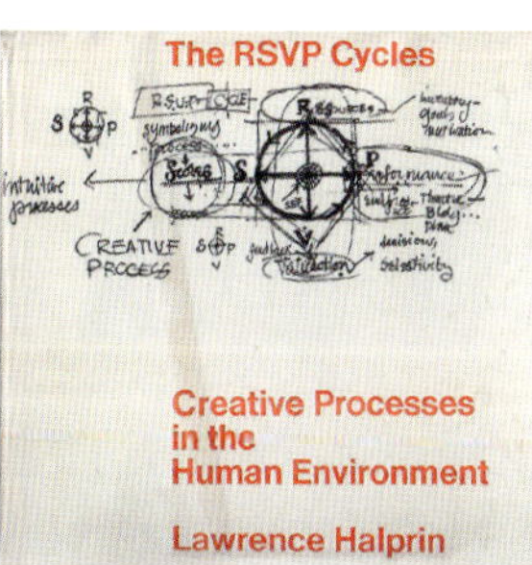

Couverture du livre de Lawrence Halprin, *RSVP Cycles : Creative Processes in the Human Environment*.
New York, George Braziller, 1970.

4 André Bloc, « USA 65 », *L'Architecture d'aujourd'hui*, nº 122, septembre-novembre 1965.

5 *Ibid.* À propos de l'architecture de Bruce Goff, on peut consulter le livre de David Delong, *The Architecture of Bruce Goff : Buildings and Projects, 1916-1974*, New York, Garland, 1977.

6 *Aujourd'hui, art et architecture* (Paris), nº 55-56, décembre 1966-janvier 1967.

7 Le dossier est illustré par les superbes photographies en noir et blanc de Morley Baer et Roy Flamm.

8 Ce sont les granges présentes sur le site du Sea Ranch qui donnent à l'équipe les grands thèmes qui feront le succès de l'entreprise : les toits qui suivent la direction du vent, les constructions en bois.

9 De Lawrence Halprin, voir : *The RSVP Cycles: Creative Processes in the Human Environment*, New York, George Braziller, 1970 ; *The Sea Ranch : Diary of an Idea*, Berkeley, Spacemaker Press, 2002 ; et Alison Hirsh, *City Choreographer: Lawrence Halprin and Public Performance in Urban Renewal America*, Minneapolis, University of Minnesota Press, 2014.

chez qui Jean-Marc Roques accomplissait alors un stage. La fortune critique de l'aménagement du site de Sea Ranch, tant en France qu'aux États-Unis, contribue à enrichir le tourisme architectural [10].

L'article dans *Aujourd'hui, art et architecture* montre les neuf appartements groupés du « condominium » à la vêture de bois de cèdre réalisés par les architectes Moore, Lyndon, Turnbull et Whitaker, ainsi que les « maisons-modèles » de Joseph Esherick dans le cadre paysager majestueux du lieu qui s'étend sur 15 kilomètres. Des textes du paysagiste Lawrence Halprin sur les principes écologiques de l'organisation du site accompagnent le reportage. Patrice Goulet rappelle que la revue nord-américaine *Progressive Architecture*, qui avait peu de mois auparavant présenté ce même projet, l'a inspiré dans la rédaction de son article sur Sea Ranch.

Si l'on compare ce numéro à celui de *L'Architecture d'aujourd'hui* « USA 65 », en considérant principalement ce reportage sur Sea Ranch, on constate un changement de regard : l'intérêt se déplace de l'architecture et de l'ingénierie au paysage et à l'environnement ; il se déplace aussi du centre des villes ou des zones suburbaines vers un projet très éloigné des centres urbains. Il met l'accent sur l'Ouest des États-Unis et non pas sur la côte Nord-Est — qui somme toute n'est pas très différente de l'Europe, en ce qui concerne l'organisation et les principes des réglementations urbaines. Élément plus marquant encore, les textes du numéro d'*Aujourd'hui, art et architecture* mettent l'accent sur l'importance du climat, de la végétation, de la sauvegarde et de la restauration des environnements paysagers. Ils ménagent une place également à la scène artistique, notamment à l'œuvre d'Andy Warhol. Les impressionnantes photographies en noir et blanc de Sol Goldberg, témoignages saisissants d'un happening d'Allan Kaprow monté à l'université Cornell, couvrent sept pages [11].

Happening d'Allan Kaprow à Cornell.
Aujourd'hui, art et architecture, n° 55-56, décembre 1966-janvier 1967, p. 148-150.

Contrairement au numéro d'*Actuel* du mois de juin 1971 intitulé « Prendre la route », le numéro « Spécial USA » de août-septembre 1971 d'*Architecture d'aujourd'hui*, ne fait que très elliptiquement allusion au phénomène de la contre-culture en Amérique (pourtant déjà dans son plein développement), à travers une série de photographies qui ne sont

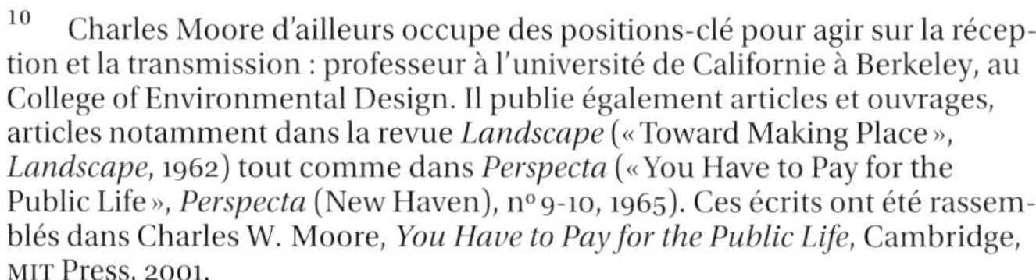

[10] Charles Moore d'ailleurs occupe des positions-clé pour agir sur la réception et la transmission : professeur à l'université de Californie à Berkeley, au College of Environmental Design. Il publie également articles et ouvrages, articles notamment dans la revue *Landscape* (« Toward Making Place », *Landscape*, 1962) tout comme dans *Perspecta* (« You Have to Pay for the Public Life », *Perspecta* (New Haven), n° 9-10, 1965). Ces écrits ont été rassemblés dans Charles W. Moore, *You Have to Pay for the Public Life*, Cambridge, MIT Press, 2001.

[11] Allan Kaprow, « Les Happenings sont morts… vivent les happenings » et « Household », *Aujourd'hui, art et architecture* (Paris), « USA », n° 55-56, décembre 1966-janvier 1967, p. 148-155.

[12] *L'Architecture d'aujourd'hui* (Paris), spécial USA, n° 157, août-septembre 1971, « IN the town, OUT the urban life ? », p. 9-15. Ces photos proviennent en partie de la documentation fournie par l'architecte Pierre Colboc qui séjourne en Amérique du Nord de 1969 à 1971. Il écrit pour *L'Architecture d'aujourd'hui* différents articles relatant son expérience américaine. Cf. Pierre Colboc, « Advocacy Planning : échec ou réalité de la démocratie directe », *L'Architecture d'aujourd'hui* (Paris), n° 153, décembre 1971-janvier 1972, p. 34-37 ; Pierre Colboc, « L'école, cœur de la communauté urbaine ? : quelques expériences aux États-Unis », *L'Architecture d'aujourd'hui* (Paris), n° 166, mars-avril 1973, p. 108-110.

Andy Warhol, double page de *Aujourd'hui, art et architecture.*
N° 55-56, décembre 1966-janvier 1967, p. 136-137.

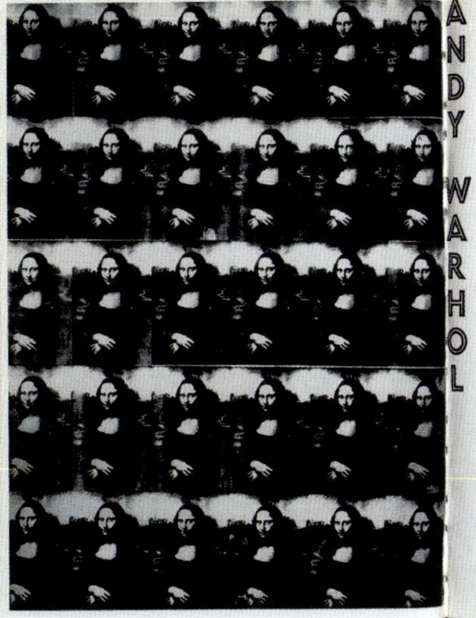

★ *Le point de vue de Andy Warhol sur l'art :*

Geldzahler : « Savez-vous ce que vous faites ? »

☆ *Warhol :* « *Non* ».

Geldzahler : « Savez-vous à quoi va ressembler une peinture avant que vous ne la fassiez ? »

☆ *Warhol :* « *Oui* ».

Geldzahler : « Est-ce que ça finit par ressembler à ce que vous attendiez ? »

☆ *Warhol :* « *Non* ».

Geldzahler : « Êtes-vous surpris ? »

☆ *Warhol :* « *Non* ».

pas commentées [12]. Trois doubles pages riches d'éléments iconiques paradoxaux montrent l'Amérique sous un double aspect, urbain et antiurbain. La première de ces doubles pages est composée, à gauche, d'un kaléidoscope de vues peu flatteuses de la grande ville (gratte-ciel de style international, voitures et pollution). Le titre est éloquent : « IN the town ». La page de droite, titrée « OUT the urban life ? » (*sic*), réunit une série d'images montrant les premières habitations creusées dans les falaises du Chaco Canyon au Nouveau-Mexique (le retour au vernaculaire), les dômes de Drop City dans le Colorado, formés de plaques de tôle et de portes de voitures et des maisons de charpentiers : trois exemples d'autoconstruction ou d'« architecture sans architectes ».
La deuxième page joue des mêmes effets de contraste. Un cliché en noir et blanc de la ville capitaliste sous la pluie occupe le centre de la page de gauche. Il est entouré par d'autres vues illustrant des expressions variées de vie possible dans cette ville inamicale : fuite dans l'alcool, la drogue ou la religion, évasion grâce aux murs peints. L'alternative au chaos et à la perte d'identité urbaine est proposée sur la page opposée : « What is good medicine ? » Le remède pour les paumés de la grande ville, c'est la nature, les petites communautés villageoises comme les maisons sur l'eau à Sausalito (Californie). La référence à l'autoconstruction est assurée par la vue d'un dôme et par la couverture du livre que publie Steve Baer en 1968, *Dome Cookbook.*
La troisième double page intitulée « Trough "IN or OUT" » montre les luttes politiques dans les grandes villes américaines notamment celle pour les droits civiques des Noirs.
Poursuivant le fil du voyage, Paul-Henri David consacre un article à la route, aux maisons sur roues, à l'aménagement d'un camping-car ainsi qu'aux immenses parcs de maisons mobiles offrant toute une série de services — boutiques, coiffeurs, laverie, piscines, clubs [13].

Couverture du numéro spécial « USA 71 ».
L'Architecture d'aujourd'hui, n° 157, août-septembre 1971.

« IN the town / OUT the urban life ? ». →
L'Architecture d'aujourd'hui, n° 157, août-septembre 1971, p. 10-11.

13 Paul-Henri David, « Maisons mobiles aux États-Unis », *L'Architecture d'aujourd'hui* (Paris), special USA, n° 157, août-septembre 1971, p. 52-56.

IN th

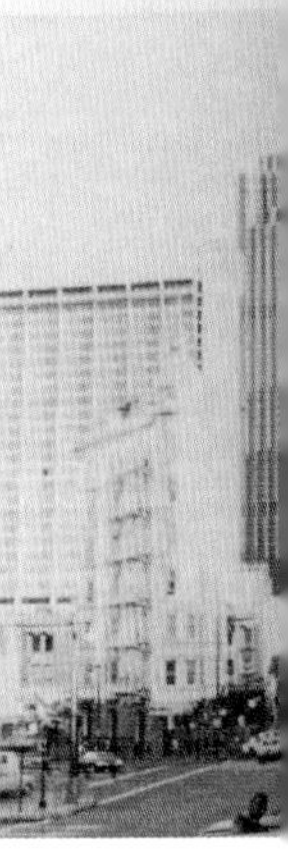

OUT the urban life ?

Bicycles

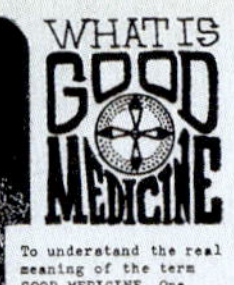

WHAT IS
GOOD MEDICINE
To understand the real meaning of the term GOOD MEDICINE, One must first realize the importance of the spiritual-ism that can be found in everything Natural. It is thus that People living in Nature can make a religion of their daily lives. GOOD MEDICINE means a Positive Spiritual Life. GOOD MEDICINE means realizing that there is more than meets the eye. Belief in GOOD MEDICINE is swer to the need that People in Nature find for ex- ing their humbleness to all that surrounds them.

DOME $1.00
COOKBOOK
by Steve Baer
4th printing - July 1970
© copyright 1968, 1969, 1970 by Steve Baer
all rights reserved
published by
cookbook fund - Lama Foundation
Holly Baer secretary
Box 422 Corrales N.M.
87048

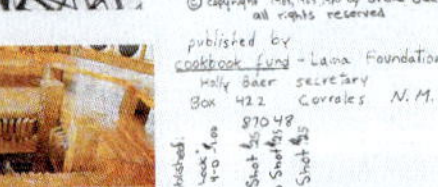

Village Bulletin Board
HUMANIST SOCIETY—DISCUSSIONS & SOCIALS

STAGGERLEE
FRED HAMPTON

Anti-Pollution
Device
ONE WAY
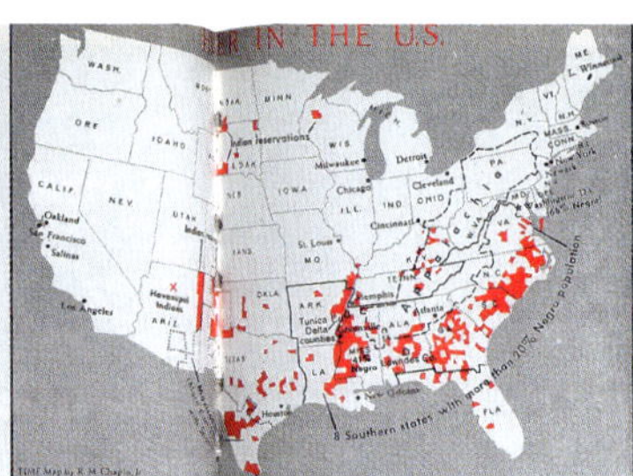
IN THE U.S.
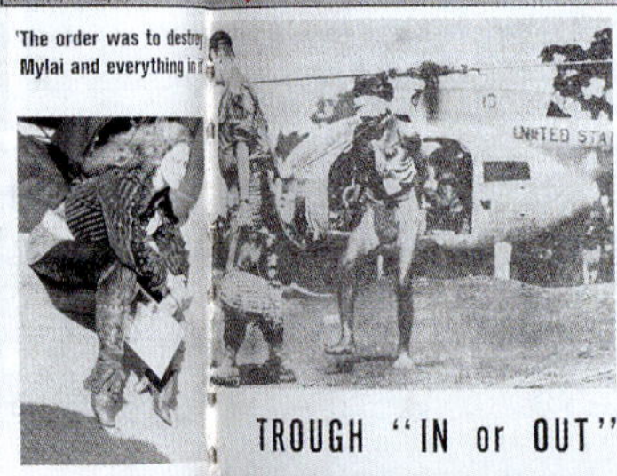
'The order was to destroy
Mylai and everything in
UNITED STA
TROUGH "IN or OUT"

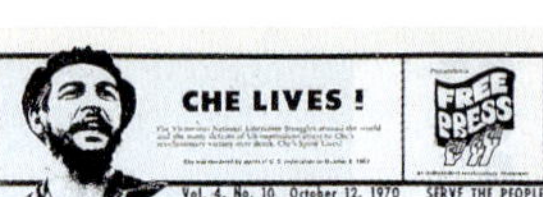
CHE LIVES !
FREE PRESS
Vol. 4, No. 10 October 12, 1970
SERVE THE PEOPLE

THE BLACK PANTHER 25 cents
Black Community News Service
THE BLACK PANTHER PARTY

PALANTE 25 cents
LATIN REVOLUTIONARY NEWS SERVICE
YOUNG LORDS PARTY

Pride
Integrity
Guts

REMEMBER
KENT
STATE

« What is Good Medicine ». *L'Architecture d'aujourd'hui*, n° 157, août-septembre 1971, p. 12-13. ⟵

Le détournement des véhicules en habitation est un thème largement exploité par des magazines tels que *Mécanique populaire* (une version française du magazine américain *Popular Mecanics*), toujours friand de reportages aux titres évocateurs du genre : « Voici comment un ménage entreprenant a transformé un car de quarante places en une luxueuse maison autonome. »

> « Nous avons tous pensé un jour ou l'autre à transformer un autobus en une magnifique maison roulante. C'est un gros travail, mais cela en vaut la peine. [...] Alors on l'attaque de l'intérieur. D'abord on enlève les sièges et les filets à bagages. Cela donne de la place ; on a deux mètres de haut sur deux mètres soixante de large. [...] Ce car est une vraie maison de vacances. Non seulement l'intérieur a été transformé pour camper confortablement, mais il est possible de pénétrer dans les coins les plus reculés où ne peut aller le véhicule de 11 tonnes [14]. »

L'occupation d'un tel espace restreint représente une autre version du logement minimum. La vogue du camping-car a saisi la France, dans sa version « image du futur » comme le présente *Mécanique populaire* ou dans sa version « routard », caractéristique d'*Actuel*.

Mais ce sont plutôt les magazines de société qui mettent en scène la contre-culture nord-américaine. Dès 1970, l'incitation à préparer un itinéraire de découverte d'une autre Amérique émane des conseils des journalistes du mensuel underground *Actuel* et de son rédacteur en chef, Jean-François Bizot, qui contribue activement à diffuser la contre-culture telle qu'il l'a vécue. Consacrant quelques paragraphes au journaliste d'*Actuel*, Hervé Hamon et Patrick Rotman décrivent bien la situation :

« Trough [sic] "IN or OUT" ». *L'Architecture d'aujourd'hui*, n° 157, août-septembre 1971, p. 14-15. ⟵

> « La vraie révolte, à l'évidence, elle est là. La jeunesse américaine, hantée par la guerre du Vietnam, invente une contre-société, en marge de l'autre, où se créent des valeurs nouvelles, où s'ébauchent des relations sociales dégagées de tout souci marchand. Bizot exulte. La découverte de l'Amérique l'enthousiasme ; la déviance introduite par les femmes, les marginaux, la drogue et le rock mine beaucoup plus sûrement l'impérialisme yankee que la classe ouvrière. Aucun doute : la vague, d'ici peu, atteindra l'Europe [15]. »

Les réseaux nord-américains de Jean-François Bizot (surtout la côte Ouest) s'étendent de la sphère informationnelle — radio, films, édition, musique — à la sphère architecturale ; son projet éditorial à son retour en France est sans équivoque. De 1970 à 1973, les vingt-neuf numéros d'*Actuel*, vendus chaque mois à environ soixante mille exemplaires, captent l'air du temps et le traduisent en des mises en pages bariolées. La contre-culture nord-américaine y est bien représentée.

La découverte de l'Ouest des États-Unis et de son architecture prend dès lors un visage particulier : elle conduit à considérer le versant vernaculaire des constructions nord-américaines. Les sites archéologiques, tels

14 J. Ingersoll, « Ils ont transformé un bus en caravane », *Sciences et mécaniques, Mécanique populaire* (Paris), juillet 1967, p. 42-45.

15 Cf. Hervé Hamon et Patrick Rotman, *Générations : récit. 2, Les années de poudre*, Paris, Seuil, 1988, p. 266.

Couverture du numéro « Prendre la route », *Actuel*, juin 1971.

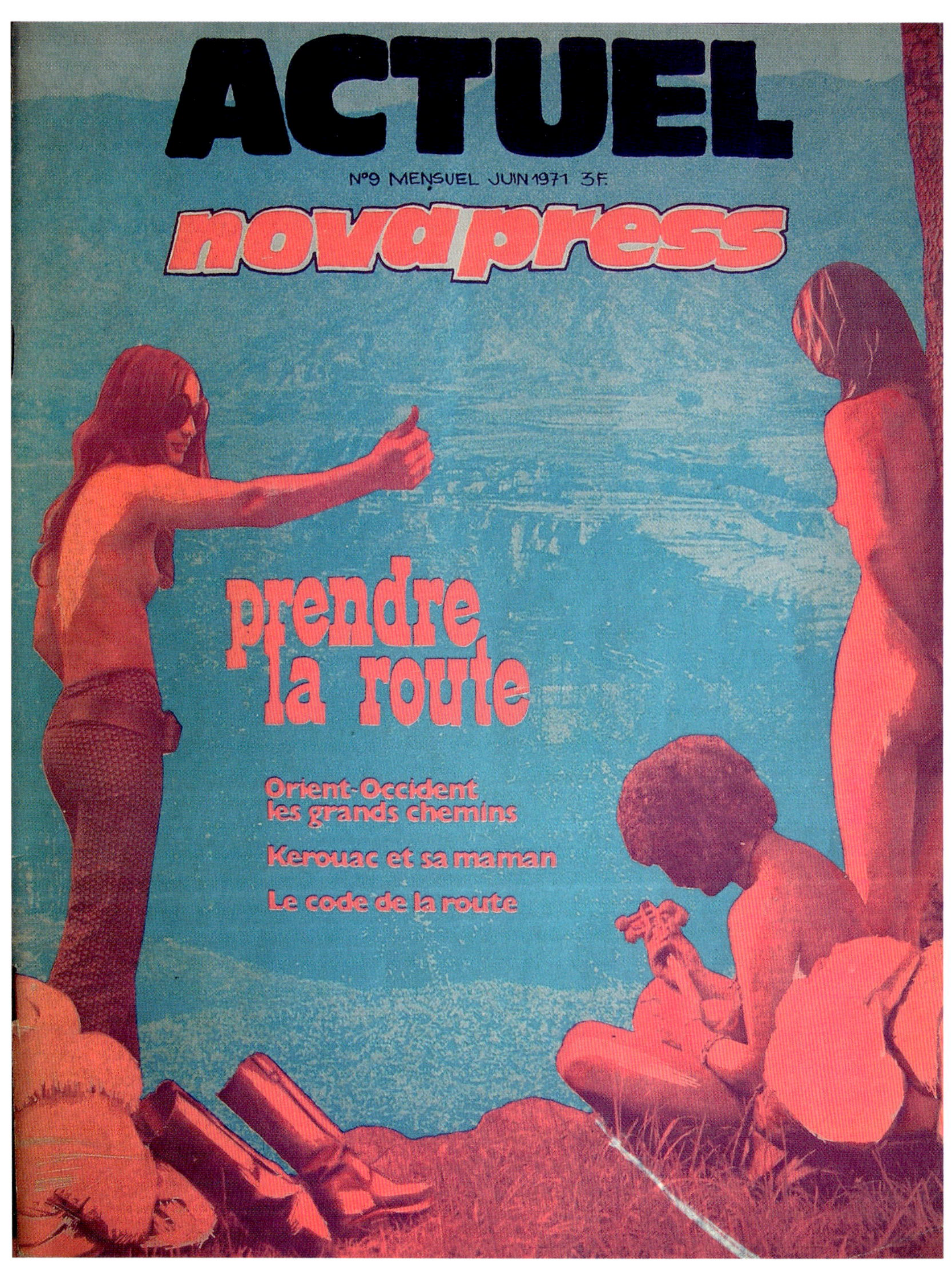

Taos Pueblo, Nouveau-Mexique, en 1975.

Un ensemble d'habitations et de centres cérémoniels en adobe, représentatif de la culture des Indiens Pueblos de l'Arizona et du Nouveau-Mexique. Il se trouve à environ 110 km au nord de Santa Fe.

que Chaco Canyon en Arizona ou les *pueblos* des peuples autochtones du Nouveau-Mexique, fascinent les voyageurs. La renaissance et la redécouverte de l'identité amérindienne au cours du XXe siècle et la lutte de ces populations contre les autorités fédérales ont retenu l'attention des voyageurs, surpris de l'image de la population d'origine (les « Indiens »), différente de celle traditionnellement transmise par la bande dessinée ou le cinéma. Mais ils découvrent aussi une architecture pensée à partir du territoire. Ils y puisent des solutions alternatives qui s'inscrivent dans un courant critique de la technologie.

Dans son numéro intitulé « Tout au bout de la route » publié en juin 1972, *Actuel* met ses lecteurs en garde contre la tristesse des villes de la côte Est nord-américaine et conseille d'autres zones plus conviviales, des « universités sympathiques » aux lieux de « nouvelles expériences de vie » :

> « Sur la côte Est, déprime. Pas la peine de quitter Saint-Denis pour s'égarer à Newark ou dans le Bronx. New York est sale, Métropolis usée qui n'a plus foi en soi. [...] Plutôt que d'aller vers le Sud, aucun intérêt — tout au moins jusqu'à la Louisiane, c'est-à-dire fort loin — il vaut mieux remonter vers Boston et sa couronne d'universités sympathiques et, plus haut, le Vermont, l'État qui, à l'Est, concentre le plus de freaks [16]. »

Mais le journaliste recommande surtout de s'aventurer vers le Colorado et le Nouveau-Mexique, notamment autour de la petite ville de Taos. Il évoque alors « tout autour des dizaines de communes [qui] ont connu des existences plus ou moins éphémères. Au pays des Chicanos, le *beat* n'a toujours pas la cote. Mais certaines communes ont réussi

16 « Amérique du Nord », *Actuel* (Paris), nº 21, juin 1972, p. 46-47.

Couverture du numéro
« Tout au bout de la route »,
Actuel, juin 1972.

Robert Crumb, « I'm Gonna Go Back to the Road ».
Actuel, juin 1972.

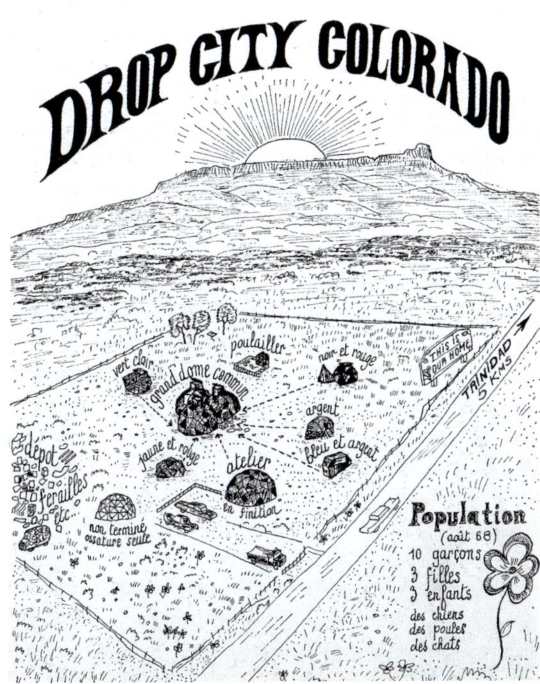

Pierre Lacombe, Croquis axonométrique de Drop City.
« Drop City, Colorado : coupoles géodésiques pour l'habitat hippie », *L'Architecture d'aujourd'hui*, n° 141, décembre 1968-janvier 1969, p. 82.

à s'incruster. New Buffalo Reality construction, Lama, Libre, Drop City, tous les noms fameux des nouvelles expériences de vie. On y rencontre, comme à Big Sur, des mecs très "hauts" qui se prennent pour le Christ, Bouddha, tout ou rien du tout, et toujours avec le sourire de l'ineffable [17]. »

Les structures de Drop City avaient fait l'objet d'un article de trois pages en décembre 1968 dans le numéro spécial « Structures ». Le choix de retenir cette expérience constructive dans *L'Architecture d'aujourd'hui* de décembre 1968, au même titre que les structures réticulées d'Emilio Perez Piñero, le Calicloth Dome de Gautam Sarabhai — le tout introduit par un article de Le Ricolais sur la triangulation spatiale ainsi qu'une étude de Serge Kétoff sur les structures spatiales à double courbure — confère aux dômes de Drop City un statut de performance géométrique. La perspective axonométrique du site réalisée à main levée, le titrage « psychédélique » et la petite fleur qui borde la légende sont autant de clins d'œil à l'informalité du lieu [18]. Le phénomène de l'alternative architecturale est à nouveau pleinement évoqué dans *L'Architecture d'aujourd'hui* à l'occasion du numéro spécial consacré à l'exposition « Architectures marginales aux États-Unis » présentée à Paris au Centre culturel américain puis au Musée des arts décoratifs. Drop City y figure

17 *Ibid.*

18 Pierre Lacombe, « Drop City, Colorado : coupoles géodésiques pour l'habitat hippie », *L'Architecture d'aujourd'hui* (Paris), nº 141, décembre 1968-janvier 1969, p. 82-84. Emilio Perez Piñero, « Structures réticulées », *L'Architecture d'aujourd'hui* (Paris), nº 141, décembre 1968-janvier 1969, p. 76-81.

Couverture du numéro « Architecture douce ».
L'Architecture d'aujourd'hui, n° 179, mai-juin 1975.

y a encore des gens qui savent qui
s sont, ce qu'ils veulent, et ce qu'ils
euvent faire pour s'aider. Ils
onstruisent sans argent, sans
chitecte et sans le fardeau du
rand rêve américain.

parmi des exemples plus savants d'une architecture faisant usage de la triangulation spatiale.

En mai-juin 1975 donc, *L'Architecture d'aujourd'hui* présente un panorama de l'architecture alternative, en relatant plusieurs expériences nord-américaines sous le titre « architecture douce ». Dans l'équipe rédactionnelle placée sous la responsabilité de Bernard Huet, qui semble cependant avoir peu contribué à ce numéro, on relève les noms de Marie-Christine Gangneux et de Brian Brace Taylor qui, tous deux, connaissent bien les États-Unis. Marie-Christine Gangneux y séjourne une année pour suivre un cycle d'enseignement au département d'architecture de Yale, New Haven (Charles Moore y est alors le directeur de programme). Brian Brace Taylor est un chercheur américain qui s'était installé à Paris en 1970 lorsqu'il commençait à travailler sur les archives de Le Corbusier pour sa thèse de doctorat. Pour ce numéro, la rédaction de la revue s'intéresse aux constructeurs « sauvages », ceux qui ont utilisé des matériaux de récupération. Ainsi l'architecte-enseignant au MIT Jan Wampler, qui prépare un ouvrage sur le thème des autoconstructeurs créateurs, montre des exemples de maisons réalisées par des individus bien souvent marginalisés, en dehors de tout système d'école ou de standardisation. L'article est abondamment illustré de photographies de maisons originales, hautement singulières, construites avec des matériaux de récupération ; l'auteur fait l'apologie de l'autoconstruction, créatrice de mondes imaginaires :

> « Il y a encore des gens qui savent qui ils sont, ce qu'ils veulent, et ce qu'ils peuvent faire pour s'aider. Ils construisent sans argent, sans architecte, et sans le fardeau du grand rêve américain. Dans ce monde de plastique, ils remettent leur vie entre leurs propres mains. Ils pensent par eux-mêmes. Ils se nourrissent eux-mêmes. Et ils construisent eux-mêmes leurs maisons. Utilisant dans la plupart des cas ce que les braves gens du rêve américain ont rejeté [19]. »

La maison de Fred Burns à Belfast (Maine), dans l'article de Jan Wampler, « L'empreinte ». →
L'Architecture d'aujourd'hui, n° 179, mai-juin 1975, p. 10-11.

Sim Van der Ryn, architecte et professeur auprès du département d'architecture du College of Environmental Design de l'université de Californie à Berkeley depuis 1961, présente sa maison écologique à Eureka (Californie) et parle des cabanes qu'il a construites [20]. Mais plus important encore, il évoque le Farallones Institute, un institut de recherche et d'apprentissage de « technologies appropriées » (*appropriate technology*) qu'il a fondé en 1969 à Berkeley. Cet institut de recherche et d'éducation rassemble des ingénieurs, des architectes,

19 Jan Wampler, « L'empreinte », *L'Architecture d'aujourd'hui* (Paris), nº 179, mai-juin 1975, p. 8-23.

20 Sim Van der Ryn, « L'avènement du Natural Design », *L'Architecture d'aujourd'hui* (Paris), nº 179, mai-juin 1975, p. 28-34. Cf. Farallones Institute, *The Integral Urban House*, San Francisco, Sierra Club Books, 1974.

Romano Gabriel, Eureka, Californie

Romano Gabriel arriva dans ce pays en 1913, en provenance d'Italie. Là-bas il aidait son père qui était fabricant de meubles. Ici, il s'engagea dans la première guerre mondiale puis il partit s'installer à Eureka. Il a été charpentier et construisit neuf maisons quand il avait du temps libre. Il a aussi travaillé sur les chantiers en bois, et comme jardinier. Il s'est construit sa propre maison, et puis peu à peu il s'est construit ce jardin sur lequel il travaille depuis trente ans. Il a commencé par construire des arbres et des fleurs, dont certaines tournent avec le vent. Plus tard il a ajouté des animaux, dont certains sont installés sur des carrousels tournants. Et puis finalement il a fait des têtes de gens dont il avait entendu parler ou qu'il connaissait.

« J'avais juste dans l'idée de faire ces choses, tout ce que je voulais c'était faire quelque chose de différent. J'ai juste fait des images en bois. Je n'achète pas le matériau, je prends des cageots et du bois dans les magasins, c'est que des bouts de cageots. »

« Je travaille sur un seul objet à la fois mais maintenant ça fait quatre ou cinq ans que j'ai rien fait. Maintenant, tous les cageots sont en papiers, pas en bois. »

« Dans le temps j'étais jardinier ici à Eureka. Eureka n'est pas bien pour les fleurs, l'air est salé et il n'y a pas de soleil. Alors je me suis fait ce jardin. »

Fred Burns, Belfast, Maine

Fred Burns est né il y a quatre-vingt-sept ans dans le Maine. Il a été pêcheur, trappeur et guide, et il a combattu pendant la première guerre mondiale. Il vit depuis trente-six ans sur la grève, au-dessous de l'élevage de poulets qui lui fournit régulièrement, à lui et à ses chiens, sa ration de poulet. Il a dix chiens.

« J'étais encore un enfant. Ma mère est morte, mon père est mort. Vous vous souvenez de ce temps où c'était si dur, qu'on trouvait pas de travail ou quelque chose à faire. Alors moi je me suis dit y a pas faut que je fasse quelque chose. J'ai traîné sur les routes, j'ai rencontré de braves gens, des fermiers, vous savez et j'ai récolté des pommes de terre. Bien sûr, dans le temps, je pouvais récolter beaucoup de pommes de terre. Je battais tout le monde. Et puis, ensuite j'ai été engagé dans la première guerre mondiale ».

« Quand je suis venu ici, j'avais juste douze dollars cinquante. Et je me suis dit, y'a pas, il faut bien que j'essaie de vivre. Alors j'ai essayé d'attraper du poisson. Un homme qui crève de faim, il est bien capable de manger n'importe quoi, n'est-ce-pas ?

« Et puis il y a eu l'élevage de poulets qui est venu s'installer et ils ont construit une grande usine. Je suis allé voir, et j'ai travaillé là pendant un temps, jusqu'au moment où je n'ai plus pu. De toute façon maintenant, j'ai un endroit pour vivre.

« C'est simplement quelque chose de différent. Tout ce que j'ai fait c'est de ramasser du bois flotté (des épaves de bois) sur la plage et des clous. J'ai plié des vieux clous rouillés et je l'ai construite peu à peu, et j'ai passé ce qui restait de peinture dans des pots de cinq gallons.

« Je vis tout seul et j'aime tout le monde, c'est la seule façon de vivre ».

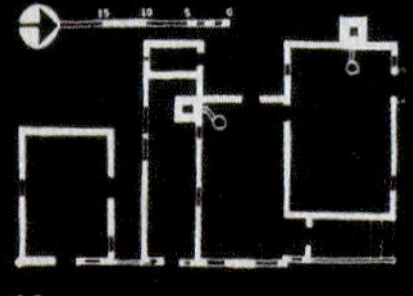

George Plumb, Duncan, Colombie britannique

George Plumb, un charpentier, a commencé à construire en 1963 avec 5 000 bouteilles et il n'a pas cessé depuis lors, ayant utilisé à ce jour 180 000 bouteilles. Il trouvait qu'à la fin d'une vie de travail, la plupart des charpentiers n'avaient gagné qu'un dos courbé et il voulait laisser quelque chose de plus substantiel.

Ses bouteilles, il les a eues par des voisins, par des visiteurs et dans des entreprises. Il s'est servi de toutes sortes de bouteilles possibles. Sa maison est faite de pots de confitures, de bouteilles à bouchon, de bouteilles de lait, de coca-cola, de bière, de bouteilles d'alcool et de bouteilles de médicaments, de toutes les couleurs et de toutes les tailles.

Et à côté de sa maison, il a construit beaucoup d'autres bâtiments avec des bouteilles. Et autour de ces bâtiments il a disposé les animaux qu'il a sculptés dans du béton. Il travaille toujours à ses bâtiments et maintenant il sculpte de petits animaux de pierre.

« Dans le temps j'étais charpentier. Il m'est arrivé de faire des cheminées de temps en temps, et aussi des murs de pierre et des choses de ce genre. Quand quelqu'un voulait construire quelque chose, je me suis toujours dit que j'étais capable de le construire. J'ai encore jamais rien refusé. »

David Brown, Boswell, Colombie britannique

De l'autre côté du lac, il y a une maison qui est faite de bouteilles. Quand il s'est retiré des Pompes Funèbres en 1952, David Brown s'est mis à construire cette maison et il a continué pendant les dix-sept années qui lui restaient avant de mourir. Pour beaucoup de gens, c'était une maison étrange, parce que Monsieur Brown l'avait construite avec des bouteilles qu'il employait dans les pompes funèbres. Les entreprises de pompes funèbres se débarrassent toujours de leurs bouteilles vides de fluide embaumeur, et Monsieur Brown pensa qu'il pouvait s'en servir pour construire sa maison. Il fit alors le tour de l'Ouest du Canada et récolta 500 000 bouteilles chez ses amis des pompes funèbres. Il se mit alors à construire une maison qui avait la forme d'un trèfle et dont les pièces principales étaient circulaires. Et maintenant son fils continue de construire dans la tradition qu'il avait commencée.

« Papa nous construisait une maison, c'est tout ce qu'il essayait de faire, il ne voulait pas créer une attraction. Il voulait juste nous construire une maison. Mais alors il y a tellement de gens qui se sont arrêtés. Il adorait les gens. Les gens voulaient savoir ce qu'il était en train de faire, et lui, ça lui faisait drôlement plaisir de voir les gens rire.

« Maintenant nous construisons encore parce que ça nous plaît. Mais si quelqu'un prend une photo d'une partie de la maison, alors là nous savons que nous avons accompli quelque chose, parce qu'il y a quelqu'un à qui cette partie plaît. Pour nous c'est une éloge. On regarde cette partie de la maison, et ils mettent leurs enfants devant pour prendre une photo. Alors on sait qu'on a fait quelque chose de bien. »

14

15

L'école buissonnière

Que se passe-t-il lorsque des étudiants en arts ont la charge de la construction de leur école ? Au lieu d'une « machine à travailler », les étudiants ont préféré bâtir une vaste maison qui a droit à sa part de rêve et d'intimité. Au Goddard College, Plainfield (Vermont), tout invite à la promenade et à la cachette ; rien de figé, pas de couloirs, pas de salles de classes. Les ateliers s'imbriquent les uns dans les autres, inondés de lumière chaude sur le bois à travers les grandes feuilles de plexiglass. Commencé il y a quatre ans, l'expérience tire à sa fin. Au départ simple exercice pédagogique, puisque cette réalisation était inscrite au programme de l'école, elle a vite débordé les cadres qui lui ont été impartis pour devenir le manifeste d'une architecture où l'émotif, le spontané, l'irrationnel s'incarnent au mieux. La méthode employée ne fut pas très courante : l'école a été construite sans plan dessiné à l'avance, mais au fur et à mesure, à partir de maquettes. Entre les corps de bâtiments réservés aux enseignements de base (peinture, sculpture...), solidement ancrés dans le sol, ont été jetées des passerelles ; sur celles-ci sont venues s'accrocher de plus petites unités, dont la construction était placée sous la responsabilité d'un petit groupe. Dans cette trame, les étudiants ont terminé en improvisant les détails qui font le pittoresque et le fantastique de la construction. Toutefois, le danger était que, placé sous le signe de l'irrationnel, le bâtiment ne soit plus fiable. On n'en est pas loin à Plainfield puisque l'école d'Art est mal insonorisée et que l'étanchéité y est précaire. Le bois non traité résiste mal aux intempéries et résisterait encore moins au feu. Et puis le devis a été dépassé, pour atteindre 110 000 $ ce qui, en soi, n'est pas très élevé mais qui s'écarte de l'estimation optimiste des premiers jours. Pourtant, l'expérience n'est pas un échec. Ses insuffisances sont en rapport avec sa portée.

26

27

Les maisons de George Plumb et David Brown in Jan Wampler « L'empreinte ». ⟵
L'Architecture d'aujourd'hui, n° 179, mai-juin 1975, p. 14-15.

Dôme géodésique à la Lama Foundation et les maisons construites par les étudiants au Goddard College, Plainfield (Vermont), in Serge Goutmann et Jérôme Guynet, « Made in USA ». ⟵
L'Architecture d'aujourd'hui, n° 179, mai-juin 1975, p. 26-27.

des biologistes pour développer une pensée sur l'*ecological design*. Ce centre s'intéresse aussi bien au contrôle énergétique, à l'agriculture biologique, à la restauration des sols qu'aux processus de design respectant les principes de ce qui s'appelle aujourd'hui le développement durable. Le but est d'apprendre aux habitants des villes à devenir plus *self-reliant*, moins dépendants vis-à-vis des énergies fossiles et à recycler leurs déchets domestiques. En 1974, l'institut acquiert et restaure une maison victorienne à Berkeley et en fait un modèle d'habitat écologique, l'« Integral Urban House ». Rappelons qu'à cette époque, Sim Van der Ryn vient juste d'être nommé conseiller écologique auprès du gouverneur démocrate de Californie, Jerry Brown, fils du gouverneur démocrate Edmund (« Pat ») Brown (gouverneur de 1959 à 1967). Jerry Brown avait déjà montré un grand intérêt pour les questions environnementales lorsqu'il occupait le poste de secrétaire d'État de Californie en 1970 (la première journée dédiée à la terre, *Earth Day*, se déroule au printemps 1970). Lors de son mandat de gouverneur (1974 à 1982), Jerry Brown propose à Jay Baldwin de travailler au sein du nouveau bureau de Technologie appropriée ; Stewart Brand est nommé consultant. En tant qu'architecte en chef de l'État de Californie, Sim Van der Ryn développe le premier programme gouvernemental de constructions économes en énergie (« the First Government-initiated Énergy Efficient Office Building Program ») aux États-Unis. Les liens entre Stewart Brand et Jay Baldwin (fondateur et rédacteur en chef du *Whole Earth Catalog*) et le gouverneur démocrate Jerry Brown expliquent en grande partie la diffusion des idées contre-culturelles au sein de l'organe politique.

Couverture du livre du Farallones Institute, *Integral Urban House : Self-reliant Living in the City.*
San Francisco, Sierra Club Books, 1979.

Les rédacteurs de l'*Architecture d'aujourd'hui*, en 1975, tout en montrant des vues de la grande salle de réunion de la « Lama Foundation », une communauté zen dans les montagnes non loin de Taos, où Steve Baer érige une variante de toiture géodésique, prennent soin de garder cette « autre Amérique » à distance, en faisant remarquer que l'architecture douce est « un épiphénomène ambigu dans la mesure où, s'opposant à la forme la plus avancée du capitalisme industriel, elle renoue avec les origines idéologiques qui donnèrent naissance à ce capitalisme[21] ».
La revue s'interdit tout prosélytisme, mettant en garde sous l'en-tête « Reproduction interdite », et souhaite éviter tout malentendu : si elle présente un certain nombre de « réalisations » caractéristiques de l'« architecture douce » (en étant très attentive à ajouter des guillemets à deux reprises afin de signifier une distance critique), la revue ne désigne pas de modèle à suivre aux architectes, ni ne lance un style architectural. La rédaction insiste à considérer les architectures présentées, de par la nature même de leur production, comme des objets « uniques, introuvables, et donc inimitables ». L'approche du phénomène marginal « ne peut se faire sur le terrain architectural, mais bien plutôt sur le terrain "politique", tenant l'architecture douce pour un produit de la société, produit bâtard et sauvage s'il en est mais produit tout de même, tenant

Maison et atelier construits par Sim Van der Ryn à Eureka (Californie) in Sim Van der Ryn, « L'avènement du Natural Design ». ⟶
L'Architecture d'aujourd'hui, n° 179, mai-juin 1975, p. 30-31.

21 Bernard Huet, Marie-Christine Gangneux, Brian Brace Taylor, « Architecture douce », *L'Architecture d'aujourd'hui* (Paris), n° 179, mai-juin 1975, p. 1.

Hangar Van der Ryn dans
*« C'est sans doute l'habitatior
plaisante qu'il y ait chez no
petite cabane de verre qui,
de ses imperfections, n'avait pa
convenir à la fabrication d
glissantes pour appartements
lieue. Si j'écrivais un code de
tion pour habitat écologiq
quatre premières règles sera
suivantes :*

*1) Ne construisez pas avant
vécu au moins un an sur le terra*

*2) Construisez moins d'espa
vous ne pensez avoir besoin.*

*3) Nettoyez et préparez le ter
main.*

*4) N'utilisez pour la construc
des outils à main.*

*C'est un bon exercice et une
guérison technologique*

Maison Van der Ryn. *« C'e
maison. Je sais qu'elle a été
ailleurs dans les journaux
comme « architecture sauvag
l'impression que c'est un co
bien que je n'ai jamais con
question sous cet angle là... L
les planchers et le toit sont
ment faits de planches de cèdr
vées (affourchées) de troi
d'épaisseur. J'ai fait comme ç
que j'étais fatigué de travailler
système de charpente américa
ses montants de bois, sa fini
rieure et sa finition extérieu
l'intérieur et l'extérieur de la
sont un même morceau de
structure de la maison est
poteaux téléphoniques implan
les cinq mètres dans chaque
et quatre poutres en bois de v
timètres de section. C'est un
de construction de grange. L
de plancher en pin rouge
donne la possibilité de se m
porte-à-faux et de s'étendre da*

ections que nous voulions. C'est
i nous amusait.

nous sommes beaucoup servis
rre et de plexiglass, parce que
gratuit. Mais finalement ce n'était
ne très bonne idée, alors on en
vé. Il y avait trop de lumière en
t trop de perte de chaleur en
Le seul chauffage est la cheminée
nte. Le plan est très ouvert et
a qu'un seul mur dans la maison.
'air de marcher pour notre famille
omprend trois adolescents. J'ai
s détesté les plans d'apparte-
fonctionnel avec leurs couloirs
rs chambres séparées. Je suis
s en train d'apprendre com-
dessiner une bonne cuisine. C'est
ne manière qui est la meilleure :
and office séparé et quelques
s ouvertes à l'endroit où on
cuisine. Comme on n'a pas
up de soleil, la plus grande par-
la maison est installée sur des
x hauts de trois mètres pour
le soleil, et en bas, il y a un
atelier dont je n'ai pas l'occa-
e me servir autant que je vou-

Smith. « Pas de murs et une
plomberie de lavabo. Les gens
nt construit cette maison ont
endant plusieurs années une
nce qui consistait à vivre sans
ans un climat où il gèle rarement
il pleut six mois dans l'année.
on a créé un pavillon ouvert
t avec des matériaux de récu-
. La plomberie de l'évier est
doute un commentaire sur la
complexe et mystérieuse des
de plomberies. C'est un tour de
qui m'a certainement ouvert
à une possibilité que je n'avais
envisagée auparavant. (Les
Miwok qui habitaient là des
d'années avant la ruée vers l'or
t pas de murs.) »

Il s'agit d'un renvoi aux mythes bucoliques et paysans.

les formes qu'elle prend, la manière dont elle est pensée, vécue, réalisée comme autant d'indicateurs de l'état de crise du système[22]. »
Après ce rapide panorama de l'« architecture douce » aux États-Unis, le numéro de *L'Architecture d'aujourd'hui* de 1975 fait le point sur la situation française. Dans son article « À la recherche d'un espace perdu », Marie-Christine Gangneux s'intéresse à quelques personnages singuliers qui construisent leurs maisons, « quelques héros à l'imagination assez folle pour braver les tracasseries administratives, pour surmonter les difficultés que représente la construction d'une totalité dans une société qui n'enseigne que la parcellisation[23] ». Les habitants-constructeurs prennent la plume et parlent de leurs travaux. Sont ainsi montrés les lieux de vie dans des anciennes fermes réappropriées.
L'appréciation des expériences architecturales alternatives s'accompagne fréquemment d'un regard critique. Lorsque les Français observent la scène américaine, leur commentaire est toujours teinté d'une touche de condescendance. Les Américains sont perçus comme des grands enfants naïfs, doués d'une grande capacité ludique. Dans ce même numéro, d'ailleurs, Serge Goutmann et Jérôme Guynet, auteurs de l'article « Made in USA » remarquent que, en France, « les mêmes ambiguïtés subsistent, mais les formes idéologiques ont quelque peu évolué : il s'agit d'un renvoi aux mythes bucoliques et paysans[24] ». Les partisans de « l'architecture douce » en France sont attachés à la terre et à la pierre dont ils ont fait leur matériau de prédilection. Ce sont des sédentaires et non des pionniers : « À la différence des Américains qui se contentent d'un habitat précaire, ils récupèrent plus volontiers les fermes abandonnées par les paysans[25]. »
Ainsi les caractéristiques des constructions éphémères américaines — structures légères, autoconstructions, recyclages et dômes géodésiques — trouvent peu d'écho en France parce que d'autres solutions se présentent d'elles-mêmes pour répondre au mode de vie alternatif. En évoquant « les fermes abandonnées des paysans », Serge Goutmann et Jérôme Guynet pointent les différences idéologiques entre la France et les États-Unis, différences qui affectent ceux-là mêmes qui s'opposent au monde capitaliste et à la société de consommation. Il s'agit d'abord d'une attitude divergente vis-à-vis de la propriété : les jeunes qui s'installent dans les fermes de l'Ardèche deviennent des propriétaires alors que certaines expériences nord-américaines tentent de nier l'idée de propriété individuelle (l'expérience à Libre, par exemple) ; c'est

22 Serge Goutmann et Jérôme Guynet, « Made in USA », *L'Architecture d'aujourd'hui* (Paris), nº 179, mai-juin 1975, p. 25.

23 Marie-Christine Gangneux, « À la recherche d'un espace perdu », *L'Architecture d'aujourd'hui* (Paris), nº 179, mai-juin 1975, p. 35. Il faut rappeler l'ouvrage de Gilles Ehrmann, *Les inspirés et leurs demeures*, Paris, Le Temps, 1962, qui présente une série de maisons insolites.

24 Marie-Christine Gangneux, *op. cit.*

25 *Ibid.*

ensuite l'esprit nationaliste qui se profile quand la terre et la pierre sont évoquées ; c'est enfin l'ancrage régionaliste de l'architecture vernaculaire française en opposition au modèle universel du dôme géodésique — que l'on peut ériger en Floride, en Californie ou dans le Maine — ou à la maison en bois assez semblable en Californie ou dans le Vermont. Une autre différence entre les États-Unis et la France concerne la notion de frontière, de terrain libre à conquérir. Dès le début de l'occupation du continent au XVIIe siècle, l'avancée vers l'intérieur va amener la création de cette idée : les terres vierges non encore mises en valeur par les pionniers représentent la frontière. Au fil des années, elle recule peu à peu vers l'Ouest jusqu'à sa disparition officielle en 1890. Selon la thèse de l'historien Frederick Jackson Turner, énoncée en 1893 dans une conférence intitulée *La signification de la frontière dans l'histoire américaine*, le front pionnier a joué un rôle déterminant dans la formation du caractère américain — l'individualisme, le goût du changement et de l'action, le pragmatisme — dont la spécificité provient en grande partie de cette expérience originale[26]. Ces trois traits de caractère se dégagent encore dans les commentaires critiques des journalistes européens relatant l'expérience architecturale alternative nord-américaine, jusque dans une revue comme *L'Architecture d'aujourd'hui*.

Couverture du numéro « 2000+ ».
Architectural Design, février 1967.

ARCHITECTURAL DESIGN

La revue britannique de Monica Pidgeon, *Architectural Design*, est beaucoup plus réceptive aux formes de l'alternative architecturale américaine que ne le sont ses homologues français, et c'est en consultant cette revue que les architectes français sont informés de ces développements. Ce qui se passe sur la côte californienne intéresse en effet les rédacteurs d'*Architectural Design*. Monica Pidgeon et Robin Middleton invitent Alison et Peter Smithson à préparer un numéro spécial consacré à Charles et Ray Eames en septembre 1966[27]. En décembre 1967, c'est au tour de Rudolf Schindler d'être célébré par Reyner Banham qui note la capacité d'improvisation créative de l'architecte, sans doute nourrie par le climat et la culture californiennes, le libérant de son anxiété européenne[28].

Couverture du numéro « Pneu World ».
Architectural Design, juin 1968.

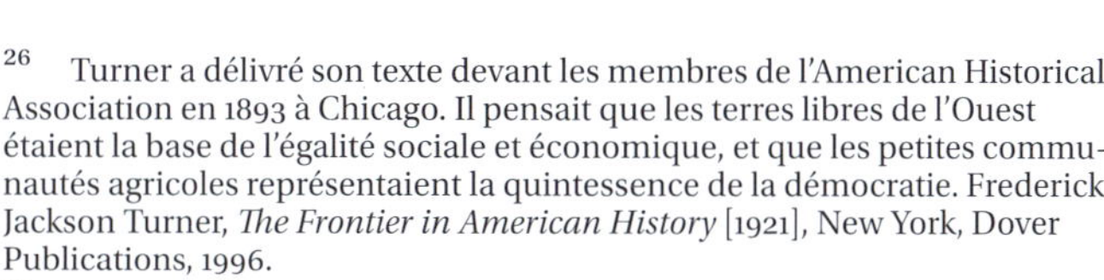

[26] Turner a délivré son texte devant les membres de l'American Historical Association en 1893 à Chicago. Il pensait que les terres libres de l'Ouest étaient la base de l'égalité sociale et économique, et que les petites communautés agricoles représentaient la quintessence de la démocratie. Frederick Jackson Turner, *The Frontier in American History* [1921], New York, Dover Publications, 1996.

[27] Peter et Alison Smithson, « Eames Celebration », *Architectural Design* (Londres), septembre 1966.

[28] Reyner Banham, « Rudolf Schindler : Pioneering without Tears », *Architectural Design* (Londres), décembre 1967, p. 579, cité par Inderbir Singh Riar, « The Fountain of Technological Culture : *Architectural Design* and the Critical Reception of American Architecture, 1965-69 ». Conférence prononcée au colloque IRHA/CCA, « Les revues d'architecture dans les années 1960 et 1970 », Montréal, 6 et 7 mai 2004. Merci à Inderbir Singh Riar de m'avoir communiqué son texte. Le texte est reproduit dans Alexis Sornin, Hélène Jannière, France Vanlaethem (dir.), *Revues d'architecture dans les années 1960 et 1970 : fragments d'une histoire événementielle, intellectuelle et matérielle*, Montréal, IRHA, 2008.

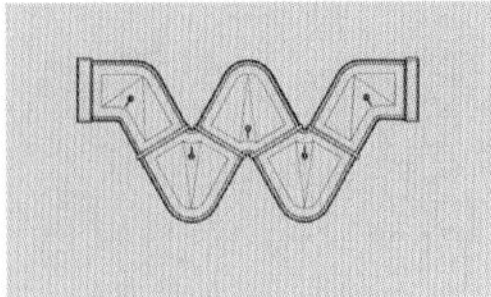

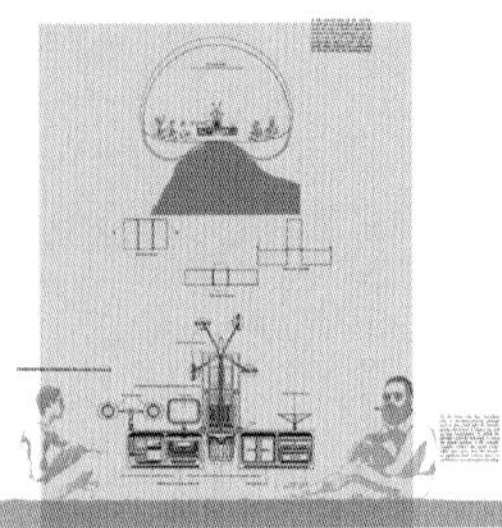

Illustrations par François Dallegret pour l'article de Reyner Banham, « A Home is not a House ».
Architectural Design, janvier 1969, p. 45-48.

Au cours des années 1967 et 1968, les pages d'*Architectural Design* évoluent. Il y est de moins en moins question d'architecture et de plus en plus d'innovations technologiques. La conquête spatiale, les exploits de la Nasa, fortement médiatisés, constituent un vrai défi à l'architecture toujours empreinte de beaux-arts. La couverture d'*Architectural Design* de février 1967 est ainsi illustrée en pleine page par un casque d'astronaute. Le numéro intitulé « 2000+ » de février 1967 célèbre le transfert technologique qui s'opère de l'aventure spatiale à l'environnement construit. John McHale, ancien membre de l'Independent Group et fervent adepte de Richard Buckminster Fuller, est le rédacteur en chef invité de ce numéro où rien n'est à proprement parlé relatif à l'architecture. Il y est surtout question des performances technologiques en matière de transport, de communications, de bionique[29].
En publiant en janvier 1969 l'article « A Home is not a House », écrit par Reyner Banham pour *Art in America* en 1965, dans lequel il réduisait l'architecture aux éléments mécaniques de base, *Architectural Design* se démarque une nouvelle fois de la discipline architecturale conventionnnelle[30].
Ainsi, dès le milieu des années soixante, Monica Pidgeon et ses *technical editors* — Kenneth Frampton de 1962 à 1965, Robin Middleton de 1965 à septembre 1972, puis Peter Murray à partir d'octobre 1972 — se plaisent-ils à montrer une Angleterre secouée par Archigram, une Italie transformée par Archizoom et Superstudio et des États-Unis ébranlés par les protestations contre la guerre du Vietnam. La revue se fait aussi l'écho d'autres pratiques : l'usage du bois, du métal ou des matériaux recyclés y est signalé, comme les structures légères, qu'elles soient tendues ou gonflables. Cette originalité est remarquée par les éditeurs du *Whole Earth Catalog* :

> « En regardant et en utilisant *AD*, il est clair que c'est plus qu'une revue d'architecture. *AD* publie beaucoup d'informations sur les États-Unis des mois avant même les publications nord-américaines. La revue aborde des sujets tels que le développement de la cybernétique, la culture systémique, la philosophie[31]. »

Chaque numéro d'*AD* est l'occasion de montrer — surtout dans la rubrique « Cosmorama » — des abris faits à partir de matériaux de récupération, des structures gonflables, des dômes géodésiques, des livres de Richard Buckminster Fuller, des communautés du Colorado…
En décembre 1971, la revue présente sur une douzaine de pages les communautés de Libre (Colorado) et de la Lama Foundation (Nouveau-Mexique), toutes deux riches de structures d'habitation originales (maisons en bois, *zomes* de Steve Baer, dômes géodésiques sur murs en adobe). La communauté de Libre occupe à elle seule un dossier de neuf

[29] Cf. Inderbir Singh Riar, « The Fountain of Technological Culture : Architectural Design and the Critical Reception of American Architecture, 1965-69 », *op. cit.*, non paginé.

[30] Reyner Banham, « A Home is not a House », *Architectural Design* (Londres), janvier 1969, p. 45-48.

[31] Stewart Brand, *The Whole Earth Catalog*, Menlo Park, Portola Institute, automne 69. Cette appréciation est reportée en quatrième de couverture du numéro de septembre 1970 de la revue, *Architectural Design*.

Henri Cartier Bresson, *The Lama Foundation community*, Nouveau-Mexique, 1971.

pages. Ses habitants racontent leur mode de vie au niveau architectural, sociologique et idéologique.

> « [Libre c'est] la réalisation d'un espace de vie en inter-relation avec l'environnement, en considérant qu'une grande partie de notre vie se déroule en plein air. [...] Nous vivons, mangeons, travaillons, prions, construisons — personne n'est isolée. [...] Libre est un centre créatif avec du temps et de l'espace pour que l'imagination soit libre de surgir à travers toutes ses formes. [...] Libre, c'est aussi le silence incroyable de cette montagne anciennement habitée dont nous recevons la force [32]. »

La description du lieu passe par la vie, les saisons, l'amour et le travail. Des photographies en noir et blanc représentent des vues de paysages, des scènes domestiques, des maisons de toutes sortes (tipis, dômes, zomes) et sont accompagnées d'un texte manuscrit. Couvrir ce genre de constructions en mêlant l'expérience architecturale et l'expérience de vie répond bien à ce que le directeur de l'école d'architecture de l'université de l'Ohio, Forrest Wilson, dans un éditorial de la revue *Progressive Architecture* en 1970, constate :

> « Contre-culture, options, alternative, changement — appelez-le comme vous voulez — un nombre croissant d'architectes, urbanistes, designers, enseignants, artistes, sont à la recherche de perspectives professionnelles qui dépassent les bornes étroites imposées par une société de plus en plus restrictive [33]. »

32 « Libre », *Architectural Design* (Londres), nº 44, décembre 1971, p. 728-729.

« Libre ».
Extrait de *Shelter*, 1973, p. 106.

Nous vivons, mangeons, travaillons, prions, construisons — personne n'est isolée.

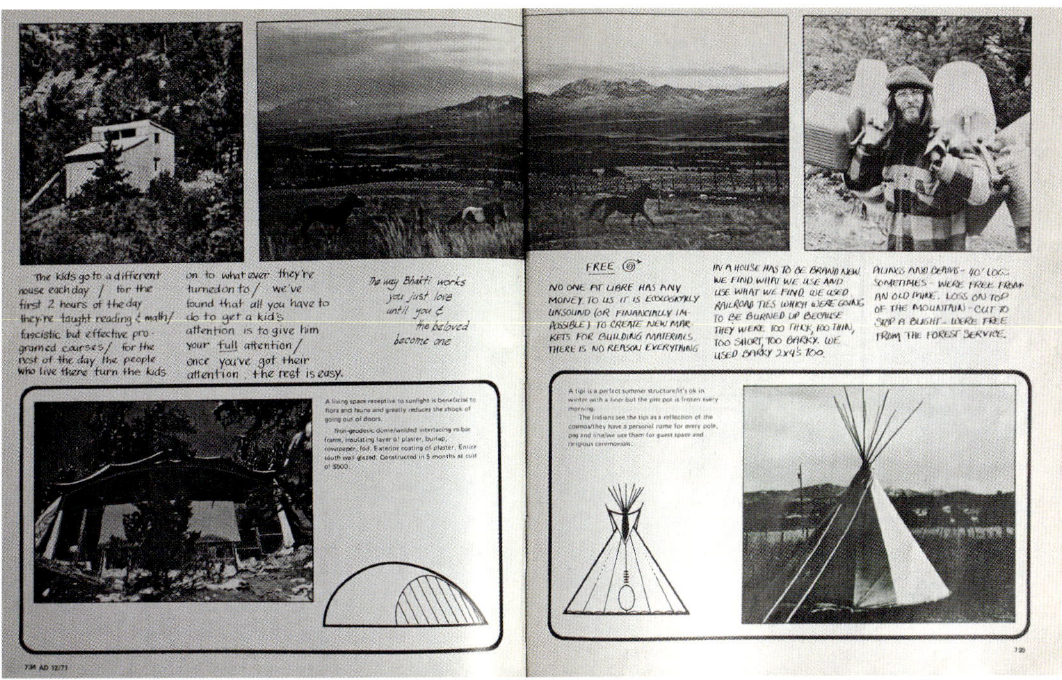
The kids go to a different house each day / for the first 2 hours of the day they're taught reading & math/ fascistic but effective pro-gramed courses/ for the rest of the day the people who live there turn the kids on to what ever they're turned on to/ we've found that all you have to do to get a kid's attention is to give him your full attention/ once you've got their attention, the rest is easy.

The way Bhakti works
you just love
until you &
the beloved
become one

A living space receptive to sunlight is beneficial to flora and fauna and greatly reduces the shock of going out of doors.

Non-geodesic dome/welded interlacing re bar frame, insulating layer of plaster, burlap, newspaper, foil. Exterior coating of plaster. Entire south wall glazed. Constructed in 5 months at cost of $500.

734 AD 12/71

FREE

NO ONE AT LIBRE HAS ANY MONEY. TO US IT IS ECOLOGICALLY UNSOUND (OR FINANCIALLY IMPOSSIBLE) TO CREATE NEW MARKETS FOR BUILDING MATERIALS. THERE IS NO REASON EVERYTHING IN A HOUSE HAS TO BE BRAND NEW. WE FIND WHAT WE USE AND USE WHAT WE FIND. WE USED RAILROAD TIES WHICH WERE GOING TO BE BURNED UP BECAUSE THEY WERE TOO THICK, TOO THIN, TOO SHORT, TOO BARKY. WE USED BARKY 2X4'S TOO. PILINGS AND BEAMS – 40' LOGS SOMETIMES – WERE FREE FROM AN OLD MINE. LOGS ON TOP OF THE MOUNTAIN – CUT TO STOP A BLIGHT – WERE FREE FROM THE FOREST SERVICE.

A tipi is a perfect summer structure/it's ok in winter with a liner but the piss pot is frozen every morning.

The Indians see the tipi as a reflection of the cosmos/they have a personal name for every pole, peg and line/we use them for guest space and religious ceremonials.

735

Double page consacrée à Libre.

Architectural Design, décembre 1975, p. 734-735.

Pour le numéro d'août 1972, *Architectural Design* invite les Allemands Oswald Mathias et Liselotte Ungers à faire état de leurs travaux sur les communautés intentionnelles aux États-Unis depuis le XVIIIᵉ siècle et les manifestations physiques de ces regroupements (petites maisons, bâtiments communaux, villages et petites villes). Les deux auteurs estiment que l'Amérique « était un El Dorado pour les communautés utopistes qui avaient pour but de fonder des sociétés basées sur des idéaux religieux ou sociaux[34] ».

Leur recherche sur l'organisation architecturale sur ce type de communautés est aussi largement diffusée dans d'autres périodiques, comme dans les revues allemandes *Werk*[35] et *Baumeister*[36], et nord-américaine *Architectural Forum* (octobre 1970).

Le couple établit un parallèle entre les mouvements communautaires du XIXᵉ siècle et le phénomène de la fin des années soixante — « quand environ 3 000 communautés fleurissent dans le pays » —, en accord avec Jean-François Revel qui voit « cette nouvelle tendance comme la révolution du XXᵉ siècle[37] ».

33 Cité par Susan Piedmont-Palladino et Mark Alden Branch, *Devil's Workshop, 25 Years of Jersey Devil Architecture*, New York, Princeton Architectural Press, 1997.

34 Oswald Mathias et Liselotte Ungers, « Early Communes in the USA », *Architectural Design* (Londres), nº 8, août 1972, p. 502-512.

35 En juillet 1970, août 1970, mars 1971, avril 1971, juin 1971.

36 Dans le numéro d'octobre 1970.

37 *Ibid.*, p. 512.

Couverture du numéro « R. Buckminster Fuller retrospective ». *Architectural Design*, décembre 1972.

Buckminster Fuller et ses étudiants, Black Mountain College, été 1949.

En oubliant le contexte de l'époque, fascinée par l'utopie d'une refonte sociétale sous forme d'un mode de vie communautaire, on peut être étonnés de l'intérêt qu'un architecte comme Oswald Mathias Ungers, professeur à l'université technique de Berlin-Ouest et alors responsable du département d'architecture à l'université Cornell à Ithaca [38], puisse porter à ce phénomène même si cette recherche est en partie menée par son épouse, Liselotte.

En décembre 1972, *Architectural Design* (alors dirigé par Monica Pidgeon et Peter Murray) invite Michael Ben-Eli, architecte diplômé de l'Architectural Association School, à composer un dossier sur Richard Buckminster Fuller, après qu'il se soit longuement entretenu avec lui :

> « Que sait-on de l'univers ? Que sait-on des êtres humains et de l'interaction écologique ? Comment répond-on aux besoins ? [...] Comment peut-on promouvoir des standards élevés qui répondent aux besoins de tous ? Ce sont ces questions qui m'ont conduit à considérer la production et la distribution de masse sous haut contrôle environnemental [39]. »

Les idées de Richard Buckminster Fuller, développées au sein du Design Science Institute, sont ainsi reprises en plusieurs points : adapter l'éducation aux besoins des étudiants ; développer des sources d'énergie non polluantes ; créer des programmes environnementaux et écologiques inventifs ; proposer des établissements humains plus sains et moins producteurs de déchets [40].

38 Les travaux de Sébastien Marot montrent le foisonnement intellectuel de l'université Cornell entre 1960 et 1975. Cf. Sébastien Marot, *Sub-Urbanism and the Art of Memory*, Architectural Association Publications, Londres, 2003.

39 Buckminster Fuller, entretien avec Michael Ben-Eli *in* « Buckminster Fuller Retrospective : Interview », *Architectural Design* (Londres), nº 12, décembre 1972, p. 754.

40 Michael Ben-Eli, « Design Science Institute », *Architectural Design* (Londres), nº 12, décembre 1972, p. 773.

Que sait-on de l'univers ? Que sait-on des êtres humains et de l'interaction écologique ? Comment répond-on aux besoins ?

Richard Buckminster Fuller, Pavillon américain à Expo 67, Montréal (1967).

La structure est un treillis métallique tridimensionnel d'une épaisseur d'un peu plus d'un mètre à la base et qui s'amincit progressivement vers le haut; une enveloppe transparente constituée de panneaux d'acrylique teintée isolait alors l'intérieur.

Aux États-Unis, au cours des années soixante et soixante-dix (et jusqu'à sa mort en 1983), Buckminster Fuller continue à fasciner la jeunesse américaine. Il intervient dans des universités, des lycées, ainsi que dans « d'autres assemblées moins structurées. Par exemple, en 1973, il s'adressa 124 fois à des groupes de 1 500 à 5 000 jeunes, tous les trois jours[41] ! » Antoine Picon souligne les ambiguïtés de la personnalité de Fuller :

> « Prophète d'une libération de l'homme à l'échelle mondiale qui verrait la fin de la course aux armements comme de bien d'autres gaspillages engendrés par la soif de profit, il se retrouve fréquemment du côté de ceux que les mouvements contestataires mettront en accusation à la fin des années soixante : l'armée, les grandes administrations, les multinationales. Cette ambiguïté fondamentale ne l'empêche pas de jouir d'une audience certaine au sein de la jeunesse. Car Fuller demeure avant tout un visionnaire, ainsi qu'en témoigne sa conception très particulière des systèmes[42]. »

41 Witold Rybczynski, *Paper Heroes, Un regard sur la technologie appropriée*, traduit de l'américain par Hubert Guillaud, Roquevaire, Parenthèses, 1983, p. 91.

42 Antoine Picon, « Une utopie américaine : Le monde de Buckminster Fuller », *Les Cahiers de la recherche architecturale* (Marseille), nº 40, 1997, p. 109.

On ne pouvait guère faire autrement que d'être absorbés et fascinés par le choc culturel qu'un Européen injecté dans L.A. éprouve forcément

La découverte est autant sociétale qu'architecturale. Les excursionnistes sont étonnés aussi bien par « le fulgurant environnement de néon », que par l'aisance corporelle des Américains ou encore par les revendications des femmes, comme l'indique l'article de la deuxième de couverture consacré au « pouvoir féminin [44] ». L'itinéraire ne manque pas de passer par « Taliesin West, Arcosanti, le Grand Canyon et Las Vegas ». Des expériences communautaires et architecturales de Frank Lloyd Wright et de Paolo Soleri aux néons, enseignes et paillettes des casinos de Las Vegas, des luttes urbaines de Los Angeles aux paysages des déserts californiens, les étudiants architectes de l'Architectural Association à Londres découvrent l'Ouest des États-Unis et communiquent leur enthousiasme aux lecteurs.

Toutefois, le choix de traiter un spectre architectural allant des luttes urbaines à l'usage des matériaux recyclés portera atteinte, durant ces années soixante-dix, à l'équilibre économique de la revue. *Architectural Design* perd progressivement le financement des annonceurs (les

Information à propos du *Domebook One* dans la section « Cosmorama ».
Architectural Design, septembre 1970, p. 431.

COSMORAMA

DOMEBOOK

Inspired by the work of Buckminster Fuller and further stimulated by Stewart Brand's *Whole Earth Catalog* a group of students in California have put together *Domebook One*, a practical account of the construction of ten different domes built at an experimental high school in the California hills within a period of four months. The elementary geometry of the domes is clearly explained, together with detailed instructions of assembly – even the mistakes and pitfalls are recorded. The bibliography alone would justify purchase of the book.

44 « Le pouvoir féminin », *Architectural Design* (Londres), septembre 1973, deuxième de couverture.

Couverture « Lady in Space » (Graham Stevens). *Architectural Design*, mars 1972.

marchands de matériaux…), qui estiment que les architectes constructeurs ne font plus partie du lectorat. Les thèmes traités par le magazine étaient en effet de plus en plus « anti-establishment » et « anti-architecture ». Si les annonceurs n'y trouvent plus leur avantage, d'autres au contraire sont séduits par le foisonnement d'informations inédites, comme l'indique Yona Friedman : « *Architectural Design* donne l'information nécessaire qu'on ne trouve pas dans les autres revues [45] », même si, comme le souligne Ionel Schein, la lisibilité y fait défaut : « La revue est de plus en plus passionnante, mais il faut s'attacher à améliorer sa lisibilité, surtout quand il s'agit de pages en couleurs [46]. » *Architectural Design* aborde aussi le sujet des énergies alternatives auquel elle consacre des livraisons entières et des cahiers spéciaux comme « Eco-Tech ».

Ainsi la revue anglaise fourmille d'informations stimulantes pour l'auditoire hexagonal : elle relate l'apparition de nouveaux matériaux qu'ils soient issus de l'industrie aéronautique ou de la recherche spatiale ou qu'ils soient le produit du recyclage, et évoque les expériences d'habitats participatifs.

45 Yona Friedman, *Architectural Design* (Londres), septembre 1970, quatrième de couverture.

46 Ionel Schein, *Architectural Design* (Londres), *ibid.*

Couverture de l'ouvrage de Bernard Rudofsky, *Architecture Without Architects : an short Introduction to non-pedigreed architecture.*
New York, Museum of Modern Art / Doubleday, 1964.

CHAPITRE 4

EXPOSER EN FRANCE LES STRUCTURES VERNACULAIRES ET L'ARCHITECTURE MARGINALE

En France, entre 1960 et 1975, plusieurs institutions préparent ou accueillent des expositions sur l'état de l'architecture aux États-Unis : à Paris, l'École spéciale d'architecture organise de petites expositions sur Frank Lloyd Wright, Bruce Goff et Paolo Soleri entre 1963 et 1968 ; en 1969, le musée des Arts décoratifs, par le biais de son Centre de création industrielle (CCI) dirigé par François Barré, présente l'exposition « Architecture méconnue, architectes inconnus », version française de l'exposition « Architecture without Architects », réalisée par le MoMA en 1964 [1] ; en 1975 s'ouvre au Centre culturel américain « Architectures marginales aux États-Unis » conçue par le Centre de création industrielle et présentée ensuite au musée des Arts décoratifs. Ces deux dernières expositions ont joué un rôle majeur dans la diffusion de la culture alternative en France. L'objectif de la première est de présenter la complexité de l'architecture vernaculaire, l'unité entre le site, le climat et les organisations spatiales et sociales des villages traditionnels, qu'ils soient africains ou européens. La visée de la seconde est de montrer l'originalité constructive d'individus (non-architectes) créant leurs abris. Ces deux manifestations sont apparues comme des événements majeurs mais néanmoins problématiques, dans le cadre des réévaluations critiques de la modernité architecturale de l'après-guerre.

« ARCHITECTURE WITHOUT ARCHITECTS »

Avant d'être présentée à Paris (et dans de nombreuses autres villes aux États-Unis et en Europe), l'exposition « Architecture without Architects » a été montrée aux États-Unis du mois de novembre 1964 à mars 1965 au Museum of Modern Art à New York. C'est l'aboutissement d'un travail de longue haleine. Dès 1941, l'architecte d'origine autrichienne Bernard Rudofsky [2] présente une série de photographies d'architectures vernaculaires issues en grande partie des collections du musée de l'Homme de Paris, à Philip Goodwin, alors responsable du département d'architecture du MoMA et suggère qu'une exposition de ces clichés retiendrait certainement l'attention du public [3]. Vingt-quatre ans plus tard,

« Architecture without Architects » se compose d'un ensemble de photographies en noir et blanc (sur panneaux de 2 m × 2 m) de constructions vernaculaires, de paysages, de structures constructives proto-industrielles et de structures urbaines traditionnelles, reprises dans le catalogue éponyme, rédigé par Bernard Rudofsky.
Même s'il ne se réfère pas directement à l'Amérique du Nord, l'ouvrage, parce qu'il a pour objet les structures urbaines traditionnelles des villages européens, africains ou asiatiques et que ces structures ont été montrées au MoMA à New York, est un événement. L'enseignement prenant en considération l'habitat vernaculaire et les publications montrant des constructions ordinaires ou extraordinaires réalisées à partir de matériaux de récupération exercent l'œil des architectes à apprécier autre chose que l'architecture canonique, classique ou issue du mouvement moderne, et forment le terreau qui prépare le public à considérer avec bonhomie et enthousiasme des exemples constructifs de la contre-culture nord-américaine.
Les images représentent ce que Bernard Rudofsky pensait être des exemples plus humains d'architecture et sont accompagnées de légendes polémiques telles que *true functionalism* et *timeless modernity*[4].

> « L'architecture vernaculaire n'est pas soumise aux caprices des modes. Pratiquement immuable, elle n'est pas non plus susceptible d'améliorations, puisqu'elle répond parfaitement à son objet[5]. »

[1] L'exposition du MoMA « Architecture without Architects » est présentée au public français dans le Pavillon de Marsan du musée des Arts décoratifs du 15 janvier au 24 février 1969 par l'Université permanente d'architecture de Paris sous le titre « Architecture méconnue, architectes inconnus ». Voir l'article de Jacques Michel dans *Le Monde* (Paris), 23 janvier 1969.

[2] Bernard Rudofsky (1905-1988), né en Autriche, étudie l'architecture à la Technische Hochschule à Vienne de 1922 à 1928, commence à écrire dans des revues d'architecture en 1934, s'installe à Procida, une petite île de la baie de Naples, en 1935 ; il collabore avec Gio Ponti pour la revue *Domus*. Au moment de l'annexion de l'Autriche par l'Allemagne nazie en 1938, il quitte l'Italie pour l'Argentine puis le Brésil. Il arrive à New York en 1941. Il est en charge d'une exposition au MoMA en 1944, « Are Clothes Modern ? » (suivie par un ouvrage intitulé *Are Clothes Modern ? : An essay on contemporary apparel*, Chicago, P. Theobald, 1947). Dès qu'il obtient un passeport américain, il recommence à sillonner le monde, particulièrement intéressé par les formes de l'architecture vernaculaire, à laquelle il consacre, dès 1923, une série de trente-cinq voyages d'études à travers l'Europe, les États-Unis, le Japon, l'Amérique latine, l'Asie et l'Afrique. Parmi ses livres, on peut citer *Behind the Picture Window*, New York, Oxford University Press, 1955 ; *The Kimono Mind : An informal guide to Japan and to the Japanese*, Garden City, Doubleday, 1965 ; *Streets for People : A primer for Americans*, Garden City, Doubleday, 1969. Deux de ses ouvrages sont traduits en français *Architecture sans architecte* (Paris, Chêne, 1977) et *L'architecture insolite, Une histoire naturelle de l'architecture concernant, en particulier, ses aspects le plus souvent négligés ou totalement ignorés* (Paris, Tallandier, 1979).

[3] Cf. Felicity Scott, « Bernard Rudofsky : Allegories of Nomadism and Dwelling », in Sarah Williams Goldhagen et Régean Legault (ed.), *Anxious Modernism : Experimentation in Postwar Architectural Culture*, Montréal/Cambridge, Canadian Center for Architecture / The MIT Press, 2000, p. 215-237. Voir également Mary Anne Staniszewski, *The Power of Display : A History of Exhibition Installations at the Museum of Modern Art*, Cambridge, The MIT Press, 1998.

[4] Felicity Scott, « Bernard Rudofsky, "Architecture Without Architects : a short Introduction to non-pedigreed architecture" » [compte-rendu de lecture], *Harvard Design Magazine*, automne 1998, p. 70.

[5] Légende de la première photographie présentée dans le livre, non paginé.

L'architecture vernaculaire n'est pas soumise aux caprices des modes. Pratiquement immuable, elle n'est pas non plus susceptible d'améliorations, puisqu'elle répond parfaitement à son objet.

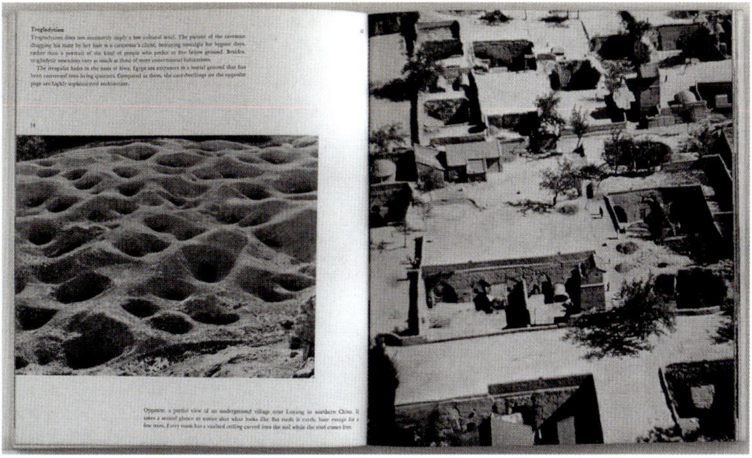
Troglodytism

Architecture by subtraction

Unit architecture

Trois doubles pages de l'ouvrage de Bernard Rudofsky, *Architecture Without Architects : an short introduction to non-pedigreed architecture.*

« Troglodytism »,
« Architecture by subtraction »,
« Unit architecture ».

New York, Museum of Modern Art/Doubleday, 1964, np, images 14-15, 22-24, 55-57.

Le *Whole Earth Catalog* en 1968 et *Shelter* en 1973 présentent l'ouvrage comme essentiel parce qu'il témoigne de formes bâties en réponse aux sites, aux climats, aux usages locaux.
L'exposition propose un regard anthropologique sur l'Europe, l'Asie et l'Afrique. Faisant l'apologie de l'architecture *non-pedigreed*, n'étant pas due à l'éducation savante d'architectes ou d'urbanistes, elle se tient paradoxalement dans une institution muséale plus encline à montrer l'avant-garde artistique que l'art spontané. Sa présentation au sein même du MoMA peut être analysée comme un contrepoint critique à l'architecture moderne et à ses prolongements dogmatiques qui s'expriment, au cours des années soixante, à travers l'architecture de bureaux ou celle des grands ensembles. Dans ce temple de la modernité, Rudofsky célèbre aussi le tiers-monde en défiant le monde industrialisé. La forme même de l'exposition — clichés anonymes, ne faisant apparaître aucun nom de photographe — contraste avec la forme canonique de l'exposition moderne insistant sur un individu-vedette. L'historien de l'architecture anglais Paul Oliver note toutefois que l'exposition, tout en permettant une reconnaissance publique des constructions vernaculaires, met en exergue ces architectures comme des œuvres d'art, ce qui le choque profondément[6].
L'exposition et le catalogue sont perçus dès 1964 comme fondamentaux en ce qu'ils montrent une architecture sans architecte mais aussi sans histoire au sens académique du terme. Cela répond d'une certaine façon au Mouvement moderne qui avance que l'architecture ne se fait pas à partir de l'histoire mais à partir de la feuille blanche. La soi-disant modernité sans âge des images d'« Architecture without Architects » est un travail de fiction au même titre que la mystification de l'origine biblique ou animale de l'architecture que Rudofsky institue comme une préhistoire de l'habitat contemporain. La modernité proclamée des structures vernaculaires est une construction de l'œil hautement éduqué de l'architecte moderne[7].
La fortune critique de l'exposition est accentuée par le catalogue, présenté comme l'ébauche d'un livre plus complet à venir sur le sujet. Ce second ouvrage a paru en 1977 : *The Prodigious Builders : Notes Towards a Natural History of Architecture*[8]. Mais ce livre n'a pas reçu le même écho que le catalogue original qui, constitué d'une série d'images photographiques noir et blanc disposées pleine page, avait connu un réel succès : trois ans après sa publication, l'édition anglaise est déjà vendue à plus de vingt-six mille exemplaires.

[6] Paul Oliver (ed.), *Encyclopedia of Vernacular Architecture of the World*, vol. 1, « Theories and Principles », Cambridge University Press, 1997, p. VII. Paul Oliver rappelle le rôle joué par les six articles de l'historien E. A. Gutkind, sous l'intitulé général « How Other People Dwell and Build », parus dans *Architectural Review* en 1953.

[7] Felicity Scott, « Bernard Rudofsky "Architecture without Architects, a Short Introduction to Non-Pedigreed Architecture, 1964" », *op. cit*, p. 71.

[8] Le livre a été traduit en français sous le titre *L'architecture insolite, Une histoire naturelle de l'architecture concernant, en particulier, ses aspects le plus souvent négligés ou totalement ignorés*, Paris, Tallandier, 1979 (traduit de l'anglais par Jean-Baptiste Médina et Sophie Mayoux).

Une page de l'ouvrage de Bernard Rudofsky, *Architecture Without Architects : an short introduction to non-pedigreed architecture.*

« Town structures ».

New York, Museum of Modern Art/Doubleday, 1964, np, image 54.

Ces photographies soulèvent une série de questions auprès d'un public secoué par l'angoisse des progrès technologiques difficilement contrôlables et par l'urgence grandissante de sauvegarde du patrimoine bâti ou encore préoccupé par les interrogations relatives à la nouvelle monumentalité. Critiquée dans sa dimension esthétique, *Architecture without Architects* se situe entre des textes dénonçant le vernaculaire contemporain, tel le livre publié par Peter Blake en 1964, *God's Own Junkyard* et ceux qui réfutent les réponses des urbanistes, comme l'ouvrage de Jane Jacobs en 1961, *The Death and Life of Great American Cities*[9].

Couverture de l'ouvrage de Peter Blake, *God's Own Junkyard, the Planned Deterioration of America's Landscape.*

New York, Holt, Rinehart and Winston, 1964.

En 1966, l'historien de l'architecture Bernard Marrey, alors conseiller culturel à la maison de la culture du Havre, contacte le MoMA pour faire venir l'exposition à Paris, au musée des Arts décoratifs alors dirigé par François Mathey[10]. Il faudra attendre trois ans pour que le projet aboutisse.

Au début des années soixante, ni l'École des beaux-arts ni l'École spéciale d'architecture n'accordaient de l'attention à l'architecture vernaculaire dans leur curriculum, même si certains enseignants n'hésitaient pas à montrer des documents de ce type. Jean Castex se souvient des photographies de l'Inde (architecture savante et architecture vernaculaire) que faisait circuler Bernard Huet au sein de l'atelier Arretche vers 1962[11]. Il faut cependant souligner que dès les années cinquante, des architectes présents au Congrès international d'architecture moderne (Ciam) d'Aix-en-Provence en 1953 font déjà usage de structures vernaculaires dans leurs démonstrations[12].

Pour l'architecte français Georges Maurios, c'est l'enseignement de Sigfried Giedion à l'université de Harvard qui l'avait conduit à apprécier les richesses de l'architecture vernaculaire : « Giedion nous passait des photos sur les structures vernaculaires. J'ai appris le mot vernaculaire là-bas[13] ». La revue *Perspecta*, publiée par des étudiants de l'école d'architecture de l'université de Yale, contribue, elle aussi, à valoriser le patrimoine vernaculaire :

> « C'est grâce à *Perspecta* que j'ai une maison à Patmos. En effet, en 1960, dans un des numéros, je découvre un article sur la Grèce et en particulier sur Patmos. Je connaissais alors la Grèce par Xenakis et c'était tout. Quinze ans après, j'achète une maison là-bas et c'est ma maison, ma patrie. J'apprends le grec. Et tout cela est venu de *Perspecta* qui m'a fait découvrir l'histoire de cette île, les marchands. [...] Jamais on ne pourrait imaginer un tel article dans *L'Architecture d'aujourd'hui*[14]. »

9 Peter Blake, *God's Own Junkyard : The Planned Deterioration of America's Landscape*, New York, Henry Holt & Co, 1979. Jane Jacobs, *The Death and Life of Great American Cities* [1961], New York, Random House (traduction française : *Déclin et survie des grandes villes américaines*, traduit par Claire Parin, Marseille, Parenthèses, 2012).

10 Archives du MoMA, New York, dossier exposition « Architecture without Architects ».

11 Jean Castex, entretien avec l'auteur, Versailles, 6 juillet 2005.

12 Voir à ce propos : Zeynep Çelik, *Urban Forms and Colonial Confrontations : Algiers Under French Rule*, Berkeley, University of California Press, 1997 et Jean-Louis Cohen, Monique Eleb, *Casablanca, Mythes et figures d'une aventure urbaine*, Paris, Hazan, 1998, p. 324-336.

13 Georges Maurios, entretien avec l'auteur, Paris, janvier 2001.

14 *Ibid.*

Page de titre et trois doubles pages de l'ouvrage de Vincent Scully, *Pueblo : Mountain, Village, Dance.* New York, Viking Press, 1975.

L'historien de l'architecture Vincent Scully a lui aussi montré dans ses ouvrages la valeur didactique de ce type d'architecture. Ses livres sur Frank Lloyd Wright, sur Robert Venturi et sur l'architecture vernaculaire nord-américaine (*shingle style*) ont permis de faire évoluer la théorie architecturale d'une position formaliste à une étude plus centrée sur des analyses archétypales et psychologiques [15]. Cet auteur a grandement contribué à penser l'autre modernité en architecture, non chapeauté par le style international. Il est intéressant de noter aussi que Vincent Scully, qui commence à étudier l'architecture du Sud-Ouest des États-Unis dès 1969, publiera en 1975 un ouvrage consacré aux Indiens pueblos [16]. Bien avant Vincent Scully, le géographe John Brinckerhoff Jackson a hanté les paysages du Nouveau-Mexique et de l'Arizona où il s'installe en 1946 et il contribue à valoriser dans sa revue *Landscape*, qui paraît en 1951, les paysages ruraux du Sud-Ouest des États-Unis en prenant pour modèle la *Revue de géographie humaine et d'ethnologie* lancée par Pierre Deffontaines en 1948. Très vite, la revue embrasse les réalités du paysage dans toutes leurs dimensions et constitue « à la croisée de l'histoire, de la géographie et des sciences sociales, mais aussi de l'urbanisme, de l'architecture et du *Landscape Design*, un foyer d'échanges, un commerce de sciences et d'idées [17] » qui favorisera l'émergence des *Landscape Studies*.

Double page intitulée « Architecture troglodytique ». ⟶
Aujourd'hui, Art et Architecture, n° 53, avril 1966, p. 20-21.

15 Vincent Scully, *The Shingle Style : Architectural Theory and Design from Richardson to the Origins of Wright*, New Haven, Yale University Press, 1955, 2e éd. : Vincent Scully, *The Shingle Style and the Stick Style : Architectural Theory and Design from Richardson to the Origins of Wright*, New Haven, Yale University Press, 1971 ; Vincent Scully, *The Earth, the Temple, and the Gods : Greek Sacred Architecture*, New Haven, Yale University Press, 1962.

16 Vincent Scully, *Pueblo : Mountain, Village, Dance*, New York, Viking Press, 1975.

17 Sébastien Marot, « Profession Visiteur », in John Brinckerhoff Jackson, *De la nécessité des ruines et autres sujets*, Paris, Éditions du Linteau, 2005, p. 10. Ce n'est qu'en 1968, lorsqu'il abandonne la direction de la revue, que John Brinckerhoff Jackson commence à jouer un rôle actif dans l'enseignement, notamment à Harvard et à Berkeley, et ce jusqu'à la fin des années soixante-dix.

Grotte de Calès. Hérault.

• TROGLODYTISME.

N'implique pas forcément un niveau de culture inférieur.
de l'homme des cavernes, traînant sa compagne par les che
une caricature, trahissant une nostalgie du passé plutôt qu
trait réel de ce type d'habitants. De plus, les aménagemen
bitations troglodytiques varient autant que celles des autr
tations.

• ARCHITECTURE PAR SOUSTRACTION.

De temps en temps les hommes ont taillé des villes entiè
le rocher au-dessus du niveau de la terre. Les remparts, le
et les maisons des Baux-de-Provence ont été taillés dans l
tagnes calcaires sur lesquelles ils se dressent. Ville impor
Moyen Age, elle est abandonnée depuis longtemps.

• LES FORMES PRIMITIVES.

En Cappadoce, ce n'est pas la nature qui imite les ha
coniques, ni l'homme qui copie les rochers pointus. Les fo
volcaniques, dans la vallée anatolienne de Goreme, ont été
par le vent et l'eau. Que les formes stylisées suggèrent des
tions ou non, il suffisait d'agrandir et d'égaliser les crevass
breuses, les trous, les creux qui se forment dans la pierr
pour y réaliser l'espace habitable. Au VIIe siècle, 30 000 ana
hommes et femmes, y vivaient dans une communauté mo
L'accès aux milliers de chambres, d'églises et de chapelles
et se fait toujours par des échelles de corde.

• LA VILLE TROGLODYTIQUE.

La durabilité et l'universalité sont les traits dominants de
tecture vernaculaire. A Pantalica, les pièces rudimentaires
devine les ouvertures ont été creusées dans les pentes pres
pendiculaires de la vallée Anapo, par les Siculi, habitan
Sicile d'il y a environ trois mille ans. Ayant servi de cimeti
la ville préhistorique voisine, l'ensemble a été converti en ha
au cours du Moyen Age. Généralement, celles-ci constitu
appartements à étages reliés par des couloirs intérieurs. De
lations similaires se trouvent partout en Sicile : près de
Caltabelotta et Raffadale, à l'ouest du mont Etna à Bro
Maletto entre Siracuse et le cap S. Croce et surtout dans
d'Ispica, près de Modica.

B. Ru

ARCHITECTURE TROGLODYTIQUE

Pueblos indiens. Arizona. U.S.A.

Baux-de-Provence. Bouches-du-Rhône.

eme. Cappadoce. Turquie.

Province de Kansu. Chine.

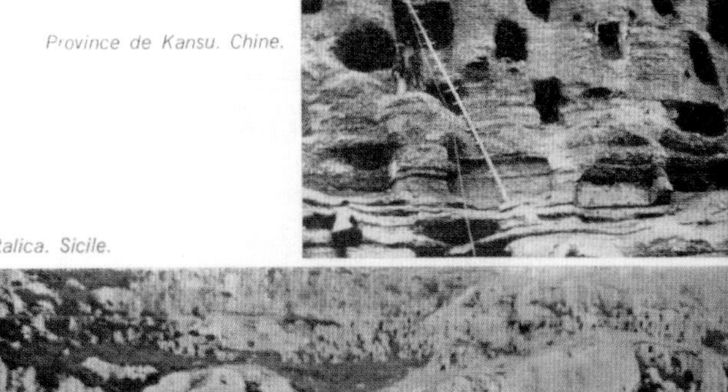

Pantalica. Sicile.

La maison du charpentier George Plumb, construite de bouteilles recyclées (ca. 1963-1970).

Chantier d'une maison en boîtes de conserve, préalablement groupées par six pour constituer des parpaings légers, réalisée par l'architecte Michael Reynolds, près de Taos, Nouveau-Mexique (1973).

Une maison en bois surmontée d'une toiture de type parabolique-hyperbolique nichée sur les pentes de Berkeley (Californie).

« La maison aux miroirs », édifiée par Clarence Schmidt de 1948 à 1971 à partir de bois de récupération et de fenêtres de toutes dimensions.

Une maison-automobile, ca. 1968.

La véritable architecture “spontanée” actuelle est celle des barricadas, des favelas et des bidonvilles.

par six pour constituer des parpaings légers, que l'architecte Michael Reynolds construit près de Taos en 1973 ; une maison en bois surmontée d'une toiture de type parabolique-hyperbolique nichée sur les pentes de Berkeley ; la maison de Clarence Schmidt, édifiée de 1948 à 1971 à partir de bois de récupération et de fenêtres de toutes dimensions ; ainsi qu'un exemple de maison-automobile.
L'exposition est préparée au sein du CCI par l'architecte Jean Dethier, formé à l'école de La Cambre à Bruxelles. Il avait visité l'exposition « Architecture without Architects » au MoMA à New York en 1964.
Il voyage en Californie à la fin des années soixante et découvre les maisons-bateaux de Sausalito. Mais, surtout, il est profondément marqué par son expérience professionnelle au Maghreb de 1965 à 1970, alors chargé d'opérations d'habitat social édifié par les usagers. Il a également été confronté aux favelas d'Amérique latine et a rencontré l'architecte John Turner[21].
Dans le catalogue, Jean Dethier et David Elalouf situent d'emblée les ambiguïtés du thème de l'architecture spontanée :

> « Dans ces conditions, parler d'architecture “spontanée”, c'est croire au primitif “libre-et-vertueux” et vanter la “sérénité” de ces constructions qui consiste à faire la révérence au Bon Sauvage. Malheureusement, aucun âge d'or n'a jamais trouvé son lieu sur cette planète : loin de justifier nos nostalgies, l'architecture “spontanée” parle plutôt des difficultés de la survie, de divinités susceptibles, de rapports de force à l'intérieur de sociétés implacablement hiérarchisées, de civilisations où le moi est faible. On pourrait aussi bien la décrire comme une architecture de censure, dans laquelle toute innovation est proscrite, parce que dangereuse pour l'équilibre du groupe. Cette nature-là ressemble étrangement à un produit de la culture[22]. »

Les auteurs classent l'architecture spontanée dans la catégorie de l'architecture populaire :

> « Si l'on entend par architecture populaire les conséquences bâties de l'installation d'une population sur un site, alors il faut inclure les marginaux de la civilisation industrielle dans une définition élargie de l'architecture “populaire”. La véritable architecture “spontanée” actuelle est celle des barricadas, des favelas et des bidonvilles[23]. »

L'exposition est accompagnée d'une série de conférences prononcées par des universitaires nord-américains notamment Jan Wampler, professeur d'architecture au MIT qui a « parcouru les États-Unis à la découverte des bâtisseurs qui, issus de la majorité silencieuse, ont donné une expression architecturale à leurs rêves[24] ». Il intitule son

21 Jean Dethier, entretien avec l'auteur, Paris, 10 juillet 2002.
22 Jean Dethier, David Elalouf, *Architectures marginales aux États-Unis*, Paris, CCI-Centre Pompidou, 1975, p.5. Fait remarquable à l'époque dans une institution muséale française, cette publication bénéficie d'une version anglaise (traduction Alberto M. P. Rosa).
23 *Ibid.*, p. 12.

C'était déglingué, moche et pas très intéressant. En revanche, il y avait des expériences intéressantes, les architectures dans les arbres, les architectures flottantes.

intervention : « Architectures et fantasmes aux USA ». Le professeur Ron Fleming centre sa conférence sur « le recyclage des bâtiments voués à la destruction ». Le professeur Peter Hennessy présente les « Architectures marginales aux États-Unis » et les motivations, les démarches et les sources d'inspiration de leurs constructeurs. Le sociologue Robert Goodman parle de « la participation des usagers aux programmes d'urbanisme et d'habitat : *Advocacy planning community actions* ». Christopher Alexander, professeur à l'université de Californie à Berkeley depuis 1963, intervient sur le concept de *pattern language and participation*. Enfin, un séminaire de synthèse est organisé le 17 décembre 1975, animé par le futurologue, critique de la société technologique, Robert Jungk (1913-1994), écrivain-journaliste autrichien dont les livres abordent la question du pouvoir destructif de la machine, notamment l'arme nucléaire. Est également signalée lors de cette journée la présence de l'architecte John Turner[25].

En convoquant ces différentes personnalités représentant la culture savante, les organisateurs cherchent à donner ses lettres de noblesse à l'architecture alternative. On constate en effet que ce mouvement a pris une importance grandissante au sein des universités américaines qui, à travers notamment la diffusion de l'information, ont contribué à légitimer ces expériences. L'université se met alors au service des populations défavorisées.

Quelque trente ans plus tard, David Elalouf, au cours d'un entretien, ne parle ni spontanément ni volontiers de cette exposition, comme si le thème de l'architecture marginale ne répondait plus à une valeur de distinction positive[26]. Il justifie son implication dans cette entreprise en invoquant l'image du journaliste :

> « J'ai traité ce sujet comme un journaliste. Ce n'était pas un sujet qui me passionnait… C'était un mouvement qui a produit des choses assez pauvres en fait. C'était déglingué, moche et pas très intéressant. En revanche, il y avait des expériences intéressantes, les architectures dans les arbres, les architectures flottantes. C'étaient des découvertes. On connaissait les dômes géodésiques mais on ne connaissait pas les expériences dans l'Oregon[27]. »

Couverture de l'ouvrage de Christopher Alexander, *A Pattern Language : Towns, Buildings, Construction.*
New York, Oxford University Press, 1977.

24 Jan Wampler écrit un article intitulé « L'Empreinte », dans *L'Architecture d'aujourd'hui* (Paris), nº 179, mai-juin 1975. Il est aussi l'auteur de *All Their Own, People and the Places They Build*, Cambridge, Schenkman Publishing Company, 1976.

25 Cf. David Elalouf, « Conférences, séminaires, exposition, cycle de projections », Supplément au *Bulletin d'information inter-établissements*, novembre 1975, p. 1.

26 David Elalouf, entretien avec l'auteur, Paris, 22 avril 2004.

27 *Ibid.*

Quant à Jean Dethier[28], il fait référence à l'exposition et au catalogue de Bernard Rudofsky, dont le choix iconographique a contribué à mettre en évidence des valeurs fondamentales que « les théories et les systèmes de production de l'architecture, de l'habitat et de l'urbanisme contemporains avaient niées au nom d'un certain progrès ou qui avaient été incapables d'intégrer la participation matérielle ou effective des habitants à leur habitat[29]. »
Jean Dethier, commentant l'exposition « Architectures méconnues, architectes inconnus », ajoute :

> « Le fait que ces exemples relèvent d'époques révolues ou de sociétés réputées sous-développées débouche sur le fatalisme et la résignation. Notre propos [était] de présenter des exemples d'architectures et d'habitats construits au XXe siècle aux USA dans le pays le plus "avancé"[30]. »

En utilisant ce dernier qualificatif, Jean Dethier est bien conscient du caractère paradoxal et provoquant de sa démonstration : mettre en exergue les réalisations architecturales d'un pays à travers une série de constructions réalisées essentiellement à partir de matériaux de récupération et de rebuts de la société de consommation. Parmi ceux qui refusent d'admettre l'énorme gaspillage matériel et énergétique d'une civilisation de consommation effrénée, Jean Dethier cherche à identifier les bâtisseurs issus des milieux populaires, citant en particulier certains paysans et ouvriers qui consacrent leur énergie à édifier des lieux architecturaux en marge de toute référence connue. Il qualifie ce courant de « sub-culture » populaire qui rejoint et complète les contre-cultures qui sont souvent le fait d'intellectuels et d'artistes d'origine bourgeoise. Il note toutefois que les architectures marginales ont presque toutes en commun une pratique qui est aussi une éthique : la récupération, la réutilisation, le recyclage[31].
L'exposition de 1975 présente le mouvement américain au moment où celui-ci est déjà dans sa phase descendante. L'Amérique *mainstream* a récupéré le phénomène.
Jean Dethier rappelle que, en 1975, si le contexte de ce qu'on appelait la contre-culture américaine était assez bien connu en France dans un certain nombre de domaines comme la littérature, la philosophie, la poésie, la vidéo ou la musique, ni l'habitat, ni l'architecture n'avaient été pris en compte. Comme à l'époque le haut lieu de diffusion des contre-cultures américaines était le Centre culturel américain, la tenue de l'exposition dans cet espace paraissait adéquate[32].

28 « Je suis entré en juillet [...] j'ai eu 3 mois pour faire l'expo... ». Jean Dethier, entretien cité. Le dossier documentaire et photographique réalisé après leur séjour aux États-Unis en 1974 par Serge Goutmann et Jérôme Guynet, alors étudiants en architecture à l'Unité pédagogique n° 8, aurait contribué néanmoins à informer grandement Jean Dethier de cette scène alternative (conversation téléphonique de l'auteur avec Serge Goutmann, 7 décembre 2010).

29 Jean Dethier, « Vendredi en Amérique », *Archives d'architecture moderne* (Bruxelles), novembre 1975, p. 3.

30 *Ibid.*

31 *Ibid.*

32 Jean Dethier, entretien cité.

Jean Dethier évoque l'accueil enthousiaste qu'il reçoit de Don Foresta, directeur du Centre culturel américain, lorsqu'il lui présente l'idée de cette exposition. Il collecte alors des photographies et des témoignages auprès de sources américaines très diverses (chez des photographes, auprès des communautés, des architectes), lit tous les classiques de l'époque, le *Whole Earth Catalog* par exemple, mais aussi les ouvrages de référence plus anciens comme ceux de Thoreau. Il cherche consciencieusement à élargir le créneau sur le plan sociologique en incluant des réalisations de personnes de tout âge et de toute origine sociale, de la classe ouvrière à la bourgeoisie aisée qui, pour une raison ou une autre, avaient décidé de se construire eux-mêmes leur maison — principale ou secondaire — sans recourir à des architectes.
Cette exposition présentait une cinquantaine de lieux singuliers aux États-Unis, situés pour la plupart sur la côte Ouest, dans le Sud-Ouest ou encore dans les États du centre du pays. Les images, essentiellement des photographies, étaient accompagnées de textes rédigés par les commissaires ainsi que de citations issues de livres, d'essais, d'articles de revues, de journaux underground. Le but de ces différents extraits était à la fois d'avoir des textes théoriques, philosophiques, contextuels, mais aussi des écrits plus pragmatiques qui expliquaient comment tel ou tel groupe avait conçu son lieu, son habitat.
Les organisateurs de l'exposition étaient loin de penser que celle-ci allait créer un incident diplomatique entre la France et les États-Unis.

> « Dès les premiers pas dans l'exposition, l'ambassadeur des États-Unis était pétrifié d'horreur. Les architectures, les habitats et les habitants en question n'étaient pas, de toute évidence, sa *cup of tea*. Mais surtout il était atterré par les citations de Marcuse et quelques autres... Il a fait quelques remarques abruptes puis a disparu : il est rentré à l'ambassade, a appelé et convoqué le directeur du Centre qui a dû se rendre à l'ambassade dans la demi-heure. Cela n'a pas empêché la fête de continuer[33]. »

L'ambassadeur demande en effet de modifier l'exposition, de l'épurer, de retirer quelques clichés choquants pour la pudeur publique et surtout d'enlever les trois quarts des textes. Robert Bordaz, président de la préfiguration du Centre Pompidou, et François Barré, directeur du CCI, refusent. Dethier raconte alors qu'au cours d'un entretien très tendu qui a eu lieu le lendemain entre Burnett Anderson (responsable de l'United States Information Service) et le président du Centre culturel américain, Don Foresta, après avoir essayé de faire pression par différents biais et notamment en utilisant l'alibi de la sécurité, décide de fermer l'exposition et le Centre culturel :

> « François Barré et Robert Bordaz, le président de la préfiguration du Centre Pompidou, ont essayé de calmer le jeu en demandant quel était le problème de fond. Et curieusement pour un diplomate il a perdu son sang-froid : "Le problème de fond est que vous faites de la propagande pour des auteurs qu'on n'a pas le droit de citer dans les lieux publics américains". Et donc à la stupeur générale, on a découvert qu'il y avait dans le système américain, une liste d'auteurs interdits, une censure d'État qui portait sur un très grand nombre

33 *Ibid.*

d'auteurs contemporains au cœur de la contre-culture. Personne ne le savait… Le lendemain c'était à la une de plusieurs journaux puisque notre président [Robert Bordaz] avait dit "Vous pouvez avertir discrètement la presse" [34]. »

Sans être modifiée, l'exposition est démontée et présentée de nouveau, dix jours plus tard, le 28 novembre, dans l'enceinte du Louvre, au musée des Arts décoratifs toujours dirigé par François Mathey. Nouvelle invitation, nouvelle inauguration, nouvelle conférence de presse :

> « Et là, il y a eu un phénomène médiatique extraordinaire. Un nombre extravagant de visiteurs est venu. Ensuite, l'exposition a été demandée en itinérance en France, dans toute l'Europe et au Canada [35]. »

L'incident diplomatique entraîne des conséquences :

> « Le directeur du Centre culturel américain est licencié, le centre est définitivement fermé au public et l'attaché culturel américain est muté à Belgrade. […] Le Sénat à Washington [durant le mandat du président Ford] a nommé une commission d'enquête : deux sénateurs se sont déplacés à Paris pendant une semaine pour s'enquérir de cette affaire [36]. »

En fait, la fermeture puis la liquidation définitive du Centre culturel américain — qui intervient un an après l'incident lié à l'exposition « Architectures marginales aux États-Unis » — sont évoquées dans leurs aspects politiques, diplomatiques et financiers dans l'article « Americans to Close the American Cultural Center » dans le mensuel de la communauté américaine à Paris, *Metro* (juillet 1976) [37]. Notons que le programme de bourses du Commonwealth Fund de la fondation Harkness pour les pays autres que l'Angleterre, l'Australie et la Nouvelle-Zélande, est lui aussi interrompu définitivement en 1975.
Quoi qu'il en soit, les journalistes s'emparent de l'incident. *Le Quotidien de Paris*, *Le Monde* y consacrent des articles [38]. Dans un long article paru dans *International Herald Tribune*, le 9 décembre 1975, le journaliste Michael Gibson relate de façon amusée les péripéties provoquées par la fermeture de l'exposition au Centre culturel de la rue du Dragon [39] :

> « Une partie de la presse française accuse la CIA. Pour d'autres il s'agit de censure, l'ambassade américaine jouant le rôle de méchant. Beaucoup de "sources sûres" sont invoquées. Quant aux personnes

[34] *Ibid.*

[35] *Ibid.*

[36] *Ibid.* Nous avons exploré en vain les archives du Département d'État à Washington, D.C. afin de retrouver le rapport établi par les deux sénateurs. Ce rapport ne figure pas non plus au service des Archives du Centre Pompidou. Les archives de la présidence du Centre Pompidou ont aussi été explorées mais sans succès.

[37] Cf. Ruth Eaton, note 8, texte non publié envoyé par Jean Dethier à l'auteur le 8 novembre 2006.

[38] Marc de Leusse, « Les barbouzes culturelles de l'ambassade US », *Le Quotidien de Paris* (Paris), le 24 novembre 1975, p. 6 ; « L'affaire de la rue du Dragon », *Le Monde* (Paris), le 29 novembre 1975 ; Jacques Michel, « L'architecture Arche de Noé », *Le Monde* (Paris), le 4 décembre 1975, p. 21 (Archives du Centre Pompidou, dossier 94033/072).

[39] Michael Gibson, « Art Exhibition That Was "Too Good" to Keep », *International Herald Tribune* (Paris), 9 décembre 1975, p. 16 (Archives du Centre Pompidou, dossier 94033/072).

concernées ? Elles sont très discrètes. Au Centre culturel, 3 rue du Dragon, ils vous regardent d'un air désolé et vous conseillent de vous référer à Andrew Guzowski de l'ambassade qui, en l'absence du responsable, est chargé de la relation avec la presse. Au musée des Arts décoratifs, ils s'agitent et vous renvoient à mademoiselle Marie-Jo Poisson, leur attachée de presse [40]. »

Le journaliste poursuit son enquête auprès de l'attaché culturel américain, Ted Tanen, qui répond : « Les Français nous ont demandé de déplacer l'exposition et nous avons accepté. » Le journaliste est trop indigné par l'incident pour admettre une explication aussi simple.
Il débrouille l'écheveau des institutions impliquées dans l'affaire et désigne Burnett Anderson, le chef de la mission USIS, comme étant à l'origine de la demande de suppression des textes et des photographies dérangeantes dans cette exposition « qui, dans son ensemble, n'est pas à notre goût [41]. »
Cherchant à en comprendre les raisons sous-jacentes, Michael Gibson retourne voir l'exposition en essayant d'identifier les clichés et les textes en cause et finit par découvrir une photographie de petite dimension sur laquelle une poitrine nue pouvait être vue :

> « La personne venait de se laver et était en train de se sécher. Non loin de cette image, il y en avait une autre avec un homme aux cheveux longs attachés, jouant de la flûte. Il était nu et les poils du pubis étaient visibles. [...] Il y avait aussi des photos de maisons fantastiques construites par des hommes à la retraite. Le titre qui les décrivait comme "les rescapés de la majorité silencieuse" n'a pas plu. [...] M. Tanen, qui n'avait pas vu l'exposition avant son inauguration le 18 novembre, y retourne avec son assistant, William Dickson, ainsi qu'avec le responsable de l'USIS Anderson (les noms sont communiqués par le *Quotidien de Paris*, tandis que *Libération* les décrit, avec un sous-entendu de mauvais augure, comme "trois messieurs en complet gris de l'ambassade US'). Ils ont parcouru lentement l'exposition. À la fin de leur visite, 12 documents ont été relevés comme étant problématiques (selon différentes sources dont *Le Monde*) tout comme la présentation des ouvrages de Rubin, Ginsberg et Marcuse à la librairie installée pour l'occasion dans le Centre culturel [42]. »

L'humour du journaliste, sa délectation à raconter les moindres détails de ces péripéties, ne cache pas que la confusion règne quant aux vraies raisons de cette fermeture. 1975 est une année délicate aux États-Unis : le conflit vietnamien vient à peine de se terminer, les effets du choc pétrolier de 1973 entraînent une crise économique importante et le scandale du Watergate qui a poussé Nixon à démissionner en août 1974 est encore dans toutes les mémoires. L'Amérique pouvait-elle, sans perdre complètement la face, se présenter ainsi ? Jean-Marc Reiser commente l'exposition dans l'hebdomadaire satirique français *Charlie-Hebdo* :

> « Il ne faut pas croire que les constructeurs de ces baraques aient tous des allures de hippies. Beaucoup sont de vieux marrants... et c'est

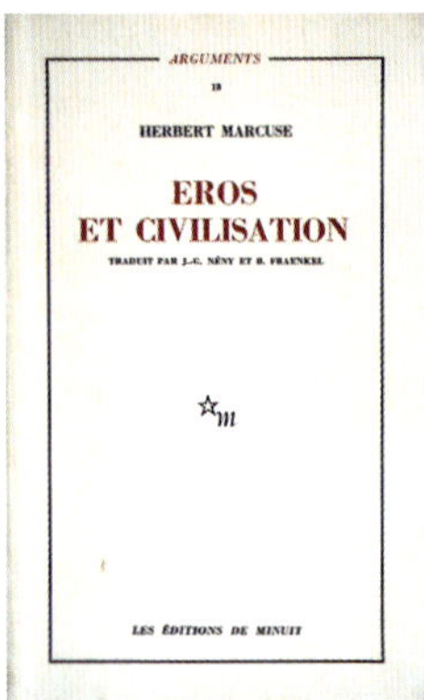

Couverture de l'ouvrage d'Herbert Marcuse, *Eros et civilisation, contribution à Freud*.
Paris, Éditions de Minuit, 1963.

Couverture de l'ouvrage de Jerry Rubin, *Do It ! Scenarios of the Revolution*.
New York, Simon and Schuster, 1970.

Couverture de l'ouvrage d'Allen Ginsberg, *Howl*.
Paris, Union générale d'éditions, 1980.

40 *Ibid.*
41 *Ibid.*
42 *Ibid.*

Jeunes Américains et leurs cabanes dans les arbres, photo présentée dans l'exposition « Architectures marginales aux États-Unis ».

Musée des arts décoratifs, Paris, novembre 1975.

> à cause des mecs comme ça, capables de construire des baraques aussi fantastiques, que des tas de gens se disant de gauche préféreraient le mode de vie américain au mode de vie soviétique. […] Pour un certain nombre de gens, la présence de cette exposition au Centre culturel américain avait fait espérer que la politique de l'USIS montrait des signes d'intelligence. Eh bien, non, il semble que tout cela soit un accident[43]. »

L'USIS avait en effet financé l'exposition incriminée, comme elle avait aussi financé celles organisées au musée d'Art moderne de New York (présentées ensuite en Europe), au lendemain de la Seconde Guerre mondiale, dont « Built in USA : since 1932 » en 1945 et « If You Want to Built a House » en 1946[44]. Les deux publications qui les accompagnaient mettaient l'accent sur l'habitabilité du logement moderne. Peut-on comparer la première « Built in USA : since 1932 » à cette « Architectures marginales aux États-Unis », comme une lecture renouvelée en quelque sorte, une sorte de « Built in USA : since 1965 » ?
Une série de diapositives conservée au Centre Pompidou donne une idée de la mise en scène relativement sobre[45]. L'exposition débute avec l'image d'un gratte-ciel, parodie d'un homme qui défait son masque et regarde sur une colline le dôme de Drop City. Une galerie de portraits — Thoreau, Owen, Marcuse, etc. — affiche les figures tutélaires. Des représentations photographiques de cabanes en bois, dômes, roulottes et autres constructions éphémères sont découpées et appliquées sur des panneaux rouges dont le soubassement est tendu de papier journal. Sur deux panneaux figurent des caricatures de Ron Cobb, « Sausage City » (Ville saucisse) et « Get back to the Land ». Un panneau est consacré aux dômes, dont la diffusion dans les organes de presse de la culture *mainstream* semblerait attestée par une page de couverture de *Time*.
François Barré rappelle que la décision d'organiser cette exposition répondait aussi à un certain nombre d'initiatives qui commençaient à prendre forme en France, dans un climat de fascination pour des actions comme les premiers combats urbains, citant les travaux de Robert Goodman et ceux de John Turner, et évoque des projets participatifs, comme en Belgique avec l'ARAU que dirigeait l'architecte Maurice

Il ne faut pas croire que les constructeurs de ces baraques aient tou des allures de hippies. Beaucoup sont de vieux marrants… et c'est à cause des mecs comme ça, capables de construire des baraques aussi fantastiques, que de tas de gens se disant de gauche, préféreraient le mode de vie américain au mode de vie soviétique.

[43] Jean-Marc Reiser cité par Michael Gibson, *ibid.*, p. 16.

[44] Chacune des expositions proposait un catalogue rédigé par Elizabeth Mock. Cf. Elizabeth Mock, *Built in USA. Since 1932*, New York, MoMA, 1945 ; Elizabeth Mock, *If You Want to Build a House*, New York, MoMA, 1946.

[45] Bibliothèque Kandinsky, Centre Pompidou, dossier de l'exposition « Architectures marginales aux États-Unis » (076 ARC n° 1, 4, 7, 316).

Vues de l'exposition « Architectures marginales aux États-Unis ».

Musée des arts décoratifs, Paris, novembre 1975.

Culot, ou encore les luttes urbaines naissantes pour éviter que le quartier des Marolles de Bruxelles ne soit complètement bouleversé par la promotion immobilière.

> « Il y avait aussi les luttes autour du quartier de l'Alma Gare à Roubaix ; il y avait aussi des initiatives autogestionnaires. C'était aussi à ce moment-là que Lucien Kroll tentait ses expériences d'autogestion et d'écologie ; il y avait l'idée d'un partage des savoirs, des expériences et des pratiques [46]. »

Couverture « Garbage Housing ».

Architectural Design, février 1971.

La sélection d'ouvrages en vente à la sortie de l'exposition indique là encore le cadre intellectuel qui nourrit les protagonistes de l'exposition. Ce ne sont pas des monographies d'architectes ni des histoires de l'art des styles. Ce ne sont pas non plus des traités d'architecture. Plusieurs thèmes se dégagent de cette sélection. Le livre de Martin Pawley, *Garbage Housing*, traite de la récupération des matériaux. Les maisons en bois ou en balles de paille fascinent plus que l'utilisation de blocs de parpaings ou autre matériau usiné, comme l'indiquent les ouvrages de Art Boericke, *Maisons de charpentiers amateurs américain : Vers une architecture sauvage ?* [47], ainsi que *Woodstock Handball Houses*, un livre sur les maisons bâties en balles de paille. Une série d'ouvrages a trait à l'autonomie énergétique de la maison : *The Autonomous House* ; *The Dome Builders Handbook*. D'autres ont plutôt un caractère politique tel que l'ouvrage de Murray Bookchin, *Vers une technologie libératrice* [48]. Les écrits de John Turner, *Freedom to Build*, et de Robert Goodman, *After the Planners* rencontrent un grand succès aux États-Unis et sont aussi en vente [49]. On y trouvait aussi les ouvrages de Marcuse. Pour compléter la sélection, plusieurs ouvrages de Richard Buckminster Fuller sont présentés, disponibles en langue française : *Neuf chaînes pour la Lune* et *Éducation, automation* [50].

Financer des expositions d'architecture populaire, folklorique, permettait au gouvernement nord-américain de contrebalancer l'image d'une Amérique agressive, engagée dans des conflits internationaux. Mais cette fois-ci, la présentation est reçue comme une dérision et l'ambassadeur ne supporte pas l'affront. L'image de jeunes Américains nus vivant comme des « sauvages » que le public français découvre parmi les documents photographiques exposés, n'est pas digne d'être exportée.

Les textes d'Herbert Marcuse ornant les murs ne sont pas non plus les références auxquelles les représentants de l'ambassade américaine en France souhaitent s'associer. Le philosophe est peu apprécié par le

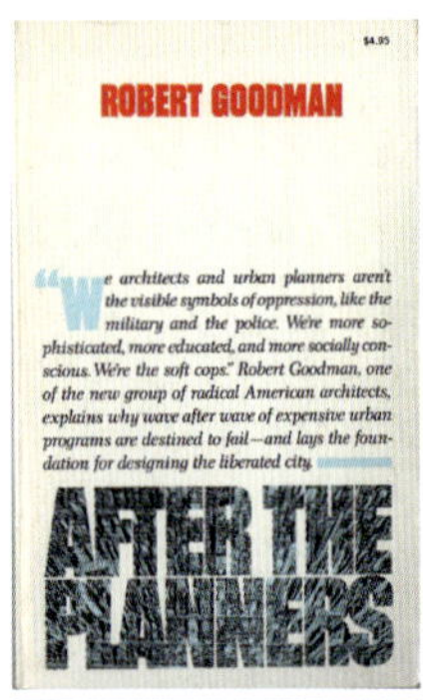

Couverture de l'ouvrage de Robert Goodman, *After the Planners*.

New York, Simon and Schuster, 1972.

Couverture de l'ouvrage de John F. C. Turner et Robert Fichter (eds), *Freedom to Build : Dweller Control of the Housing Process*.

New York, Macmillan, 1972.

46 François Barré, entretien cité.

47 Art Boericke, *Maisons de charpentiers amateurs américains : Vers une architecture sauvage ?*, Paris, Chêne, 1975 (traduction de l'ouvrage, *Handmade Houses : a Guide to the Woodbutcher's Art*, San Francisco, Scrimshaw Press, 1973).

48 Murray Bookchin, *Vers une technologie libératrice*, Paris, Librairies Parallèles, 1974.

49 Françoise Choay avait d'ailleurs proposé d'inclure en 1975 dans sa collection « Espacements » aux Éditions du Seuil le livre de John Turner mais les difficultés de la traduction ont arrêté l'entreprise. Françoise Choay, entretien avec l'auteur, Paris, 8 juillet 2005.

50 Richard Buckminster Fuller, *Neuf chaînes pour la Lune* [1938], Paris, Hachette, 1973 ; Richard Buckminster Fuller, *Éducation, automation* [1963], Paris, Hachette, 1973 (traduction Claude Yelnick).

gouvernement : il appuie les rébellions contre l'interdiction des drogues douces déclarées hors la loi ; il soutient les militants de gauche telle Angela Davis. En cette période de guerre froide, où les tensions politiques et culturelles entre les blocs Est et Ouest sont fortes, Marcuse représente, aux États-Unis, le communisme, le marxisme, mais aussi et surtout le mouvement hédonique, contestataire et pacifique sur le plan politique.

Les ouvrages de Marcuse sont-ils lus par les alternatifs Américains ou l'association de Marcuse à l'architecture alternative est-elle un ajout des Français ? Marcuse n'a cessé d'attaquer de front la société américaine. Pour lui, comme pour de nombreux observateurs, la civilisation américaine n'est pas seulement différente, elle constitue aussi une véritable menace pour l'Europe. Dès les années quarante et cinquante, les Européens de gauche s'étaient inquiétés de l'influence américaine à travers le maccarthysme et la société de consommation. Effrayés par la notion de « masse », les intellectuels de l'école de Francfort regardent l'Amérique comme une société de masse, avec une culture de masse qui annihile la liberté, la démocratie et l'individualisme. Pour Marcuse, les Américains incarnent ce que peut devenir l'existence humaine dans les sociétés industrielles avancées : passifs et inconscients de leur propre aliénation. « L'homme unidimensionnel » décrit par Marcuse est un individu incapable de penser dialectiquement et de remettre en cause sa société, soumis au contrôle de la technologie et aux principes de l'efficacité, de la productivité et de la conformité.

A posteriori, François Barré affirmait qu'il n'était pas conscient de la dérision latente qui pouvait se dégager de l'exposition. Pour lui, le fait de présenter cette exposition au Centre culturel américain, « c'était montrer une amitié pour un grand peuple porteur d'une culture vivante [...] Je considérais que Marcuse était porteur d'une vivacité, d'une pensée politique universelle qui s'appliquait à l'observation d'un certain nombre de choses qui aux États-Unis anticipaient ce qu'elles deviendraient ailleurs, la manière dont cette culture se répandrait partout[51]. » Dans son esprit, il n'y avait pas d'anti-américanisme : « Il y avait une fascination pour les États-Unis, un amour pour New York, etc. Pour moi, quand on a été convoqué par ce mec, ce crétin de la CIA qui nous a fait la leçon, pour moi cela a été une déception absolue[52]. »

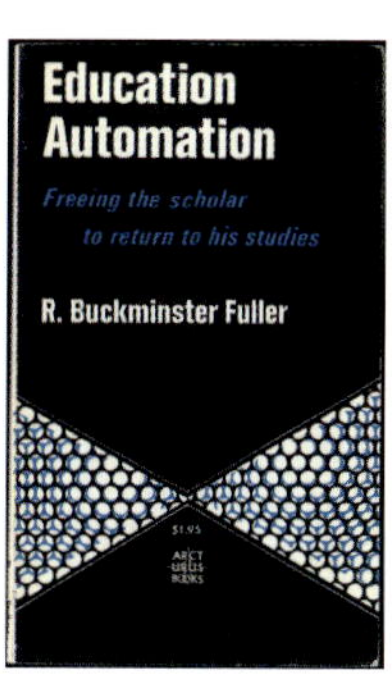

Couverture de l'ouvrage de Richard Buckminster Fuller, *Neuf chaînes pour la lune*. Paris, Hachette, 1973.

Couverture d'une des éditions de l'ouvrage de Richard Buckminster Fuller, *Education Automation : Freeing the Scholar to Return to his Studies* (1962). Londres, Feffer & Simons, 1971.

“D'une conscience authentique de l'oppression naît la nécessité, clairement perçue par un peuple, d'abolir l'oppression.” Angela Davis

51 François Barré, entretien avec l'auteur, Paris, 18 juillet 2005.
52 *Ibid.*

UNE EXPOSITION ITINÉRANTE

Pour promouvoir l'itinérance de l'exposition — composée de deux jeux de 54 panneaux de 80 × 120 cm avec environ 400 documents —, Jean Dethier fait usage des commentaires de la presse en sélectionnant quelques phrases significatives publiées dans des journaux de droite : « L'exposition [...] constitue le plus étonnant répertoire d'idées architecturales qu'on ait vu depuis longtemps. Merveille[53]. » « À voir absolument. Rien n'est plus éclairant sur certains aspects marginaux mais importants de la vie américaine[54]. » « Ces constructions marginales sont les graffiti du domaine architectural... ; tous les appétits refoulés par les bâtisseurs et planificateurs officiels s'en donnent ici à cœur et à corps joie. Le bricolage prend sa revanche sur la technologie avancée[55]. »
Le magazine *Zoom* de janvier 1976 renchérit : « Une exposition passionnante où certains architectes officiels de notre Vᵉ République devraient bien prendre les idées qui leur manquent[56]. »
De 1976 à 1979, l'exposition est présentée en région (Rennes, Belfort, Créteil, Auxerre, Marseille, Metz, Bordeaux, Quimper, Lons-Le-Saunier...) et à l'étranger.
Le Centre Pompidou a souhaité connaître le bilan de ces expositions : nombre des visiteurs et leurs remarques éventuelles, réception de l'exposition dans la presse régionale. Ainsi Alain Labrette, animateur du quartier des Couronneries à Poitiers écrit à Francine Stalport, chargée de l'itinérance au Centre Pompidou, le 10 janvier 1977 :

> « Je peux vous dire que cela a été un succès et que nous avons bénéficié largement de l'information diffusée par les deux quotidiens régionaux (*Centre-Presse* et la *Nouvelle République du Centre-Ouest*), ainsi que par FR3 Poitou-Charentes qui a consacré plusieurs minutes de son journal de mardi à l'exposition[57]. »

L'exposition emporte aussi un beau succès sur le plan international : Cologne en janvier 1977 puis un mois plus tard Bruxelles, aux Archives de l'architecture moderne que dirige Maurice Culot. 2 000 visiteurs voient l'exposition à Berlin en mai. Elle est présentée en même temps au département d'architecture de la Technische Hogeschool à Eindhoven aux Pays-Bas. Au Louisiana Museum à Humlebaek au Danemark elle remporte un franc succès comme le rapporte un responsable du musée :

> « L'exposition, qui a été très appréciée, est restée huit semaines et a attiré 77 100 visiteurs (un grand nombre pour un musée danois !). Elle a été très remarquée non seulement par la presse mais aussi par la télévision, au Danemark comme à l'étranger. Des programmes de la TV autrichienne et suédoise ont été réalisés ainsi que plusieurs programmes danois[58]. »

53 Hélène Demoriane dans *Le Point* du 15 décembre 1975.
54 Jean-Pierre Crespelle, dans *France-Soir* du 5 janvier 1976.
55 Pierre Schneider, « À propos de l'exposition », *L'Express* (Paris), décembre 1975. Dossier de presse rassemblé par Jean Dethier (Archives du Centre Pompidou, dossier 94033/072).
56 Dossier de presse rassemblé par Jean Dethier (Archives du Centre Pompidou, dossier 94033/072).
57 Lettre d'Alain Labrette à Francine Stalport, 10 janvier 1977. Archives du Centre Pompidou, dossier 94033/309.

Il faut dire que les pays scandinaves avaient aussi l'expérience de ce type d'architecture : la commune libre de Christiana, un quartier autogéré fondé en 1971 dans la capitale danoise Copenhague accueillant sur 34 hectares plus de 850 habitants, était une pépinière d'expériences conviviales et constructives. C'est ensuite au tour du Moderna Museet à Stockholm de la présenter en septembre, puis au musée de l'Architecture à Helsinki en novembre. Elle continue sa tournée en étant reçue par l'Association royale des architectes de Liège en décembre 1977. Elle est ensuite présentée au Colegio Oficial de Arquitectos à Barcelone en janvier 1978, puis à Bilbao en février et mars 1978.
Lorsque l'exposition est présentée à la bibliothèque municipale de Saint-Nazaire du 11 au 26 février 1978, elle n'a pas encore perdu de sa vigueur, comme le rappelle *L'Écho de la presqu'île*, le journal de Saint-Nazaire qui encourage ses lecteurs en rapportant que « lors de sa présentation inaugurale à Paris, l'exposition [...] a reçu la visite de 36 866 personnes [59] ». Le responsable du musée de Saint-Nazaire, Émile Gautier, écrit, tout en joignant des articles de la presse régionale :

> « L'exposition a été appréciée à Saint-Nazaire, en particulier par les jeunes entre 15 et 30 ans — on a manqué de textes gratuits — douze carnets diapos ont été vendus. L'exposition est parfaitement présentée et en parfait état [...]. Un petit reproche entendu : difficulté de lire certains textes écrits à la main [60]. »

L'exposition cesse de circuler à partir d'octobre 1979 pour des raisons d'usure, bien que le Centre Pompidou continue de recevoir des demandes des divers centres culturels.
Cette longue liste des différentes étapes invite à deux commentaires. Tout d'abord, l'exposition a été soigneusement pensée pour l'itinérance, ce qui correspond à la politique de diffusion du Centre Pompidou naissant, partisan d'une décentralisation de la culture. De plus, le sujet traité répondait à des attentes de populations européennes *a priori* assez différentes : Poitiers, Brive ou Copenhague, des lieux ou des régions où une certaine pratique de « retour à la campagne » expliquerait l'intérêt. Deuxièmement, probablement plus que toute autre manifestation, l'exposition « Architectures marginales aux États-Unis » a fixé dans l'esprit français une image de l'Amérique jeune. Avec « Architecture méconnue, architectes inconnus », elle a eu pour effet de déstabiliser le Mouvement moderne déjà chancelant. Si l'exposition de Rudofsky visait implicitement à critiquer l'architecture dite contemporaine et savante, « Architectures marginales aux États-Unis », véhiculait un esprit davantage contestataire. Enfin, ces expositions, fort bien accueillies par le public français, ont certainement contribué à la résistance face à la rénovation dévastatrice des quartiers anciens.

58 Lettre de Kjeld Kjeldsen à Joëlle Malichaud-Saulnier, Centre Georges-Pompidou, le 15 septembre 1977 (Archives du Centre Pompidou, dossier 94033/310).

59 *L'écho de la presqu'île* (Saint-Nazaire), février 1978 (Archives du Centre Pompidou, dossier 94033/072).

60 Lettre de E. Gautier, Musée et galerie d'exposition, Saint-Nazaire, 27 février 1978 (Archives du Centre Pompidou, dossier 94033/072).

The Last Supplement to the Whole Earth Catalog, 1971.

CHAPITRE 5

LES SUPPORTS DE DIFFUSION AUX ÉTATS-UNIS : DU WHOLE EARTH CATALOG À SHELTER

LE WHOLE EARTH CATALOG

The Whole Earth Catalog, dont la première édition date de 1968, est le véhicule de transmission le plus significatif de la *soft America*[1]. Deux numéros du catalogue sont publiés chaque année ainsi qu'un supplément contenant le courrier des lecteurs. Le dernier volume de la série *The Whole Earth Catalog* est intitulé *The Last Whole Earth Catalog* (1971). À partir de 1974, le catalogue prend la forme d'une revue, *The CoEvolution Quarterly* (1974-1984). Le titre change encore pour *Whole Earth Review* (nº 44, janv. 1985 – nº 89, printemps 1996), puis, dernière publication, *Whole Earth* (nº 90, été 1997). Entretemps, *The Millennium Whole Earth Catalog, Access to Tools & Ideas for the Twenty-First Century*, avait été édité en 1994 sous la direction de Howard Rheingold, comptant 384 pages[2].

Les pages du *Whole Earth Catalog* ont toujours présenté simultanément des outils et des objets traditionnels « primitifs » mais néanmoins efficaces, comme les cuisinières à bois ou même des tipis, et des outils hautement technologiques comme les ordinateurs.

Réalisée à l'automne 1968 à Menlo Park, non loin de la ville de Palo Alto et de l'université Stanford, la première édition se présente sous la forme d'un magazine illustré en noir et blanc de 62 pages, au format 27,5 cm × 38,5 cm. L'ouvrage est divisé en sept sections : « Understanding Whole Systems » (Comprendre les systèmes, la chaîne systémique), « Shelter and Land use » (abris et occupation de l'espace), « Industry and Craft » (Industrie et artisanat), « Communications », « Nomadics » (Nomadisme), « Learning » (Apprendre). Chaque section présente plusieurs ouvrages, outils et matériaux choisis pour la portée de leurs idées, de leur qualité ou de leur efficacité. Les livres sont illustrés par les jaquettes ou la photographie de leur auteur ou inventeur. Le commentaire critique n'est jamais négatif car seuls les bons produits sont présentés.

L'image de la planète Terre illustrant la couverture de cette première édition est intrigante et contribue au succès du catalogue. Bien que la Nasa disposait de photographies de la Terre prises par ses premiers satellites, ces clichés n'étaient que peu diffusés et le fondateur du *Whole Earth Catalog*, Stewart Brand, avait organisé une campagne publique

Quatrième de couverture de l'ouvrage de Stewart Brand (ed.), *Whole Earth Catalog*.

Palo Alto, Portola Institute, printemps 1969.

dès 1966 pour que ces images soient rendues disponibles. Elles le seront largement, surtout après la mission sur la Lune d'Apollo 8 en décembre 1968 où l'équipage photographie les deux planètes[3]. L'impact médiatique de ces images en couleur de la Terre (« Whole Earth ») contribue à renforcer le mouvement environnementaliste qui prend de l'ampleur à la fin de la décennie.

Dès sa parution, le *Whole Earth Catalog* touche un large public tant sur la côte Ouest que dans l'ensemble des États-Unis. Diffusé aussi en Europe dans quelques librairies alternatives bien informées, il constitue un phénomène éditorial important avec ses 2,5 millions d'exemplaires vendus entre 1968 et 1971, couronné d'une reconnaissance officielle sous la forme du National Book Award en 1972.

Stewart Brand, biologiste formé à l'université Stanford, prend pour modèle les catalogues de vente par correspondance si populaires aux États-Unis depuis le XIXe siècle : il se réfère notamment à l'almanach *The Old Farmer* et au répertoire *L. L. Bean*, deux publications comparables à *Manufrance catalogue* édité par la Manufacture de Saint-Étienne qui vendait tout ce qui était nécessaire à celui qui vivait à la campagne : vêtements, outils, équipement de chasse et de pêche, etc. (mais pas de livres). Le sous-titre du *Whole Earth Catalog*, « Access to tools », est utilisé aussi par Ivan Illich dans son livre, *Tools for Conviviality* (1973), dont le rôle est important aussi bien aux États-Unis qu'en France où ses livres sont très tôt diffusés notamment par la revue *Esprit*[4]. Le mot *tools* — outils — concentre parfaitement l'esprit pragmatique qui fonde le mythe de la frontière du pionnier. Des hommes et des femmes, dès le XIXe siècle, s'étaient installés sur les territoires de l'Ouest, au-delà des Rocheuses, très peu habités et non équipés. Éloignés des villes, des magasins et des réseaux de circulation, ils devaient se débrouiller par eux-mêmes pour vivre, construire, entreprendre, sans pouvoir compter sur l'aide d'instances étatiques. La vente par correspondance de toute sorte d'articles a donc été un élément indispensable à ce choix de vie. Sigfried Giedion, en se référant notamment au catalogue *Sears and Roebuck*, a souligné leur rôle, dès le XIXe siècle, dans le développement de la standardisation, de la production de masse et donc du capitalisme[5]. C'est un système en lui-même ; le catalogue aide

Section « Whole Systems » de l'ouvrage de Stewart Brand (ed.), *Whole Earth Catalog.* ⟶

Palo Alto, Portola Institute, automne 1968, p. 10, p. 14.

1 Voir Caroline Maniaque, « Hard French et Soft America : Les alternatives nord-américaines vues de France », *Les Cahiers de la recherche architecturale et urbaine* (Paris), nº 11, mai 2002, p. 37-48.

2 À propos du *Whole Earth Catalog*, voir Andrew Kirk, « Appropriating Technology : The *Whole Earth Catalog* and Counterculture Environmental Politics », *Environmental History*, 6/3 (juillet 2001), p. 374-394. Voir aussi Christine Macy et Sarah Bonnemaison, *Architecture and Nature, Creating the American Landscape*, New York, Routledge, 2003, Chapitre 5 : « Closing the circle : the geodesic domes and a new ecological consciousness, 1967 », p. 293-346 ; Voir aussi Simon Sadler, « An Architecture of the Whole », *Journal of Architectural Education*, printemps 2008, p. 108-129.

3 Neil Maher, « Neil Maher on shooting the Moon », *Environmental History*, 9/3, juillet 2004, p. 526-531.

4 Cf. Ivan Illich, *Énergie et équité*, Paris, Seuil, 1973 et *La Convivialité*, Paris, Seuil, 1973. Cf. Jean-Marie Domenach et Paul Thibaud, « Avancer avec Illich », *Esprit* (Paris), juillet-août 1973, p. 1-16 ; Ivan Illich, « Contre la production du bien-être », *Esprit* (Paris), juillet-août 1973, p. 33-38 ; Jean-Marie Domenach et Paul Thibaud, « Illich en débat », *Esprit* (Paris), mars 1972, p. 367-408.

Synthesis of Form

Christopher Alexander is a design person that other people refer to a lot. This book deals with the nature of current design problems that are expanding clear beyond any individual's ability to know and correlate all the factors. The methodology presented here is one of analysis of a problem for misfits and synthesis of form (via computer-translatable nets and hierarchies) for minimum misfits.

But if we think of the requirements from a negative point of view, as potential misfits, there is a simple way of picking a finite set. This is because it is through misfit that the problem originally brings itself to our attention. We take just those relations between form and context which obtrude most strongly, which demand attention most clearly, which seem most likely to go wrong. We cannot do better than this. If there were some intrinsic way of reducing the list of requirements to a few, this would mean in essence that we were in possession of a field description of the context: if this were so, the problem of creating fit would become trivial, and no longer problem of design. We cannot have a unitary or field description of a context and still have a design problem worth attention.

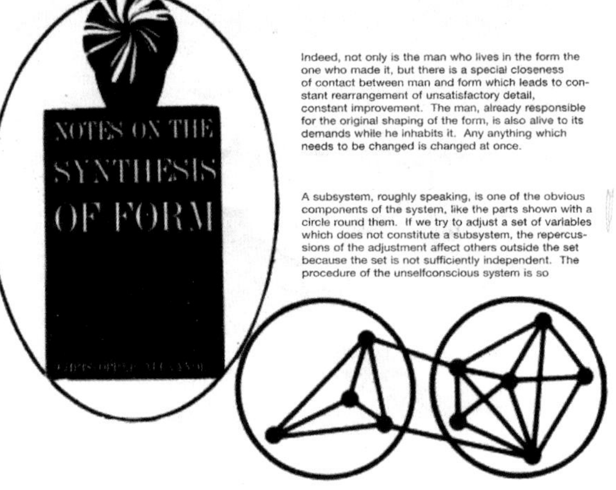

Indeed, not only is the man who lives in the form the one who made it, but there is a special closeness of contact between man and form which leads to constant rearrangement of unsatisfactory detail, constant improvement. The man, already responsible for the original shaping of the form, is also alive to its demands while he inhabits it. Any anything which needs to be changed is changed at once.

A subsystem, roughly speaking, is one of the obvious components of the system, like the parts shown with a circle round them. If we try to adjust a set of variables which does not constitute a subsystem, the repercussions of the adjustment affect others outside the set because the set is not sufficiently independent. The procedure of the unselfconscious system is so

organized that adjustment *can* take place in each one of these subsystems independently. This is the reason for its success.

In the selfconscious situation, on the other hand, the designer is faced with all the variables simultaneously

The greatest clue to the inner structure of any dynami process lies in its reaction to change.

The Mousgoum cannot afford, as we do, to regard ma tenance as a nuisance which is best forgotten until it time to call the local plumber. It is in the same hands the building operation itself, and its exigencies are as likely to shape the form as those of the initial construction.

The selfconscious individual's grasp of problems is co stantly misled. His concepts and categories, besides being arbitrary and unsuitable, are self-perpetuating. Under the influence of concepts, he not only does thi from a biased point of view. but sees them biasedly a well. The concepts control his perception of fit and m fit – until in the end he sees nothing but deviations fro his conceptual dogmas, and loses not only the urge b even the mental opportunity to frame his problems m appropriately.

The solution of a design problem is really only ano effort to find a unified description. The search for realization through constructive diagrams is an effe to understand the required form so fully that there no longer a rift between its functional specification and the shape it takes.

Two misfits are seen to interact only because, in se sense at least, they deal with the same kind of phy cal consideration . . . .
It is such a physical center of implication, if I may it that, which the designer finds it easy to grasp. Because it refers to a distinguishable physical pro ty or entity, it can be expressed diagrammatically a provides a possible non-verbal point of entry into problem.

On Growth and Form

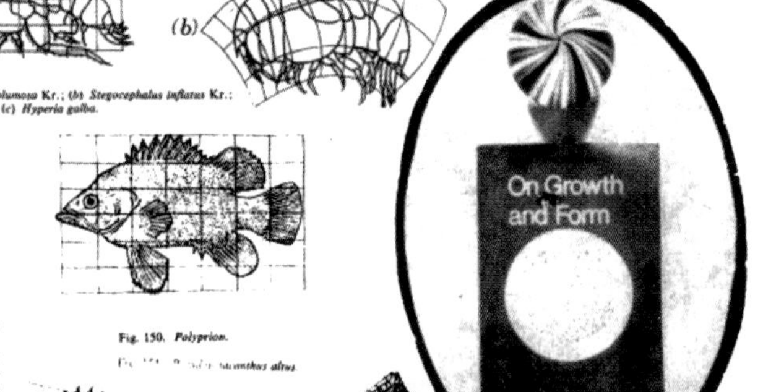

Fig. 143. (a) *Harpinia plumosa* Kr.; (b) *Stegocephalus inflatus* Kr.; (c) *Hyperia galba*.

A paradigm classic. Everyone dealing with growth or form in any manner can use the book. We've seen worn copies on the shelves of artists, inventors, engineers, computer systems designers, biologists. Would one of you do a thorough review of D'Arcy Thompson's venerable book for the CATALOG?

Fig. 150. *Polyprion.*

Fig. 151. *...anthus altus*

On Growth and Form
D'Arcy Wentworth Thompson
Two volume edition
1917,1952

$27.50 postpaid
Abridged paper edition
1917, 1961; 346 pp.

$2.45 postpaid

Both from:
Ca...e University Press
5... Avenue
N...elle, N.Y. 10801
or
WHOLE EARTH CATALOG

When Plateau made the wire framework of a regular tetrahedron and dipped it in soap-solution, he obtained in an instant a beautifully symmetrical system of six films, meeting three by three in four edges and those four edges running from the corners of the figure to its centre of symmetry. Here they meet, two by two, at the Maraldi angle; and the films meet three by three, to form the re-entrant solid angle which we have called a 'Miraldi pyramid' in our account of the architecture of the honeycomb.
The very same configuration is easily recognized in the minute siliceous skeleton of Callimitra. There are two discrepancies, neither of which need raise any difficulty. The figure is not rectilinear but a spherical tetrahedron, such as might be formed by the boundary edges of a tetrahedral cluster of four co-equal bubbles; and just as Plateau extended his experiment by blowing a small bubble in the centre of his tetrahedral system, so we have a central bubble also here.
This bubble may be of any size; but its situation (if it be present at all) is always the same, and its shape is always such as to give the Maraldi angles at its own four corners. The tension of its own walls, and those of the films by which it is supported or slung, all balance one another. Hence the bubble appears in plane projection as a curvilinear equilateral triangle; and we have only got to convert this plane diagram into the corresponding solid to obtain the spherical tetrahedron we have been seeking to explain (Fig. 63).

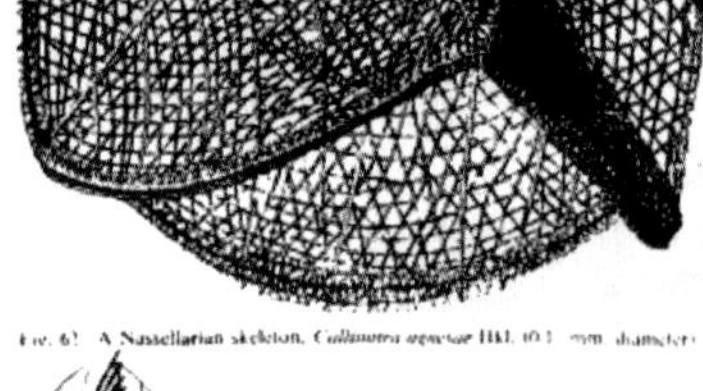

Fig. 62. A Nassellarian skeleton, *Callimitra agnesae* Hkl.

Fig. 101. Crane-head and femur. After Culmann and J. Wolff

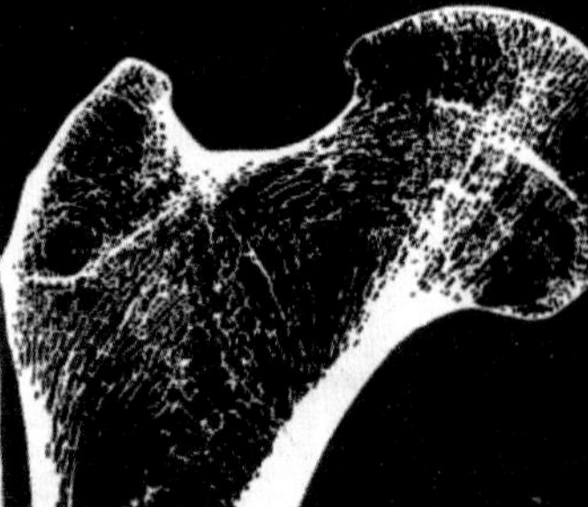

The geometry of the little inner tetrahedron is not less simple and elegant. Its six edges and four faces are all equal. The films attaching it to the outer skeleton are all planes. Its faces are spherical,

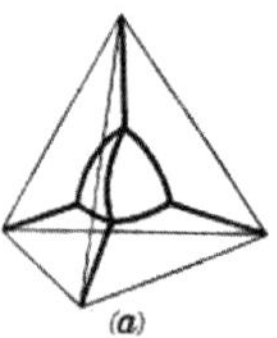

Fig. 63. Diagrammatic construction of *Callimitra*. (a) A bubble suspended within a tetrahedral cage; (b) another bubble within a skeleton of the former bubble.

and each has its centre in the opposite corner. The edges are circular arcs, with cosine $\frac{1}{3}$; each is in a plane perpendicular to the chord of the arc opposite, and each has its centre in the middle of that chord. Along each edge the two intersecting spheres meet each other at an angle of 120°.[1]

The engineer, who had been busy designing a new and powerful crane, saw in a moment that the arrangement of the bony trabeculae was nothing more nor less than a diagram of the lines of stress, or directions of tension and compression, in the loaded structure; in short, that Nature was strengthening the bone in precisely the manner and direction in which strength was required; and he is said to have cried out, 'That's my crane!'

Fig. 153. *Antigonia capros.*

GO WEST

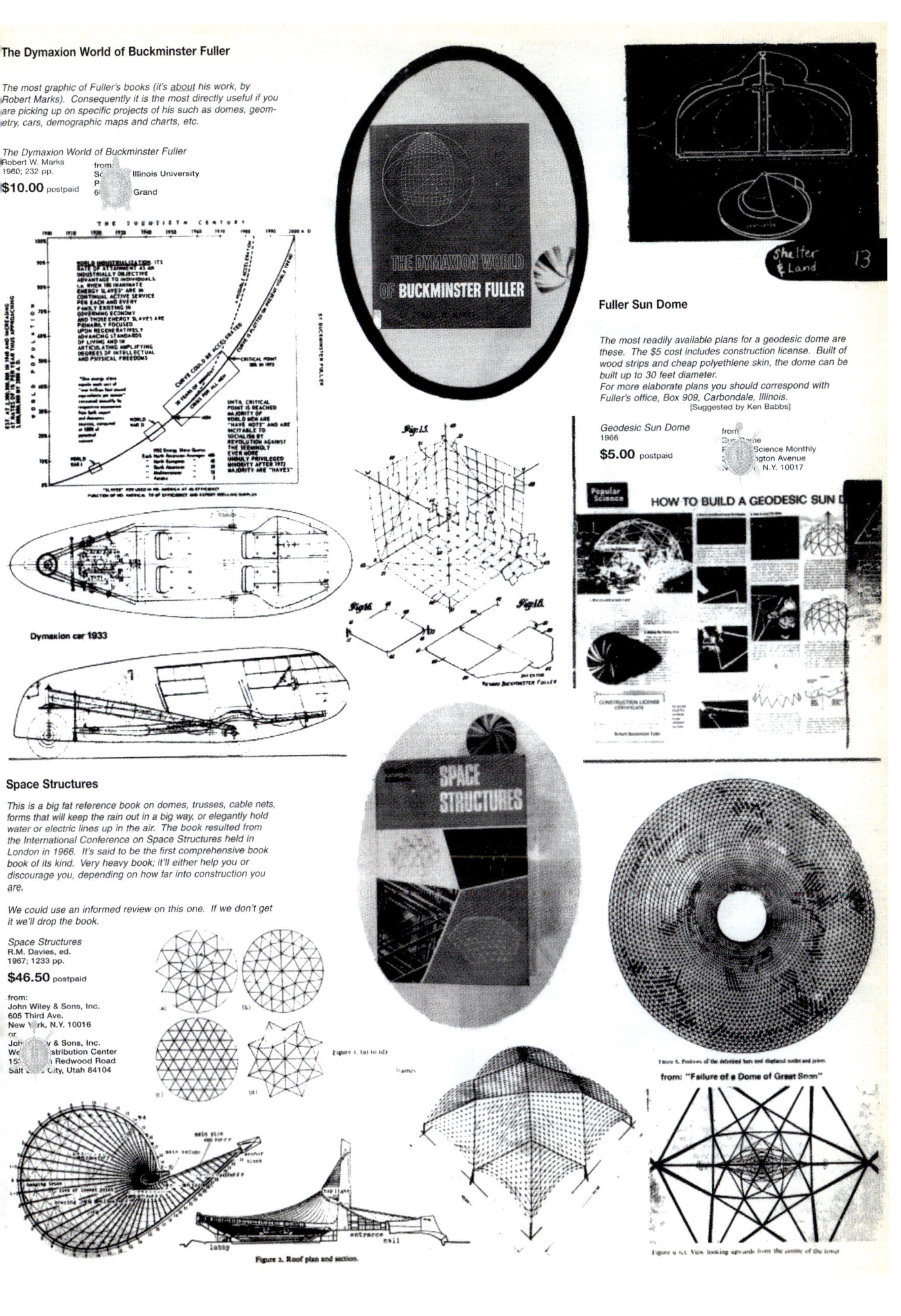

The Dymaxion World of Buckminster Fuller

The most graphic of Fuller's books (it's about his work, by Robert Marks). Consequently it is the most directly useful if you are picking up on specific projects of his such as domes, geometry, cars, demographic maps and charts, etc.

The Dymaxion World of Buckminster Fuller
Robert W. Marks
1960; 232 pp.
$10.00 postpaid

from:
So[illegible] Illinois University
P[illegible]
6[illegible] Grand

Dymaxion car 1933

Fuller Sun Dome

The most readily available plans for a geodesic dome are these. The $5 cost includes construction license. Built of wood strips and cheap polyethlene skin, the dome can be built up to 30 feet diameter.
For more elaborate plans you should correspond with Fuller's office, Box 909, Carbondale, Illinois.
[Suggested by Ken Babbs]

Geodesic Sun Dome
1966
$5.00 postpaid

from:
Sun Dome
P[illegible] Science Monthly
[illegible]ngton Avenue
N[illegible] N.Y. 10017

Space Structures

This is a big fat reference book on domes, trusses, cable nets, forms that will keep the rain out in a big way, or elegantly hold water or electric lines up in the air. The book resulted from the International Conference on Space Structures held in London in 1966. It's said to be the first comprehensive book book of its kind. Very heavy book; it'll either help you or discourage you, depending on how far into construction you are.

We could use an informed review on this one. If we don't get it we'll drop the book.

Space Structures
R.M. Davies, ed.
1967; 1233 pp.
$46.50 postpaid

from:
John Wiley & Sons, Inc.
605 Third Ave.
New York, N.Y. 10016
or
Joh[illegible]y & Sons, Inc.
We[illegible]stribution Center
15[illegible] Redwood Road
Salt [illegible] City, Utah 84104

Figure 1. (a) to (d)

from: "Failure of a Dome of Great Span"

Figure 2. Roof plan and section.

L'équipe du *Whole Earth Catalog* en 1970 ; Stewart Brand est au fond, appuyé à la porte.

les individus qui s'estiment libres et autosuffisants loin des villes, mais il permet de façon paradoxale au capitalisme de se développer.
Le *Whole Earth Catalog* s'adresse à une génération qui choisit de quitter les villes — loin des commerces — pour la campagne. Il propose une formule un peu différente, agissant plutôt comme un intermédiaire :

> « Nous sommes comme des dieux et nous pourrions très bien arriver à en être. Depuis longtemps le pouvoir et la gloire, via les gouvernements, la grande entreprise, l'éducation classique, l'église, fonctionnent jusqu'au point où de sérieux désordres obscurcissent les bénéfices. En réponse à ce dilemme, le domaine du pouvoir personnel se développe — le pouvoir des individus à diriger leur propre éducation, à trouver leur inspiration personnelle, à modeler leur propre environnement et à partager leurs aventures avec qui cela peut intéresser. Les outils qui encouragent ce processus sont recherchés et promus par le *Whole Earth Catalog*[6]. »

En recommandant des ouvrages et des outils, il donne des conseils pratiques et des références essentielles pour trouver tel ou tel produit nécessaire aux habitants de ces communautés et suggère des lectures[7]. Il propose aussi des méthodes constructives et les informations indispensables à leur réalisation. Il invite à un apprentissage éclectique et philosophique. La cybernétique et la théorie des systèmes flirtent avec des informations précises sur la composition d'un poulailler ou le ferrage des chevaux.

5 Sigfried Giedion, *Mechanization Takes Command : a contribution to anonymous history*, New York, Oxford University Press, 1948 (traduction française, *La Mécanisation au pouvoir, Contribution à l'histoire anonyme*, Paris, Centre Georges-Pompidou/CCI, 1980).

6 Stewart Brand, *The Whole Earth Catalog*, Menlo Park, Portola Institute, automne 1968.

7 Tels les ouvrages de D'Arcy Thompson (*On Growth and Form*, 1917), de Christopher Alexander (*Notes on the Synthesis of Form*, 1964), Gregory Bateson (*Steps to an Ecology of Mind*, 1972), Ernst F. Schumacher (*Small is Beautiful*, 1973), ou de Richard Buckminster Fuller.

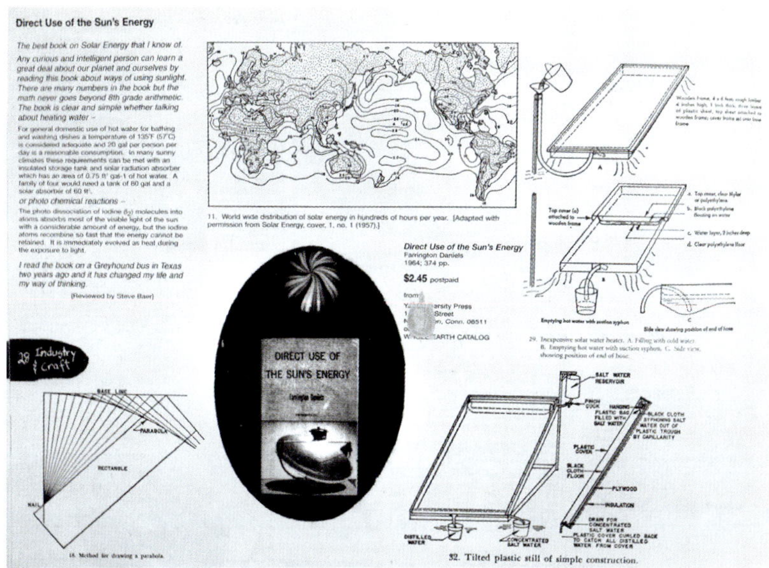

Direct Use of the Sun's Energy

The best book on Solar Energy that I know of.

Any curious and intelligent person can learn a great deal about our planet and ourselves by reading this book about ways of using sunlight. There are many numbers in the book but the math never goes beyond 8th grade arithmetic. The book is clear and simple whether talking about heating water –

For general domestic use of hot water for bathing and washing dishes a temperature of 135°F (57°C) is considered adequate and 20 gal per person per day is a reasonable consumption. In many sunny climates these requirements can be met with an insulated storage tank and solar radiation absorber which has an area of 0.75 ft^2 gal^{-1} of hot water. A family of four would need a tank of 80 gal and a solar absorber of 60 ft^2.

or photo chemical reactions –

The photo dissociation of iodine (I_2) molecules into atoms absorbs most of the visible light of the sun with a considerable amount of energy, but the iodine atoms recombine so fast that the energy cannot be retained. It is immediately evolved as heat during the exposure to light.

I read the book on a Greyhound bus in Texas two years ago and it has changed my life and my way of thinking.

[Reviewed by Steve Baer]

11. World wide distribution of solar energy in hundreds of hours per year. [Adapted with permission from Solar Energy, cover, 1, no. 1 (1957).]

Direct Use of the Sun's Energy
Farrington Daniels
1964; 374 pp.

$2.45 postpaid

from
Whole Earth Catalog

29. Inexpensive solar water heater. A. Filling with cold water. B. Emptying hot water with suction syphon. C. Side view, showing position of end of hose.

18. Method for drawing a parabola.

32. Tilted plastic still of simple construction.

Direct use of the Sun's Energy; compte-rendu de lecture de Steve Baer dans *Whole Earth Catalog*.
Automne 1968, p. 28.

Dans cette démarche de responsabilisation des individus, le *Whole Earth Catalog* va plus loin encore. Tout en s'appuyant sur un réseau d'experts qui trouvent, évaluent et partagent outils et idées, le *Whole Earth Catalog* invite les lecteurs, dès les premiers numéros, à participer au choix et à l'évaluation des livres, des outils et à donner leur point de vue. L'interactivité et la participation sont les marques qui conduisent vers l'autodétermination de chacun. Le *Whole Earth Catalog* est bien une des premières manifestations de la société en réseaux. Stewart Brand crée un catalogue qui diffuse, dissémine et partage de l'information. Il est aussi l'un des premiers membres de la contre-culture à reconnaître le potentiel de l'ordinateur individuel et de la technologie de l'information pour relier les individus et les organisations en vue d'un changement sociétal. Il mettra d'ailleurs en place, au cours des années quatre-vingt, le *Whole Earth'Lectronics Link* (WELL) première tentative de créer une communauté virtuelle [8].

En soutenant les théories écologiques, les technologies douces et de nouvelles manières de vivre, le *Whole Earth Catalog* a également contribué à façonner un savoir-vivre environnemental. Le but essentiel de cette éducation à l'environnement était de développer une nouvelle citoyenneté — que l'on pourrait baptiser « éco-citoyenneté » —, incitant les lecteurs à adopter des attitudes et des comportements visant à respecter, protéger, et finalement bien gérer l'environnement sans refuser pour autant les performances technologiques.

Le catalogue (et ses formes ultérieures) peut être analysé comme un phénomène culturel qui a laissé des traces dans les mentalités jusqu'à aujourd'hui, notamment dans les milieux *New Left* et dans ceux concernés par le développement durable. Il a contribué à fédérer les

[8] Cf. Fred Turner, *From Counterculture to Cyberculture : Stewart Brand, the Whole Earth Network, and the Rise of Digital Utopianism*, Chicago, University of Chicago Press, 2006.

Couverture de l'ouvrage de Lloyd Kahn, *Domebook 2.*

Bolinas (Californie), Shelter Publications, 1971.

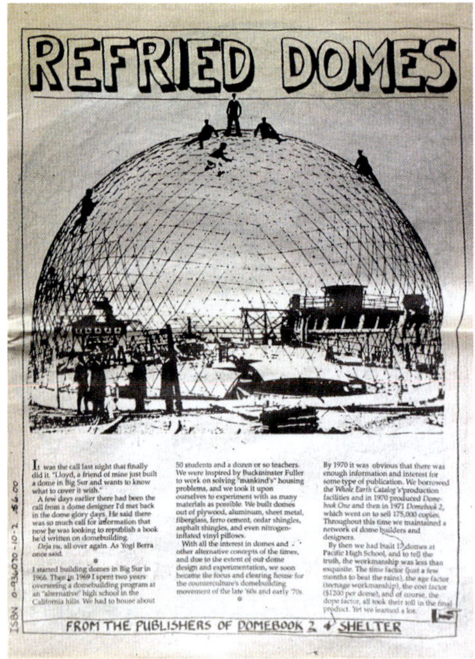

REFRIED DOMES

It was the call last night that finally did it. "Lloyd, a friend of mine just built a dome in Big Sur and wants to know what to cover it with."

A few days earlier there had been the call from a dome designer I'd met back in the dome glory days. He said there was so much call for information that now he was looking to republish a book he'd written on domebuilding.

Deja vu, all over again. As Yogi Berra once said.

*

I started building domes in Big Sur in 1966. Then in 1969 I spent two years overseeing a domebuilding program at an "alternative" high school in the California hills. We had to house about 50 students and a dozen or so teachers. We were inspired by Buckminster Fuller to work on solving "mankind's" housing problems, and we took it upon ourselves to experiment with as many materials as possible. We built domes out of plywood, aluminum, sheet metal, fiberglass, ferro cement, cedar shingles, asphalt shingles, and even nitrogen-inflated vinyl pillows.

With all the interest in domes and other alternative concepts of the times, and due to the extent of our dome design and experimentation, we soon became the focus and clearing house for the counterculture's domebuilding movement of the late '60s and early '70s.

*

By 1970 it was obvious that there was enough information and interest for some type of publication. We borrowed the *Whole Earth Catalog*'s production facilities and in 1970 produced *Domebook One* and then in 1971 *Domebook 2*, which went on to sell 175,000 copies. Throughout this time we maintained a network of dome builders and designers.

By then we had built 17 domes at Pacific High School, and to tell the truth, the workmanship was less than exquisite. The time factor (just a few months to beat the rains), the age factor (teenage workmanship), the cost factor ($1200 per dome), and of course, the dope factor, all took their toll in the final product. Yet we learned a lot.

ISBN 0-936070-10-2 $6.00

FROM THE PUBLISHERS OF DOMEBOOK 2 + SHELTER

Couverture de l'ouvrage de Lloyd Kahn, *Refried Domes.*

Bolinas (Californie), Shelter Publications, 1974.

mouvements environnementalistes en alimentant les débats autour des notions de progrès technologique en rapport avec la préservation de la nature et de l'environnement. Il a nourri les réflexions sur la notion de Technologie appropriée et a aussi aidé à forger l'idée, apparemment paradoxale, que le retour à une vie plus simple (position antimoderne), plus consciente écologiquement, ne signifiait pas le déni de la technologie (position moderne).

Parmi les nombreux lecteurs du *Whole Earth Catalog*, on peut citer Jean Aubert, François Barré, Jean-François Bizot, Pierre Colboc, Jean Dethier, Jean-Paul Jungmann, Georges Maurios, Jean Soum, Marc Vaye. Les différentes livraisons du catalogue ont été achetées par Jean Aubert, qui possédait également dans sa bibliothèque personnelle le *Zome Primer* (Steve Baer), le *Domebook One* et le *Domebook 2* (Lloyd Kahn), à la librairie Les Yeux fertiles, 2 rue Danton à Paris entre 1968 et 1972.

En 1972, la bibliographie du numéro 6-7 de *Vroutsch*, la revue strasbourgeoise dirigée par Henri Rosenfeld, consacré au thème de l'autoconstruction, signale le *Whole Earth Catalog* :

> « Un énorme catalogue de comptes rendus de lectures et d'extraits de livres avec photos ; de la connaissance (philosophie, mathématique) aux détails pratiques de la vie quotidienne. Un outil de travail pour avoir des adresses et des informations sur l'agriculture, la construction, l'artisanat, les communautés (alimentation, médecine...), les nomades (véhicules, camping...), les moyens de communication (cybernétique, instruments de musique, photo, cinéma, dessin) et l'enseignement [...] ; tous les livres cités dans cette super-encyclopédie-bazar sont vendus par correspondance. Cette idée a été reprise dans de nombreux pays (Canada, Australie, Angleterre) ; à quand la France ? Faites signe si ça vous intéresse [9] ! »

Le *Whole Earth Catalog* fait la promotion d'outils permettant de forger un nouvel environnement et se tourne vers la « technologie appropriée » et décentralisée. Il n'est donc pas antitechnologique ; il n'appelle pas au renoncement des avantages d'une technologie bien maîtrisée. Stewart Brand, dans sa devise introductive, accepte la technologie. « Nous sommes des dieux » signifie que le pouvoir technologique disponible permet de tout faire. À chacun de s'en servir correctement. S'il ne refuse pas les prolongements et le pouvoir qu'apporte la technologie, il promeut simultanément le développement individuel et la maîtrise de son environnement.

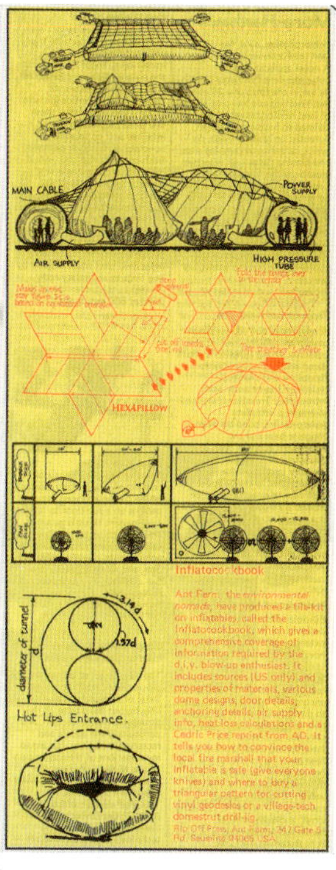

Publicité pour la publication du groupe Ant Farm, *Inflatocookbook*.

Architectural Design, n° 4, avril 1971, p. 245.

Les adeptes de la philosophie du *Whole Earth Catalog* essayent de réduire leur dépendance vis-à-vis des produits manufacturés et des infrastructures (eau, électricité...). Ils préconisent la vertu de l'expérience. Dans cette publication et dans le *CoEvolution Quarterly*, Jay Baldwin propose chaque mois une rubrique intitulée « How to build by yourself ». Il recommande ainsi la lecture de *An Autonomous House* qui relate l'expérience de la maison autonome (*the autarkic house*) développée par Alexander Pike au sein du laboratoire The Martin Centre qui dépend de l'école d'architecture de Cambridge, en Grande-Bretagne.

Deux approches constructives sont particulièrement développées dans les colonnes du *Whole Earth Catalog* : d'une part, la solution high-tech, faite de structures légères et mobiles, voire éphémères, d'autre part, l'improvisation des pratiques de l'autoconstruction. Cette alternative peut être interprétée comme un contre-modèle vis-à-vis de l'establishment architectural. Richard Buckminster Fuller est l'un des gurus du versant technologique de l'entreprise du *Whole Earth Catalog*, comme le précise la première édition : « Les propos de Buckminster Fuller inaugurent ce catalogue [10]. » Dans l'édition de 1970, une page entière est consacrée à ses ouvrages : *Nine Chains to the Moon* (1938), *Ideas and Integrities* (1963), *No More Secondhand* (1963). La construction des dômes, dont l'objectif est l'économie de matière, est une contre-proposition ludique et éphémère à l'académisme architectural plus enclin à s'exprimer sous des formes monumentales solidement ancrées. Au caractère permanent de l'architecture s'oppose une philosophie de l'obsolescence.

La seconde approche, celle de l'autoconstruction, conduit à une série de publications et de manuels de construction (au coût modique de un à trois dollars) débattus et promus par le *Whole Earth Catalog* : l'ingénieur-inventeur Steve Baer édite *Dome Cookbook* en 1968 et *Zome Primer* en 1970. Lloyd Kahn, responsable de la partie « Shelter and Land Use » (« Abris et occupation de l'espace ») dans le *Whole Earth Catalog*, réalise *Domebook One* en 1970 et *Domebook 2* en 1973, puis le *Refried Domes* en 1974 ; Sim Van der Ryn publie *Farallones Scrapbook* tandis que le groupe d'architectes-artistes Ant Farm distribue son *Inflatocookbook* en 1970.

9 Bibliographie du numéro special « Autoconstruction », *Vroutsch* (Strasbourg), n° 7, 1972.

10 Stewart Brand, *The Whole Earth Catalog*, *op. cit.*, p. 3.

STEVE BAER, DOME COOKBOOK ET DROP CITY

Deux livres américains constituent les modèles d'un genre : le *Dome Cookbook* de Steve Baer paru en 1968 et *Inflatocookbook*, paru en 1970, brochure qui accompagne les performances du collectif d'artistes-architectes Ant Farm actif dans la région de San Francisco de 1968 à 1978 [11]. Le premier fournit des informations de construction pour réaliser des dômes géodésiques ; le deuxième promeut l'érection de structures gonflables. Ces deux publications sont délibérément modestes.
Ce sont des manuels d'instruction pour ériger soi-même des structures légères (volumes icosaédriques, enveloppes gonflables, maisons de bois), ou encore pour s'informer des systèmes d'économie d'énergie. Ce sont ensuite des libelles dont l'enjeu consiste à nier les hiérarchies discursives et à adopter un positionnement critique vis-à-vis des modes de transmission du savoir. De facture artisanale, tenant peu compte de la rigueur typographique classique ou des codes orthographiques en vigueur, ils font appel aussi bien à l'image qu'au texte, les métaphores visuelles et les méthodes de représentation — la technique de montage, par exemple — illustrant les aspirations avant-gardistes des différents producteurs. Au moyen de ces publications, ces derniers attaquent le statut de l'architecture et de l'information technique qui lui est associée, ils défient la culture artistique, ils détournent la forme du manifeste. L'aspect amateur, censé traduire une sensibilité créatrice non contrainte, est préféré à la rigidité d'une production professionnelle. Ces imprimés, plus proches de la culture populaire de la bande dessinée que de la culture savante du recueil didactique, s'inscrivent dans la mouvance de la *free press*.

Steve Baer lors de la conférence Alloy le 21 mars 1969.
The Last Whole Earth Catalog, Portola Institute, 1971, p. 114.

Dome Cookbook, vendu un dollar, est le livre de bord de Steve Baer. Réédité à plusieurs reprises, il est largement diffusé. Sous forme d'un opuscule d'une vingtaine de pages, la publication détaille les principes de construction des dômes et des *zomes* — structures que Steve Baer a développées sur le site de Drop City dans le Colorado dès 1965 ainsi qu'à Libre (Colorado), et qu'il a ensuite utilisées pour sa propre maison à Corrales au Nouveau-Mexique, en 1971.
Les dômes qui poussent dans tout l'Ouest des États-Unis font la une de grands magazines. Faciles à monter, ils deviennent les références choisies par d'autres communautés issues de Drop City, telles que Libre et Lama, au Colorado et au Nouveau-Mexique [12]. En Californie, une « école

[11] Caroline Maniaque : « La diffusion des savoirs techniques de la culture de l'éphémère », dans J.-Ph. Garric, V.Nègre, A. Thomine (dir.), *Les Avatars de la « littérature » technique, Formes imprimées des savoirs liés à la construction*, Paris, Picard, 2007, p. 411-421. J'ai développé cette thématique lors d'une conférence intitulée « Searching for the Sun in America : the Rise of Bioclimatic Architecture », au colloque international de la Society of Architectural Historians, Pittsburgh, 11-15 avril 2007. Voir aussi Caroline Maniaque, « Sur les pas de la contre-culture/In the Footsteps of the Counterculture » dans Giovanna Borasi et Mirko Zardini (ed.), *Sorry, Out of Gas : architecture's response to the 1973 oil crisis / Désolé, plus d'essence : L'innovation architecturale en réponse à la crise pétrolière de 1973*, Montréal, Centre Canadien d'Architecture/Corraini Édizioni, 2007, p. 130-131.

Couverture de l'ouvrage de Steve Baer, *Dome Cookbook*.
Corrales, Cookbook fund/Lama Foundation, 1968.

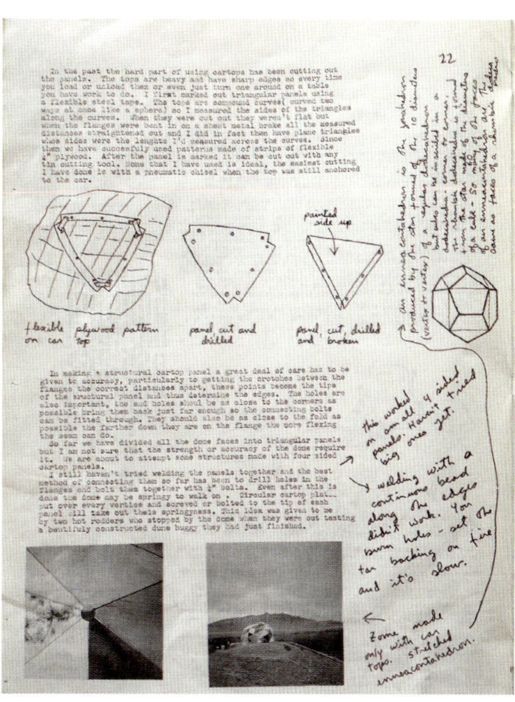

22

In the past the hard part of using cartops has been cutting out the panels. The tops are heavy and have sharp edges so every time you load or unload them or even just turn one around on a table you have work to do. I first marked out triangular panels using a flexible steel tape. The tops are compound curves(curved two ways at once like a sphere) so I measured the sides of the triangles along the curves. When they were cut out they weren't flat but when the flanges were bent in on a sheet metal brake all the measured distances straightened out and I did in fact then have plane triangles whos sides were the lenghts I'd measured across the curves. Since then we have succesfuly used patterns made of strips of flexible ¼" plywood. After the panel is marked it can be cut out with any tin cutting tool. None that I have used is ideal, the easiest cutting I have done is with a pneumatic chisel when the top was still anchored to the car.

painted side up

flexible plywood pattern on car top

panel cut and drilled

panel, cut, drilled and broken

In making a structural cartop panel a great deal of care has to be given to accuracy, particularly to getting the crotches between the flanges the correct distances apart, these points become the tips of the structural panel and thus determine the edges. The holes are also important, the end holes shoul be as close to the corners as possible bring them back just far enough so the connecting bolts can be fitted through. They should also be as close to the fold as possible the farther down they are on the flange the more flexing the seam can do.

So far we have divided all the dome faces into triangular panels but I am not sure that the strength or accuracy of the dome require it. We are about to attempt some structures made with four sided cartop panels.

I still haven't tried welding the panels together and the best method of connecting them so far has been to drill holes in the flanges and bolt them together with ¼" bolts. Even after this is done the dome may be springy to walk on . Circular cartop plat... put over every vertice and screwed or bolted to the tip of each panel will take out theis springyness. This idea was given to me by two hot rodders who stopped by the dome when they were out testing a beutifuly constructed dune buggy they had just finished.

this worked on on all 4 sided panels. Haven't tried big ones yet.

welding with a continuous bead along the edges didn't work. You burn holes - set the tar backing on fire and it's slow.

Dome made only with car tops. Stretched enneacontahedron.

Page extraite du livre de Steve Baer, *Dome Cookbook*.
Corrales, Cookbook fund/Lama Foundation, 1968, p. 22.

libre », la Pacific High School, entame la construction de dômes en guise de logements pour ses étudiants.
« La seule chose qui nous permette de créer notre utopie est la "praxis" », affirme Bill Voyd en 1969, un participant très impliqué dans la construction de Drop City. Il relate son expérience dans le chapitre « Funk Architecture », contenu dans l'ouvrage *Shelter and Society* dirigé par Paul Oliver et publié en 1969[13]. Cette emphase sur le faire (la « praxis ») caractérise les publications telles que le *Dome Cookbook*.
Réflexions constructives, études géométriques, détails de réalisation y sont rassemblés dans un « brouillon » dont l'apparence informelle contribue au succès. La page de couverture affiche un dédain pour les conventions de mise en page et de typographie et la production relativement archaïque joue sur une organisation non hiérarchique des informations, pleine de spontanéité et d'individualisme : pas de sommaire, pas de têtes de chapitre, pas de bibliographie, pas de glossaire. Steve Baer partage son expérience de constructeur-inventeur et démystifie les difficultés constructives, sous la forme d'un récit. Quelques croquis de nœuds d'assemblage montrent non pas ce qu'il faut faire, mais

12 « Libre », *Architectural Design* (Londres), nº 44, décembre 1971, p. 727-736.
13 Bill Voyd, « Funk Architecture », in Paul Oliver (ed.), *Shelter and Society*, *op. cit.*, p. 159.

Zome réalisé par Steve Baer dans une maison à Placitas, Nouveau-Mexique, 1973.

comment résoudre une difficulté. Baer écrit en parlant de lui-même, livre ses émotions spatiales, raconte de petits événements : « J'ai grimpé sur l'énorme dôme géodésique de Clark. Richard était en train de creuser une cave. La radio était allumée [14]. » Les micro-événements de la vie quotidienne sont valorisés. À cette humanité chargée d'affectif, il mêle toute une série de calculs, d'équations et de schémas géométriques pour transmettre ses trouvailles constructives d'inventeur de *zomes*. Il invite à l'action : « Vous n'avez pas besoin de savoir tant de choses que ça, il suffit juste de se lancer et d'essayer. Mais après, vous avez à régler les détails [15]. »

L'analyse de la contre-culture nord-américaine permet d'identifier deux tendances. La première est celle qui valorise la quête intellectuelle et politique, la seconde la quête manuelle, dans laquelle on pourrait compter les productions de Steve Baer, productions au sens de constructions et publications. Pourtant, au lieu d'être en opposition (comme en France), ces deux tendances sont, dans ce moment particulier d'une Amérique rebelle, plutôt complémentaires.

Mais quelle est la philosophie de Steve Baer ? Quelle forme de vie préconise-t-il ? L'approche théorique des architectes marxistes parisiens de la fin des années soixante l'aurait probablement déçu, lui qui prône un libéralisme républicain [16]. Si les expériences nord-américaines sont

14 Steve Baer, *Dome Cookbook*, Corrales, 1968.
15 *Ibid.*
16 Steve Baer, entretien avec l'auteur, Albuquerque, 20 août 2001.

L'être humain n'est pas une simple cellule dans un corps social, pas un simple engrenage dans une machine sociale.

susceptibles d'attirer les Français, les représentations concernant le territoire et l'idée de frontière diffèrent de la conception philosophique et physique française, ou même européenne. En Europe, il n'y a pas de désert, il n'y a pas de terrains vides alors qu'en Amérique, la question de la frontière et le droit d'accès à la terre apparaissent comme des thèmes fondamentaux, comme le rappelle André Kaspi en relevant deux valeurs principielles, l'attachement à la liberté et la foi dans le progrès individuel :

> « L'être humain n'est pas une simple cellule dans un corps social, pas un simple engrenage dans une machine sociale. Il ou elle n'est pas bloqué à un niveau hiérarchique, dans une caste ou dans une classe. Il ou elle est capable d'améliorer son sort et peut le faire seul, sans l'aide de l'État ou de l'Église, ni même de Dieu. Selon le mythe, chaque Américain peut trouver liberté et progrès par son action dans le monde : ils se concrétisent, et sont garantis, par la propriété [17]. »

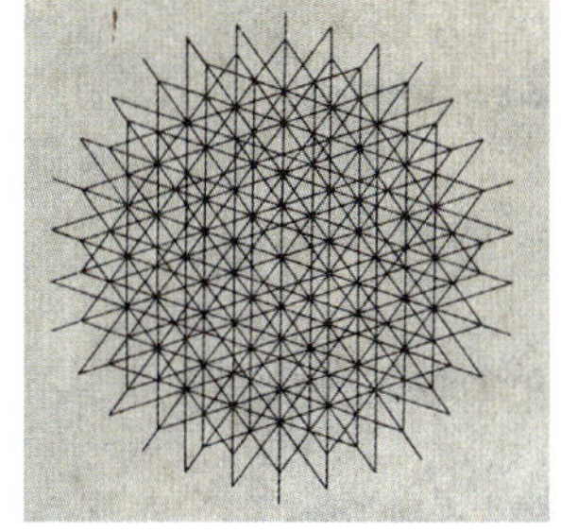

Logotype sur le papier en-tête de Zomeworks Corp.
Repris sur la couverture de *Zome Primer*, Albuquerque Zomeworks Corporation, 1970.

Steve Baer n'attend pas d'être aidé par l'État pour développer des systèmes de capteurs solaires. Il agit, invente, rédige, collabore. Il rencontre auprès des jeunes *hippies* un appétit d'expérimentation auquel il répond par des propositions et des publications.
Après le *Dome Cookbook*, Steve Baer publie une autre brochure de même format, intitulé *Zome Primer* (1970). « Lire ces deux livres devient une expérience aussi excitante que de visiter les *zomes* », commente l'architecte français Michel Pillet, un des correspondants aux États-Unis de *L'Architecture d'aujourd'hui*, qui par ailleurs enseigne l'architecture à l'université du Nouveau-Mexique [18] :

> « Brusquement on comprend ; rien ne s'explique seulement par les calculs, les prix ou même les formes, il y a dans les concepts de ces formes une certaine philosophie [...] Steve Baer, maître à penser ? Il ne ressemble pourtant pas à un guru, ni même à ce vieux magicien de Bucky [19]. »

Quatrième de couverture de *Zome Primer*, 1970.

La passion de la géométrie anime les constructeurs. Ces formes sont comme une preuve mathématique de la vérité absolue. La géométrie,

[17] André Kaspi, *La Civilisation américaine*, Paris, Presses universitaires de France, 1993, p. 69.

[18] Michel Pillet (?-2002) a enseigné au département d'architecture et de planning de l'université du Nouveau-Mexique, à Albuquerque, de 1969 à 1977 et de nouveau entre 1983 et 1989. Il y crée, organise et dirige un programme de Master's en architecture entre 1969 et 1975. En 1962, Michel Pillet entretient une correspondance avec Bruce Goff (1904-1982). Douze lettres sont en effet conservées dans les archives de ce dernier à l'Art Institute à Chicago. Michel Pillet relate sa visite à l'atelier de Bruce Goff à Oklahoma dans « L'insolite monsieur Bruce Goff », *L'Architecture d'aujourd'hui* (Paris), spécial *Architectures fantastiques*, nº 102, juin-juillet 1962, p. 50-58.

[19] Michel Pillet, « Steve Baer ou "comment apprivoiser un *zome*" », *L'Architecture d'aujourd'hui* (Paris), nº 157, août-septembre 1971, p. XXVII. Bucky est le surnom de Richard Buckminster Fuller.

Drop City, 1969, photographie de Dennis Stock.

la cristallographie sont les outils qui permettent de développer une réflexion architecturale qui a pour slogan une formule chère à Richard Buckminster Fuller : « Moins de matière, plus de matière grise. »
« Personne ne peut comprendre pourquoi moi, un constructeur de dôme, je peux affirmer que Lewis Mumford a eu une influence plus grande que celle de Buckminster Fuller, mais en tout cas c'est ainsi », avoue Steve Baer qui reconnaît sa dette dans une lettre datée du 9 septembre 1968, adressée à Lewis Mumford :

> « Cher M. Mumford, je lis vos livres depuis plus de dix ans — depuis mes années d'étude à Amherst College. Ceux que je préfère jusqu'à présent sont *Technics and Civilization* et *The Myth of the Machine*. Je ne suis pas un historien, ni un enseignant, ni un architecte, je suis un inventeur. J'ai composé de nouveaux types de dômes — des formes qui se regroupent entre elles comme des bulles de savon. Ces deux dernières années, nous avons construit ces structures pour plusieurs nouvelles communautés qui ont fleuri au Nouveau-Mexique et dans le Colorado. Nous avons commencé par utiliser des tôles d'automobiles récupérées à la casse. Nous avons construit quelques très beaux bâtiments — et la métamorphose, la transformation que ce travail a produite sur moi-même, comme sur les autres, est incroyable. C'est à Drop City que nous avons construit les premières structures de ce type [20]. »

20 Steve Baer, Lettre à Lewis Mumford, 9 septembre 1968. Archival/ Manuscript Material, archives Lewis Mumford. Van Pelt Library Rare Book, Philadelphie.

Steve Baer continue à relater son expérience à Drop City :

> « Je savais que nous n'avions pas besoin de nous abandonner aux machines. Nous pouvons réinventer notre technologie. Je suis en train en ce moment de travailler sur des panneaux solaires et à la fin du mois de juillet, j'aurais inventé un système qui, je crois, va transformer le domaine. [...] La raison pour laquelle je crois que cela constitue un tournant technologique c'est que c'est silencieux, facile, sensible et simple. Quelques liens très proches nous relient aux éléments et au soleil. Cela est 1 000 fois plus important que l'épargne que l'on fait sur le coût du fuel [21]. »

« Réinventer notre technologie », les résidents de Drop City s'y emploient non seulement en développant des techniques d'énergie solaire mais aussi dans leur pratique artistique. Les dômes ne sont pas seulement des abris faciles à monter. Ce sont aussi des supports aux performances multimédias, comme le montre Felicity Scott dans un article stimulant dans lequel elle rappelle, en citant Richard Fairfield, que les « Droppers » « se présentaient eux-mêmes comme une communauté d'artistes qui innovaient non seulement dans le champ de la construction et dans l'art de vivre, mais aussi dans une approche artistique multimédia [22] ».
Même si Drop City était souvent présentée comme désengagée du système économique traditionnel et comme un mode de vie *off-the-grid*, l'expérience était en effet très médiatisée, non seulement parce que la construction des dômes et la vie quotidienne étaient filmées mais aussi en raison des vastes sculptures environnementales créées par les artistes. Pour étayer ce point de vue de « Droppers technophiles psychédéliques », Felicity Scott rappelle les commentaires de Richard Buckminster Fuller qui qualifiait la jeunesse de la contre-culture américaine, née dans un monde de voyage transocéanique (« a transoceanic air-travelling world »), éduquée par la télévison — le troisième parent — et témoin tout à la fois des performances technologiques des Russes lançant une fusée pour photographier la face cachée de la Lune et de la découverte du code génétique ADN [23].
Les visiteurs de Drop City étaient passionnés par le fait que tout avait été réalisé avec des matériaux de récupération, y compris les vitrages. « Une façon de construire où l'intelligence de l'assemblage remplace l'abondance des matériaux lourds », commente Jean Soum [24]. Ils remarquaient

Je savais que nous n'avions pas besoin de nous abandonner aux machines.

[21] *Ibid.*

[22] Richard Fairfield, *Communes USA : a Personal Tour*, Baltimore, Penguin Books, 1972, p. 203-204.

[23] Felicity D. Scott, « Acid Visions », *Grey Room* (Cambridge), nº 23, printemps 2006, p. 33. Elle cite à ce propos Richard Buckminster Fuller, « Utopia or Oblivion », in *Utopia or Oblivion : the Prospects for Humanity*, New York, Bantam Books, 1969, p. 268-269.

[24] Jean Soum, « Dôme ou zôme ? », *Le Catalogue des ressources*, vol. 4, Alternatives / Institut rural d'informations, 1983, p. 216.

aussi que les postes de télévision ou les amplificateurs de musique y étaient constamment allumés. La maison de Steve et Holly Baer à Coralles, qu'ils construisent en 1971, devient au même titre que Drop City un lieu de pèlerinage pour les architectes européens captivés par les maisons solaires à énergie passive.

ANT FARM ET INFLATOCOOKBOOK

Une autre publication milite pour le partage du savoir.
L'*Inflatocookbook*, littéralement « fiches de cuisine gonflable », est un livret composé de quatorze pages de format 21,6 × 27,9 cm et de huit pages de format 27,9 × 43,2 cm, pliées en deux. La première édition de 1970 étant rapidement épuisée, le livre est réimprimé à l'été 1971 avec cette fois une couverture en bichromie. Les feuillets sont reliés par des agrafes comme pour les *comic books*. Le document est d'ailleurs imprimé par Rip Off Press, éditeur de bandes dessinées underground. Avec ses deux éditions de 2 000 exemplaires chacune, et vendu par correspondance à trois dollars, l'ouvrage d'Ant Farm est peu diffusé (*Architectural Design* en assure cependant la publicité en Europe dès 1971). Les voyageurs français Marc Vaye et Jean Soum par exemple n'en prennent connaissance qu'en 1975, lorsqu'ils rendent visite au groupe Ant Farm, dans l'entrepôt qu'il occupe à Sausalito, *Gate* 5.
Imprimée recto verso, la publication rassemble des informations pour réaliser soi-même une enveloppe gonflable : renseignements techniques, adresses de fournisseurs d'éléments indispensables trop difficiles à fabriquer soi-même, service de distribution par correspondance. Chaque fiche est illustrée de schémas de détails étayés par un texte manuscrit et tapuscrit. Ce système graphique est directement issu des fiches d'instructions que l'on peut trouver dans les boîtes de modèles réduits d'avion.
Ant Farm produit lui-même les éléments vendus par correspondance. « Avec ces éléments, tu peux réaliser tes fantasmes constructifs car tout le sale boulot est déjà assuré par nos soins[25]. » On peut voir là un écho de l'éducation moderne architecturale militant pour la standardisation, mais c'est plutôt la philosophie du *Whole Earth Catalog* de Stewart Brand qui sert de modèle. Chacun doit être capable de faire tout ce qu'il veut par lui-même.
Le graphisme utilisé tout au long des pages de l'*Inflatocookbook* est très varié : collage de photographies, impression offset, impression sur fond vert, double page imprimée, simple page imprimée, grammages de papier variés. Les différentes techniques de communication développées par la culture underground sont ici réunies : bandes dessinées, caricatures, couleurs et typographies psychédéliques. Le produit est bien plus élaboré graphiquement que le *Dome Cookbook* de Steve Baer évoqué plus haut. Les auteurs, architectes-artistes, prennent plaisir à exercer leur virtuosité graphique.
Le *feed-back* étant vivement apprécié comme étape fondamentale de l'apprentissage, le lecteur est sollicité à faire part de son expérience,

25 Ant Farm, *Inflatocookbook*, Sausalito, Rip Off Press, 1970/1971.

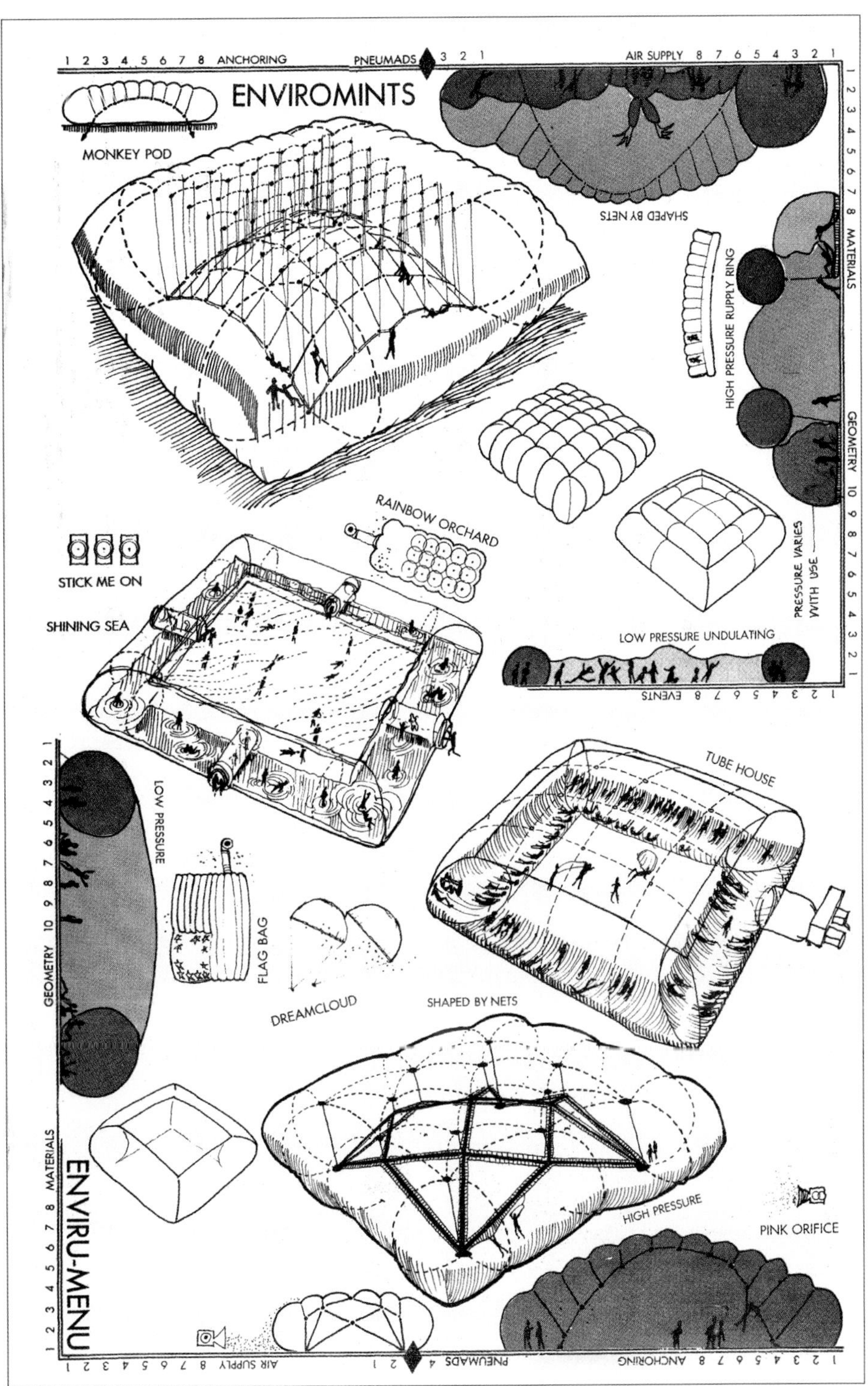

Ant Farm, « Enviromints », par Curtis Schreier.

Inflatocookbook, Sausalito, Rip Off Press, 1970, non paginée.

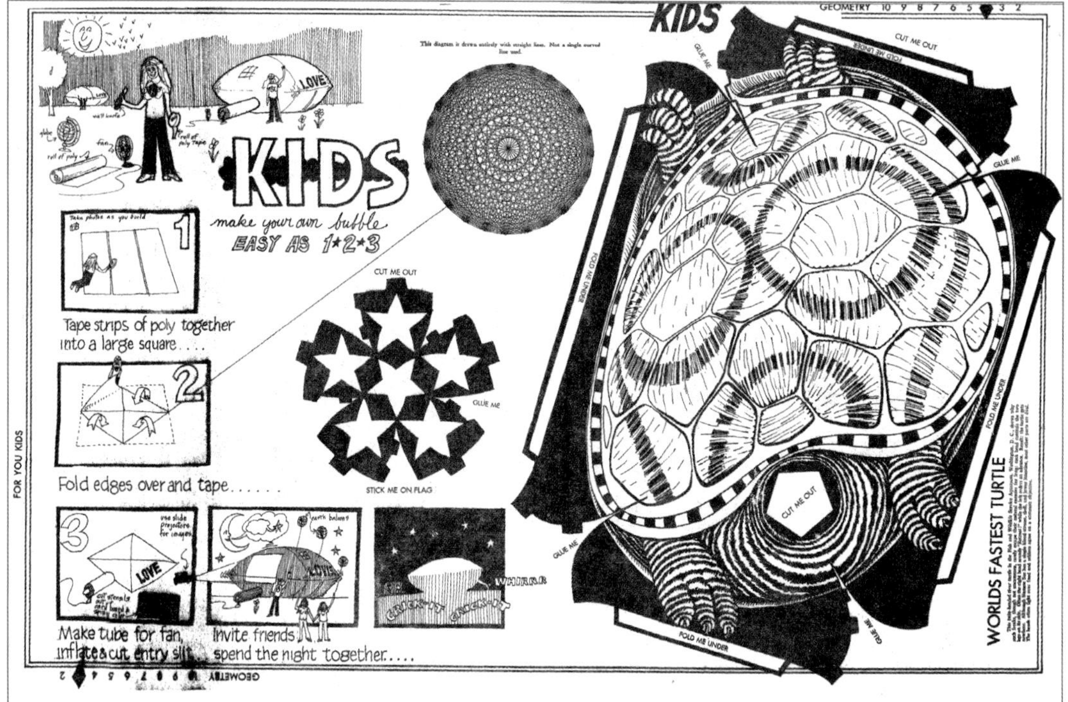

Ant Farm, « Kids make your own bubble easy as 1*2*3 », dessinée par Curtis Schreier et Doug Michels.

Inflatocookbook, Sausalito, Rip Off Press, 1970, non paginée.

succès ou déboires. Le recours à l'écriture manuscrite agit dans le même sens : c'est un rejet de l'uniformité et de la répétitivité induites par la typographie mécanisée, en faveur de l'artisanat, et en même temps une invitation à mettre la main à la pâte, que ce soit en érigeant un abri gonflable ou en produisant un manifeste. Le côté amateur de la publication comme la simplicité et l'humour du langage adopté pour expliquer les détails techniques altèrent, ici aussi, la position hiérarchique du savoir.

Ant Farm reprend la formule qui consiste à approcher la technologie constructive de façon ludique. L'icône des ciseaux ouverts invitant à découper soi-même (caractéristique des publications destinées aux enfants) est présente à plusieurs endroits. Aucune prédisposition technique n'est requise ; les outils nécessaires pour ériger les structures restent facilement accessibles : larges feuilles de plastique polyéthylène, sacs de sable ou d'eau, ventilateurs.

La variété des représentations graphiques et des grammages est un moyen de rendre compte de la diversité du travail d'équipe, de l'originalité de chacun des membres même si la valorisation du groupe est préférée à l'autorité de l'auteur. *Inflatocookbook* n'est pas signé par Chip Lord, Hudson Marquez, Doug Michels, Curtis Schreier. Seul le nom du groupe Ant Farm compte.

Un examen précis de trois doubles pages fait ressortir la richesse de cette activité discursive. La première est composée d'une suite de sérigraphies à la manière de l'artiste Robert Rauschenberg, à dominante rose et brun, évoquant les dômes géodésiques et des groupes de gens rassemblés. La spontanéité de la représentation suggère un apprentissage de la sérigraphie dans un atelier d'art graphique. Sur la deuxième

Ant Farm, *Inflatocookbook*, double page.

Sausalito, Rip Off Press, 1970, non paginée.

Ant Farm, « Energy Credit ».

Inflatocookbook, Sausalito, Rip Off Press, 1970, non paginée.

Ant Farm, « The World's Largest Snake », dessin de Hudson Marquez et Chip Lord.

Inflatocookbook, Sausalito, Rip Off Press, 1970, non paginée.

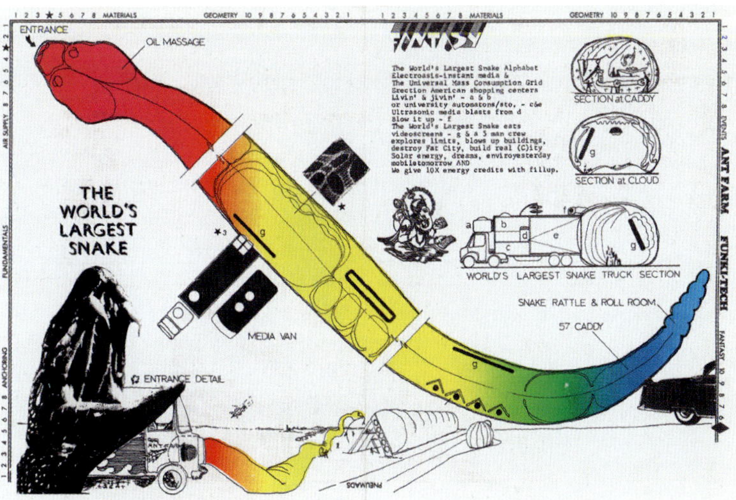

The World's Largest Snake eats videoscreens — g & a 5 man crew explores limits, blows up buildings, destroys Fat City, build real (C)ity, Solar energy, dreams, enviroyesterday mobiletomorrow AND we give 10X energy credits with fillup.

page, à dominante rose et vert, Ant Farm se met en scène en indiquant son adresse, 247 Gate Five Road à Sausalito. Des billets de banque à l'effigie de Buckminster Fuller associés à la figuration de dômes géodésiques et à une plante de marijuana animent le fond de la page. La socio-économie sous-entendue par le slogan *Outlaw area, energy credit* a pour monnaie d'échange l'énergie ou la drogue et non le billet vert. Le troc est la monnaie de l'économie alternative.
La troisième double page présente « The World's Largest Snake », le serpent aux couleurs de l'arc-en-ciel. Fait d'un grand tube d'une centaine de mètres explicitement érotique, dans lequel on peut se faufiler, gonflé par le souffle projeté de camions, le serpent est comme une structure vivante, fluctuante :

> « *The World's Largest Snake eats videoscreens — g & a 5 man crew explores limits, blows up buildings, destroys Fat City, build real (C)ity, Solar energy, dreams, enviroyesterday mobiletomorrow AND we give 10X energy credits with fillup.* »

Il est impossible de traduire ce texte où s'entrelacent des mots inventés, une typographie non conventionnelle et des propos qui pourraient être qualifiés d'incohérents. Il s'agit là d'une stratégie discursive caractéristique de l'underground prompt à laisser agir les effets de la drogue sur la langue. Que se passe-t-il donc à l'intérieur du serpent ? À quelle expérience est-on convié ? Ant Farm propose une aventure corporelle qui commence par un massage aux huiles essentielles, continue par une projection d'images et se poursuit par une invitation à s'étendre dans la *Snake rattle & Roll room*. Pour comprendre l'allusion sexuelle, on doit noter ici que l'emploi de *snake* (« serpent ») au lieu de *shake*, « secouer », fait référence à une expression des chansons de Rythm and Blues, *Shake Rattle & Roll Room*, suggérant le rythme de l'acte sexuel. Ce parcours dionysiaque est souligné visuellement par le motif répété de la pénétration suggérée par des éléments graphiques.
Dans leur forme et dans leur contenu, le *Dome Cookbook* et l'*Inflatocookbook* constituent le paradigme des structures légères : ce sont des productions radicales et défiant toute forme de hiérarchie, éphémères et informes, bon marché avec appel à l'échange, se voulant accessibles dans leur langage et ayant recours à la *low technology*. La langue non académique qu'ils choisissent de véhiculer s'avère cependant aussi distinctive que la langue savante : elle joue sur des codes qui excluent les néophytes. Dans ce territoire discursif, Steve Baer comme Ant Farm militent pour une technologie qui nargue la technologie, inventent une forme de publication qui rejette la tradition moderniste, proposent une forme d'interaction qui perturbe la Société.

Couverture de l'ouvrage *Shelter* : lithographie d'une yourte russe.

Lloyd Kahn, *Shelter*, Bolinas (Californie), Shelter Publications, 1973.

SHELTER : UN SUCCÈS CONSIDÉRABLE

Deux ouvrages publiés en 1973 et recommandés dans les colonnes du *Whole Earth Catalog* confirment de l'engouement pour l'auto-construction : *Handmade Houses : A Guide to the Woodbutcher's Art* (Art Boericke, 1973) et *Shelter*, édité par Lloyd Kahn. Le titre ironique du premier, *Woodbutcher's Art* (textuellement « L'art du billot ») prend ses distances vis-à-vis de la tradition de l'ébénisterie, et rejoint *Shelter* (l'abri) qui préconise d'utiliser des matériaux naturels et la seule main de l'homme : « Il y est question de découverte, de labeur, des joies de l'autosuffisance, de l'autonomie et de la liberté[26]. » Ces deux livres remportent un franc succès. *Shelter*, par exemple, sera réédité et traduit en français, en allemand et en espagnol. 185 000 exemplaires[27] en seront vendus, phénomène éditorial considérable si l'on compare ce chiffre aux tirages de livres d'architecture ordinaires publiés à 2 000 exemplaires, voire moins. *Shelter* présente, sous la forme d'un catalogue de 175 pages, à la couverture souple et aux dimensions semblables à celles du *Whole Earth Catalog*, un kaléidoscope d'abris, des tipis indiens (avec une note de solidarité à la cause des Indiens d'Amérique) aux huttes Dogon (expression formelle d'un habitat vernaculaire déjà remarqué par Aldo van Eyck en 1961[28]).

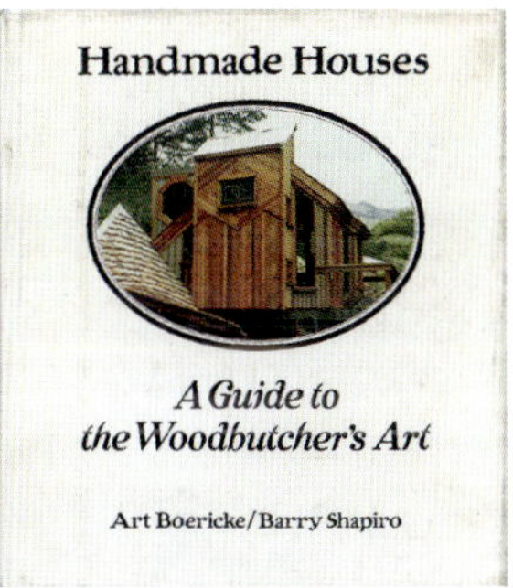

Couverture de l'ouvrage de Art Boericke, *Handmade Houses : A Guide to the Woodbutcher's Art*.

New York, A & W Visual Library, 1973.

Le choix de l'image de couverture, plutôt désuète, pourrait surprendre. Il s'agit d'un dessin de femmes et d'hommes en costume, les uns assis et d'autres groupés autour d'un foyer central sous une vaste yourte. C'est une représentation idéalisée du feu domestique, d'une vie

26 Lloyd Kahn, *Shelter*, Bolinas, Shelter Publications, 1973, p. 3.

27 D'après une réédition de la publication à la fin des années quatre-vingt.

28 Aldo van Eyck, « The Architecture of the Dogon », *Dutch Forum*, nº 115, septembre 1961, p. 116-122.

In times past, people built their own homes, grew their own food, made their own clothes. Knowledge of the building crafts and other skills of providing life's basic needs were generally passed along from father to son, mother to daughter, master to apprentice.

Then with industrialization and the population shift from country to cities, this knowledge was put aside and much of it has now been lost. We have seen an era of unprecedented prosperity in America based upon huge amounts of foreign and domestic resources and fueled by finite reserves of stored energy.

And as we have come to realize in recent years, we are running out. Materials are scarce, fuel is in short supply, and prices are escalating. To survive, one is going to have to be either rich or resourceful. Either more dependent upon, or freer from centralized production and controls. The choices are not clear cut, for these are complex times. But it is obvious that the more we can do for ourselves, the greater will our individual freedom and independence be.

This book is not about going off to live in a cave and growing all one's own food. It is not based on the idea that everyone can find an acre in the country, or upon a sentimental attachment to the past. It is rather about finding a new and necessary balance in our lives between what can be done by hand and what still must be done by machine.

Of necessity or by choice, there may be a revival of hand work in America. We are certainly capable, and these inherent, dormant talents may prove to be some of our most valuable resources in the future.

In times to come, we will have to find a responsive and sensitive balance between the still-usable skills and wisdom of the past and the sustainable products and inventions of the 20th century.

This book is about simple homes, natural materials, and human resourcefulness. It is about discovery, hard work, the joys of self-sufficiency, and freedom. It is about *shelter,* which is more than a roof overhead.

« In times, people built their own homes… »

Extrait de *Shelter*, Bolinas (Californie), Shelter Publications, 1973, p. 3.

Une architecture sauvage — sauvage parce que brute, naturelle ; sauvage aussi parce que fondamentalement opposée à l'archi-tecture de cages à lapins que la société dominante entend nous imposer.

préindustrielle proche de la nature, conviviale, protégée par cet abri transportable qui fait penser aux dômes, métaphore du cosmos.
L'idéologie sous-jacente à l'entreprise éditoriale de *Shelter* transparaît dans les photographies sélectionnées en première page de l'ouvrage, dont celle de la toiture à deux pentes d'une cabane en bois archétypique. Les ingrédients permettant de vivre dans cette cabane « idyllique » sont représentés tout autour : hommes et femmes travaillant ensemble, cousant, construisant, récupérant des matériaux, observant l'architecture vernaculaire. C'est une célébration de la vie plutôt que de l'architecture, une leçon sur « comment faire ? » plutôt que sur « quoi faire ? ». Le commentaire est clair :

> « Les matières premières deviennent rares, le combustible n'existe qu'en quantité limitée ; les crises de l'énergie, et les escalades des prix qu'elles entraînent, sont entrées dans les mœurs. [...] Que ce soit par nécessité ou par choix, un renouveau du travail manuel est nécessaire. Nous en sommes absolument capables ; nos talents endormis seront à l'avenir nos plus précieuses aides. [...] C'est un livre qui traite d'une architecture sauvage — sauvage parce que brute, naturelle ; sauvage aussi parce que fondamentalement opposée à l'architecture de cages à lapins que la société dominante entend nous imposer[29]. »

On peut souligner l'actualité de plusieurs de ces propos sur l'écologie, la politique du développement durable et plus particulièrement la protection des ressources des pays pauvres, et l'autonomie énergétique. Mais ce qui est important dans cette déclaration c'est l'emphase mise sur l'idée que l'on n'apprend jamais que par soi-même et que chacun est doté de capacité constructive, inventive. Il faut rappeler qu'en novembre 1973, le monde est confronté à sa première crise du pétrole.
De prime abord, *Shelter* verse franchement du côté de la pratique, en transmettant les savoirs de la construction plutôt que de se consacrer à l'aspect théorique pouvant aller de l'esthétique au politique. Ce qui en a fait sa popularité était précisément son idéologie, la défense d'une forme de vie alternative et une résistance au capitalisme industriel et urbain.
Shelter explique par exemple comment monter une charpente, avec des dessins précis des différents éléments qui la constituent, comment fabriquer des fenêtres cristallines, détaillant point par point les différentes étapes de construction grâce à des schémas mettant en scène des paires de mains dessinées comme on en trouve dans les pages de l'*Encyclopédie* de Diderot et d'Alembert — dispositif qui semble mettre l'accent sur l'aspect humain du processus, à une époque où domine la construction industrialisée. L'ouvrage insiste aussi sur la récupération des matériaux,

29 Texte de Lloyd Kahn repris dans *Habitats*, Paris, Alternative et parallèles, 1979. La traduction-adaptation au contexte français est de Pierre Gac.

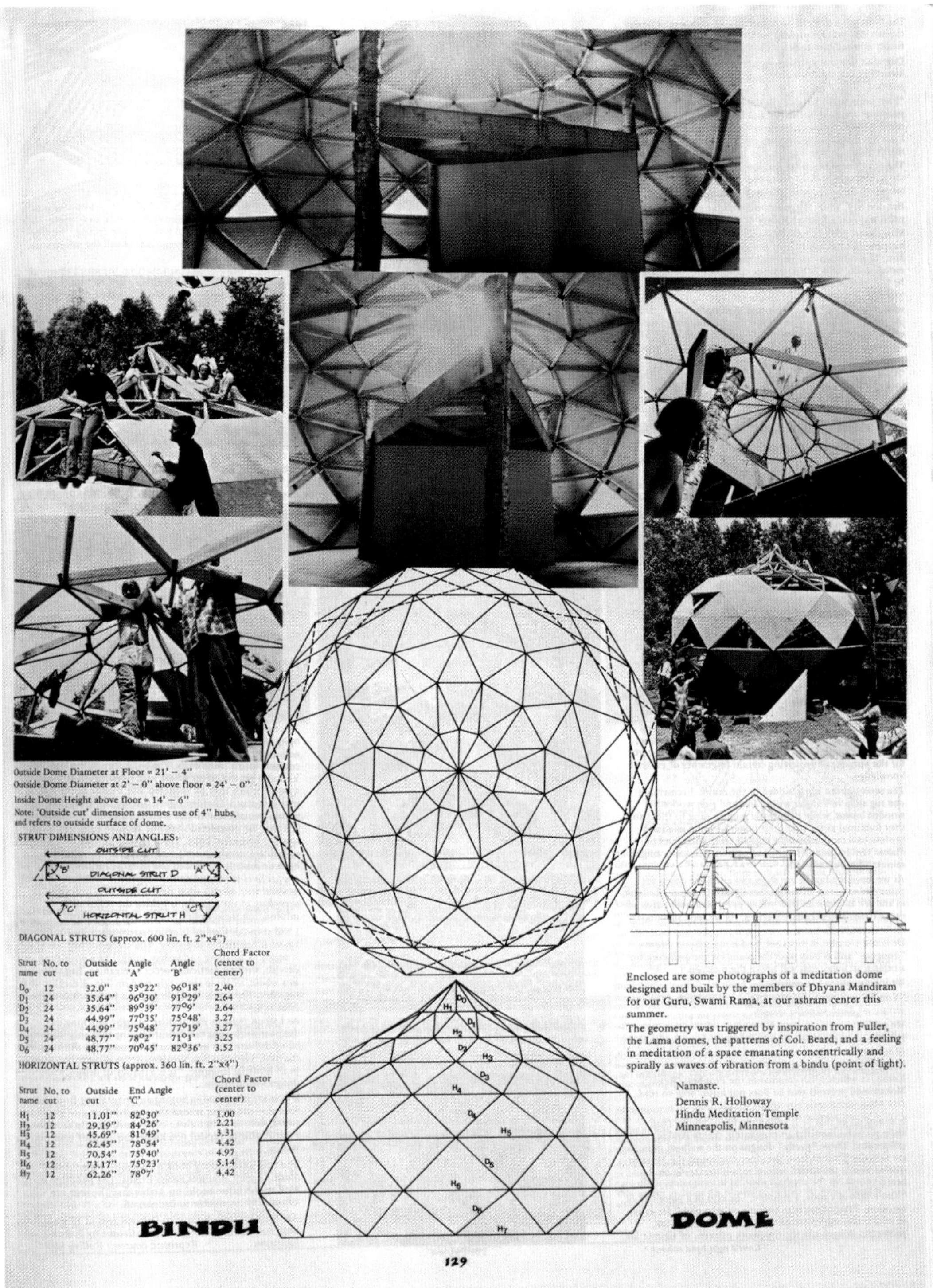

Outside Dome Diameter at Floor = 21' – 4"
Outside Dome Diameter at 2' – 0" above floor = 24' – 0"
Inside Dome Height above floor = 14' – 6"
Note: 'Outside cut' dimension assumes use of 4" hubs, and refers to outside surface of dome.

STRUT DIMENSIONS AND ANGLES:

DIAGONAL STRUTS (approx. 600 lin. ft. 2"x4")

Strut name	No. to cut	Outside cut	Angle 'A'	Angle 'B'	Chord Factor (center to center)
D_0	12	32.0"	53°22'	96°18'	2.40
D_1	24	35.64"	96°30'	91°29'	2.64
D_2	24	35.64"	89°39'	77°9'	2.64
D_3	24	44.99"	77°35'	75°48'	3.27
D_4	24	44.99"	75°48'	77°19'	3.27
D_5	24	48.77"	78°2'	71°1'	3.25
D_6	24	48.77"	70°45'	82°36'	3.52

HORIZONTAL STRUTS (approx. 360 lin. ft. 2"x4")

Strut name	No. to cut	Outside cut	End Angle 'C'	Chord Factor (center to center)
H_1	12	11.01"	82°30'	1.00
H_2	12	29.19"	84°26'	2.21
H_3	12	45.69"	81°49'	3.31
H_4	12	62.45"	78°54'	4.42
H_5	12	70.54"	75°40'	4.97
H_6	12	73.17"	75°23'	5.14
H_7	12	62.26"	78°07'	4.42

Enclosed are some photographs of a meditation dome designed and built by the members of Dhyana Mandiram for our Guru, Swami Rama, at our ashram center this summer.

The geometry was triggered by inspiration from Fuller, the Lama domes, the patterns of Col. Beard, and a feeling in meditation of a space emanating concentrically and spirally as waves of vibration from a bindu (point of light).

Namaste.

Dennis R. Holloway
Hindu Meditation Temple
Minneapolis, Minnesota

BINDU DOME

129

« Dindle dome ».

Extrait de *Shelter*, Bolinas (Californie), Shelter Publications, 1973, p. 29.

Dôme, Pacific High School, Californie, 1973.

Dôme de Peter Rabbit en aluminium à Drop City, 1965.

Dôme à Bolinas (Californie), 1970.

« Let's voyage into the new American house ». →

Extrait de *Shelter*, Bolinas (Californie), Shelter Publications, 1973, p. 58-59.

This spiral building evolved its shape as it was being built. Starting with the floor of a water tower, the builders decided to extend it to an oval, then egg shape. When they thought about fitting in a door, the nautilus shell spiral came about. It was built as a zendo, by Bob Anderson.

Hyperbolic paraboloid shelter with eucalyptus poles and plywood. There are no walls. By Barry Smith.

LET'S VOYAGE INTO THE

THERE ARE DOORS
THAT WANT TO BE FREE
FROM THEIR HINGES TO
FLY WITH PERFECT CLOUDS.

THERE ARE WINDOWS
THAT WANT TO BE
RELEASED FROM THEIR
FRAMES TO RUN WITH
THE DEER THROUGH
BACK COUNTRY MEADOWS

THERE ARE WALLS
THAT WANT TO PROWL
WITH THE MOUNTAINS
THROUGH THE EARLY
MORNING DUSK.

DRIFTWOOD HOUSE

...the design, and the house itself in fact, were inspired by a guy named John, a surfer from the L.A. area who worked his way up the coast building some 10 houses at various locations convenient for supply of driftwood water and reasonable access to a town....

I spent four beautiful uncommonly sunny but windy summer months slowly working on the house – collecting wood (all driftwood from the beach) windows from various sources and nails. I had to buy a few spikes but most of the nails I used were bent or rusted nails salvaged from other jobs....

'69-'70 was a pretty wet winter – with almost 3 solid weeks of rain in January – culminating in a rare coastal thunder storm. John Hardcastle (a different John) was looking out the window digging the lightning when he started hearing rumbles and saw water coming thru the back wall. He got out the door just as the river pushed his house & him into the ocean....

Dick Keigwin

P.S. Months later I found some of the wood on the town beach which was salvaged and became part of Renee's house.

RENEE'S DRIFTWOOD KITCHEN

EW AMERICAN HOUSE

ERE ARE FLOORS
AT WANT TO DIGEST
EIR FURNITURE INTO
WERS AND TREES.

ERE ARE ROOFS
AT WANT TO TRAVEL
ACEFULLY WITH
E STARS THROUGH
CLES OF DARKNESS.

RICHARD BRAUTIGAN

Drop City, capteur solaire inventé par Steve Baer, ca. 1968.

comme un exemple de rationalité constructive, d'adéquation au site, de simplicité formelle. Dans cette même lignée, l'ouvrage de Bernard Rudofsky, *Architecture without Architects*, accompagnant l'exposition éponyme au MoMA (New York) en 1964, frappe l'imagination des architectes et devient le livre de chevet de toute une génération. Mais dans toutes ces publications, l'architecture vernaculaire est vue sous l'œil hautement éduqué de l'architecte moderne.

Lloyd Kahn n'est pas un architecte et *Shelter* n'est pas seulement un livre d'architecture. L'auteur se présente comme un « *doer* », un pragmatique. *Shelter* se distingue des ouvrages cités plus haut (ceux de Mario Ridolfi, Pagano...) par le fait même qu'il ne s'agit pas seulement d'un répertoire d'architecture vernaculaire, mais aussi d'un manuel de construction doublé d'un appel à un mode de vie où la responsabilité individuelle prime sur toute forme d'intervention étatique ; il promeut l'autosuffisance plutôt que l'échange monétaire ; il milite pour le groupement communautaire aux dépens de la famille nucléaire.

Au lieu d'écrire une théorie politique et architecturale et de l'illustrer par des exemples, l'auteur compose dans *Shelter* une série d'illustrations qui, dans une mise en page anodine, couvre en fait une théorie sociale, économique et politique. L'observation attentive des collages révèle un étonnant mélange. L'une de ces compositions photographiques, par exemple, illustre bien l'idéal de domesticité tel qu'il est encouragé par *Shelter*. Il s'agit d'un espace intérieur chargé d'objets. Le texte signé par le poète de la contre-culture Richard Brautigan peut paraître étrange : « *There are doors that want to be free* » (Il y a des portes qui veulent être libres). La personnification des portes exprimant un désir de liberté rappelle les dialogues animistes de la brique et de l'architecte tels que les contait l'architecte Louis Kahn dans les années 1960 [34].

La façon de représenter ces idées est surprenante. *Shelter* apparaît comme un *scrapbook*, un album composé d'une suite d'images hétéroclites travaillées sur des doubles pages, à l'image des tableaux de liège sur lesquels on punaisait des photographies, fréquents dans les maisons à l'époque. En outre, le livre semble ne pas avoir d'auteur, mais d'être

[34] Louis Kahn, *Silence et lumière : choix de conférences et d'entretiens, 1955-1974* ; trad. de l'américain par Mathilde Bellaigue et Christian Devillers, Paris, Éditions du Linteau, 1996.

réalisé par les habitants eux-mêmes, l'habitant étant l'architecte et le lecteur prenant la position d'auteur. Une parfaite circularité s'instaure entre celui qui compose la page, celui qui habite et celui qui regarde. Ainsi, *Shelter* s'autoconstruirait comme les maisons qu'il représente. Le texte lui-même est une sorte de collage d'éléments récupérés dans les littératures savante et populaire. On y trouve l'extrait d'un texte de l'architecte-ethnographe Paul Oliver, un autre d'Aldo van Eyck sur l'habitat Dogon, des poèmes ou recettes tirés d'almanachs populaires ou encore des écrits poétiques de la contre-culture. Comme dans la grande tradition du collage et des objets trouvés du XXe siècle, le véritable auteur, Lloyd Kahn, maîtrise l'art de manipuler les différents éléments pour communiquer ses idées et répondre à son audience. La bibliographie, qui mélange des livres sur l'écologie, les animaux, les techniques de construction et l'histoire de l'architecture, donne la clé de cette culture autodidacte.

Sim Van der Ryn, *Farallones Scrapbook : Making places, changing spaces in schools, at home, and within ourselves.*
Point Reyes Station, Farallones Designs, 1971, p. 104.

Couverture du numéro « Beuark ! C'est quoi l'écologie ? ».

Actuel, octobre 1971.

CHAPITRE 6

LES VOIES DE LA CONTRE-CULTURE MADE IN FRANCE : ÉDITION, AUTOCONSTRUCTION, ENSEIGNEMENT, RECHERCHE

Ce sont surtout les livres et les périodiques qui ont fait circuler les idées de la culture alternative américaine en France. Véritables courroies de transmission, ces matériaux imprimés, illustrés — rapportés de voyage ou achetés dans quelques librairies — ont été diffusés, puis interprétés et utilisés pour s'adapter au contexte français. Non seulement les thèmes et l'iconographie de la contre-culture ont été importants, mais aussi les approches et la mentalité qui les sous-tendent, comme, en ce qui concerne l'architecture, l'autoconstruction ou, dans le domaine de l'édition, le contrôle des moyens de production et de publication. Le rôle des voyageurs — devenant à leur retour des acteurs au sein de revues ou dans les écoles d'architecture ou publiant des ouvrages — a été déterminant dans ce transfert d'idées.

Pourtant, même si les formes médiatisées de la contre-culture intéressent vivement rédacteurs en chef et lecteurs, l'impact sur la construction elle-même semble resté relativement modeste. Les catalogues de construction alternative faisaient la promotion de typologies telles que les dômes géodésiques, mais la France n'a pas vu pousser sur son territoire ces abris dont la quantité construite aux États-Unis (environ 60 000) avait inspiré au magazine *Life* de titrer en une « The Boom in Dome Homes » pour son numéro du 14 juillet 1972 [1].

Que l'on se procure les revues anglo-saxonnes, nord-américaines ou italiennes en France ou qu'elles soient rapportées lors de voyages à l'étranger, les circuits de distribution sont fondamentaux. La presse architecturale étrangère et la presse alternative circulent à travers un réseau bien organisé de librairies affiliées aux *networks* américains et présentes aussi en régions. Rappelons à ce propos l'importance d'UPS, un syndicat de la presse underground basé en Californie, qui distribue, dès la fin 1966, une dizaine de titres, et ne tarde pas à étendre son réseau de correspondants sur l'ensemble des États-Unis ainsi qu'en Europe, où les librairies françaises membres sont dépositaires de toute une série de publications et d'ouvrages. À l'échelle mondiale, à la fin des années soixante, quelque 150 titres sont regroupés sous l'égide de ce syndicat de la presse underground.

Jean-François Bizot fait le point en 1971 sur les débuts de la *free press* apparue en 1966, au moment où le mouvement prend toute son

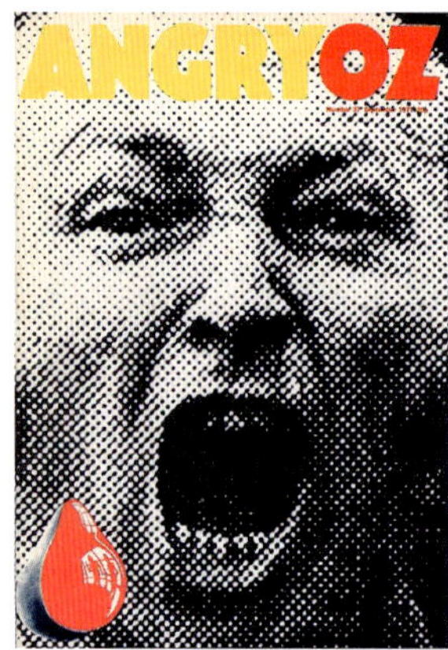

Couverture de *OZ* (Londres) signée Richard Neville.
N° 200, septembre 1971.

Couverture de *IT, International Times* (Londres).
N° 23, 5 janvier-19 janvier 1968.

Couverture de *The East Village Other* (New York), dessin de Vaughn Bodé.
N° 37, 14 août 1968.

Une affiche des journées « Free Press » aux Halles (Paris), les 24 et 25 juin 1971, organisées par les étudiants de l'UERE.

ampleur. Il rappelle le titre du premier journal underground, *The Realist*, fondé à New York en juillet 1958 par Paul Krassner. Il signale les journaux marquants *The East Village Other*, *Los Angeles Free Press*, puis en Grande-Bretagne, *It* et *Oz*, leurs lieux de production, New York, la côte Ouest des États-Unis, Londres, la particularité de leur mise en page, notamment l'usage de la couleur pour les textes imprimés en encre rose tyrien ou vert pomme (« le fameux *San Francisco Oracle*, disparu depuis, fait exploser ses couleurs contre toutes les règles de la mise en page traditionnelle [2] »). La presse underground française adoptera également ces choix stylistiques.

Une particularité du transfert des idées américaines en France réside dans la fusion de celles-ci avec l'imagerie populaire des bandes dessinées outre-atlantiques. Deux graphistes américains, Robert Crumb et Robert Cobb, devenus célèbres en France, ne transmettent pas seulement leur message politique dans les pages d'*Actuel* et d'autres revues écologiques, leurs personnages sont aussi utilisés et détournés dans un livre sur l'architecture solaire, *La Face cachée du soleil* (1974), qui constitue un exemple de la transformation de l'enseignement américain dans une forme française.

1 « A Mushrooming of Domes (Geodesic Domes for Living) », *Life* (New York), vol. 73, n° 2, 14 juillet 1972.

2 Jean-François Bizot, « Les grands de l'underground », *Actuel* (Paris), n° 8, mai 1971, p. 15.

Couverture du numéro « Autoconstruction », *Vroutsch* (Strasbourg). N° 6-7, 1972.

LA FACE CACHÉE DU SOLEIL

Les protagonistes de *La Face cachée du soleil*, Frédéric Nicolas, Marc Vaye et Jean-Pierre Traisnel — qui publient sous le nom de Bricolo Lézardeur — reconnaissent leur dette vis-à-vis d'une Amérique dont ils ont visité les maisons dotées de systèmes solaires pendant leurs périples dans le Sud-Ouest des États-Unis en 1973, rencontré les habitants de celles-ci, mais aussi les architectes et les ingénieurs — parmi lesquels Steve Baer —, et exploité les productions éditoriales de la contre-culture, comme le *Whole Earth Catalog*, *Shelter*, l'*Inflatocookbook*.
La Face cachée du soleil a pour origine la recherche que tout étudiant en architecture doit produire pour obtenir son diplôme. Étudiants à l'Unité pédagogique 7 (UP7), à Paris, Marc Vaye et Jean-Pierre Traisnel (Frédéric Nicolas passera son diplôme plus tard), décident de présenter leur travail sous forme d'une publication (au lieu d'un projet) en utilisant l'imprimerie de l'École des Beaux-arts parisienne, quai Malaquais, grâce au professeur Jean-Paul Jungmann. Marc Vaye évoque le rôle de modèle joué par le numéro de la revue *Vroutsch* consacré à l'autoconstruction, notamment en ce qui concerne l'usage de l'écriture manuscrite[3].
L'ouvrage, 74 pages (24 cm × 32,5 cm), est un succès et sera réimprimé plusieurs fois à un format un peu réduit (21,5 cm × 27,5 cm)

3 Marc Vaye, entretien cité.

Le lézard du Bricolo Lézardeur.

In Le Bricolo Lézardeur, *La Face cachée du soleil*, Paris, ZZZ Publications, 1re édition 1974, p. 1.

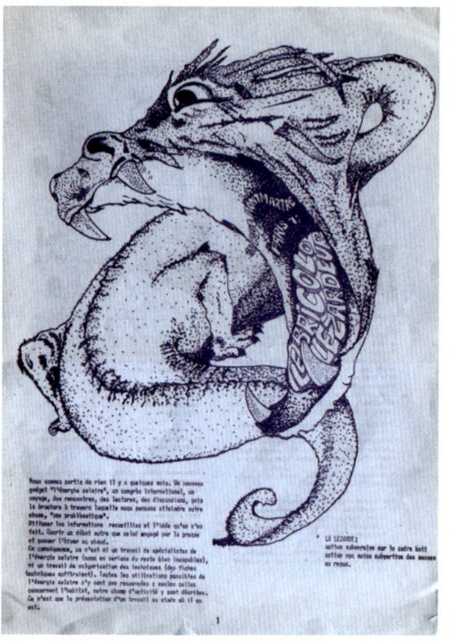

Nous sommes partis de rien il y a quelques mois. Un nouveau gadget "l'énergie solaire", un congrès international, un voyage, des rencontres, des lectures, des discussions, puis la brochure à travers laquelle nous pensons atteindre autre chose, "une problématique".
Diffuser les informations recueillies et l'idée qu'on s'en fait. Ouvrir un débat autre que celui engagé par la presse et passer l'hiver au chaud.
En conséquence, ce n'est ni un travail de spécialistes de l'énergie solaire (nous en serions du reste bien incapables), ni un travail de vulgarisation des techniques (des fiches techniques suffiraient). Toutes les utilisations possibles de l'énergie solaire n'y sont pas recensées ; seules celles concernant l'habitat, notre champ d'activité y sont décrites. Ce n'est que la présentation d'un travail au stade où il en est.

* LA LEZARDE :
action subversive sur le cadre bâti
action non moins subversive des masses au repos.

1

Couverture de l'ouvrage Bricolo Lézardeur (Frédéric Nicolas, Jean-Pierre Traisnel, Marc Vaye), *La Face cachée du soleil*.

Paris, ZZZ Publications, 2e édition, 1974.

Pages précédentes : plan, coupe et élévation du projet.

Le site d'Arcosanti.

Ci-dessous : page de gauche : préparation des couleurs en fond de coffrage des éléments de voûte. Dernière phase de bétonnage de la coupole à céramique. La photo de maquette partielle donne une idée de l'importance relative des éléments réalisés par rapport à l'échelle du projet.

Le programme des « Séminaires » ou « ateliers » (workshop) d'Arcosanti est l'exécution par tranches du projet « Arcosanti » au centre de l'Arizona, une structure de béton et d'acier prévue pour accueillir 3 000 personnes.
Arcosanti est un prototype dans lequel quelques concepts d'« arcologie » sont testés.
Le projet c'est essentiellement la concrétisation d'une idée. Le but de l'atelier est à des années de distance. Il ne faut pas s'attendre à une ville où travailler ni à une société où s'intégrer. Les participants sont des pionniers dans le désert. L'impulsion initiale est la conviction que le dilemme urbain doit être envisagé positivement, avec optimisme, radicalement. Il faut toutefois bien comprendre que tant que le nouveau schéma n'est pas défini conceptuellement, ni construit physiquement, son action bénéfique ne peut être envisagée ni goûtée.
L'atelier ne constitue pas pour autant une communauté. Il construit une structure qui, ultérieurement abritera une communauté.
L'atelier n'est pas une classe. C'est une expérience de construction. Apprendre en faisant, mais il comporte un ou deux séminaires par semaine sur la « doctrine » arcologique.
Les activités « sociales » ne sont pas contenues dans le programme [illegible] sont contingentes à la bonne [illegible] sation de celui-ci. Elles doivent [illegible] venir des participants eux-mêmes [illegible] sont les bienvenues pour [illegible] qu'elles n'interfèrent pas avec [illegible] vail.
L'intensité de l'expérience [illegible] beaucoup de la capacité des [illegible] pants à s'adapter à l'environnement [illegible] et aux conditions de travail [illegible] a pas de date prévue à l'[illegible] ment d'Arcosanti. [illegible] utilisé au fur et à mesure [illegible] vement des parties. Ce qui [illegible] envisagé est que d'ici 4 [illegible] moins 150 personnes y [illegible] comme permanents actifs [illegible]

[illegible] Le projet ne repose sur aucun [illegible] de financement, subventions [illegible] ou corporatives. La réalisation [illegible] projet repose exclusivement sur [illegible] travail des participants et leurs [illegible], sur le travail de la fon[illegible] Cosanti et sur quelques dons [illegible] et en nature. [illegible] pour 1973 est l'emploi de [illegible] participants divisés en 12 ate[illegible] six semaines du début mars [illegible] novembre. [illegible] consiste en général en ar[illegible] dynamitage, travaux d'exca[illegible] charpente, malaxage et bé[illegible] (préfabrication et in-situ), [illegible] sur coffrage de terre, [illegible] plomberie et électricité, construction de grue et soudure.
Pour 1973, sont envisagés :
1) construction d'une seconde unité bureau/logement à l'ouest de la voûte et finition de la première unité.
2) finir la fonderie et les logements attenants.
3) construction d'une structure de 4 étages à usage d'habitation et d'exposition sur les fondations réalisées en 1972.
4) construction d'installations pour la fabrication de céramique.
5) paysagisme et travaux de soutènement près du bâtiment achevé.
6) creusement et construction d'une piscine.
7) amélioration des conditions de travail par la construction d'abris supplémentaires.
Les frais de scolarité (250 dollars + 12 dollars par semaine par participant pour sa nourriture) couvrent les postes suivants :
1) l'achat, l'entretien et la réparation d'outils et équipements.
2) l'achat de matériaux de construction et d'énergie.
3) l'entretien du camp et de ses services.
4) la création d'un encadrement travaillant avec les participants.
5) l'organisation de cours et séminaires de disciplines diverses.

Page de droite : l'escalier d'accès au niveau haut de l'unité bureau-logement déjà réalisée. De haut en bas à l'extrême droite : la coupole pour la céramique, la voûte à fonderie, élévation de l'unité bureau-logement (accolée à la voûte à fonderie), meeting sous la voûte à fonderie.

« Arcosanti ».

L'Architecture d'aujourd'hui, n° 167, mai-juin 1973, p. 86-87.

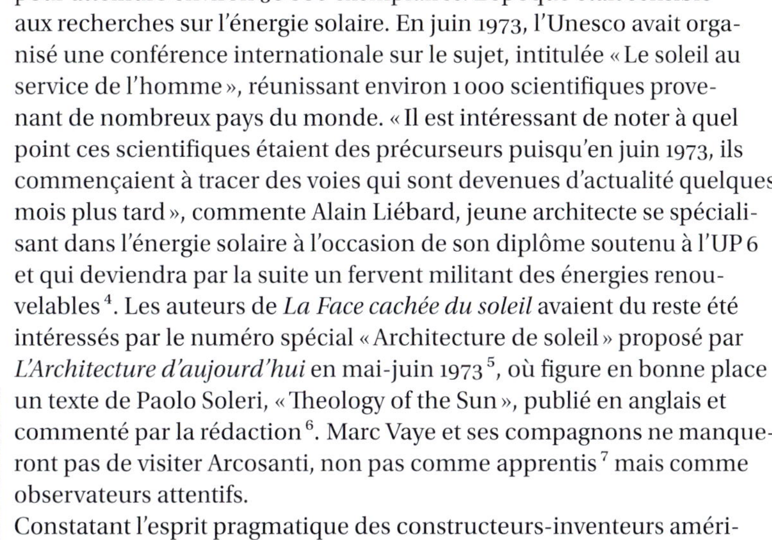

pour atteindre environ 50 000 exemplaires. L'époque était sensible aux recherches sur l'énergie solaire. En juin 1973, l'Unesco avait organisé une conférence internationale sur le sujet, intitulée « Le soleil au service de l'homme », réunissant environ 1 000 scientifiques provenant de nombreux pays du monde. « Il est intéressant de noter à quel point ces scientifiques étaient des précurseurs puisqu'en juin 1973, ils commençaient à tracer des voies qui sont devenues d'actualité quelques mois plus tard », commente Alain Liébard, jeune architecte se spécialisant dans l'énergie solaire à l'occasion de son diplôme soutenu à l'UP 6 et qui deviendra par la suite un fervent militant des énergies renouvelables[4]. Les auteurs de *La Face cachée du soleil* avaient du reste été intéressés par le numéro spécial « Architecture de soleil » proposé par *L'Architecture d'aujourd'hui* en mai-juin 1973[5], où figure en bonne place un texte de Paolo Soleri, « Theology of the Sun », publié en anglais et commenté par la rédaction[6]. Marc Vaye et ses compagnons ne manqueront pas de visiter Arcosanti, non pas comme apprentis[7] mais comme observateurs attentifs.

Couverture de l'ouvrage, Le Bricolo Lézardeur (Frédéric Nicolas, Jean-Pierre Traisnel, Marc Vaye), *La Face cachée du soleil.*
Paris, ZZZ Publications, 1re édition, 1974.

Constatant l'esprit pragmatique des constructeurs-inventeurs américains qui n'attendent pas d'être diplômés pour être des spécialistes et expérimentent des systèmes ingénieux sans attendre les normes gouvernementales, les membres de Bricolo Lézardeur militent pour l'autoconstruction, pour « la réappropriation des techniques » et la possibilité d'acquérir des connaissances avec un rapport théorie/pratique différent de celui de l'architecture conventionnelle.

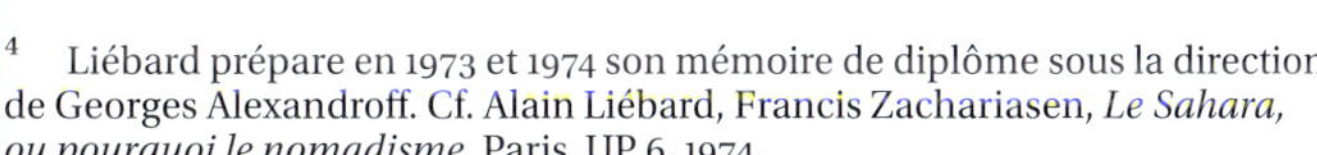

La Face cachée du soleil revendique une réflexion critique sur les connaissances scientifiques et techniques ainsi que sur la technologie. Les auteurs promeuvent la production d'énergie solaire et son utilisation directe sur place et énumèrent les conséquences positives, tant sociales, économiques que politiques, qui découlent de ce dispositif. L'appropriation directe de l'énergie par l'utilisateur et le captage décentralisé par unités réparties sur l'ensemble du territoire engendrent l'autonomie énergétique à tous les niveaux : pays, régions, localités, communautés[8].

4 Liébard prépare en 1973 et 1974 son mémoire de diplôme sous la direction de Georges Alexandroff. Cf. Alain Liébard, Francis Zachariasen, *Le Sahara, ou pourquoi le nomadisme*, Paris, UP 6, 1974.

5 *L'Architecture d'aujourd'hui* (Paris), dossier « Architecture de soleil », nº 167, mai-juin 1973. Le numéro est dirigé par Marc Emery et Yvette Pontoizeau, secondés par Jean-Pierre Cousin, Pierre Colboc et David Stewart.

6 « Arcosanti », *L'Architecture d'aujourd'hui* (Paris), dossier « Architecture de soleil », nº 167, mai-juin 1973. L'article est accompagné d'un dossier photographique d'une dizaine de clichés en couleur sur le site d'Arcosanti (Arizona). Les vues du désert, les détails de construction et le commentaire sur les *workshops* organisés à Arcosanti, incitant les étudiants en architecture à rejoindre l'expérience constructive, sont une invitation au voyage.

7 Sur le site d'Arcosanti, l'objectif des *workshops* était d'employer 300 participants se répartissant en douze ateliers de six semaines du début mars à la fin novembre. Les participants payent 250 dollars et contribuent ainsi aussi à l'achat de matériaux de construction, à l'entretien et à la réparation d'outils et équipements, à l'entretien du camp et de ses services, à la création d'un encadrement travaillant avec les participants, enfin à l'organisation de cours et séminaires de disciplines diverses.

8 Le Bricolo Lézardeur (Marc Vayne, Frédéric Nicolas et Jean-Pierre Traisnel), *La Face cachée du soleil*, Paris, ZZZ Publications, 1974, p. 7.

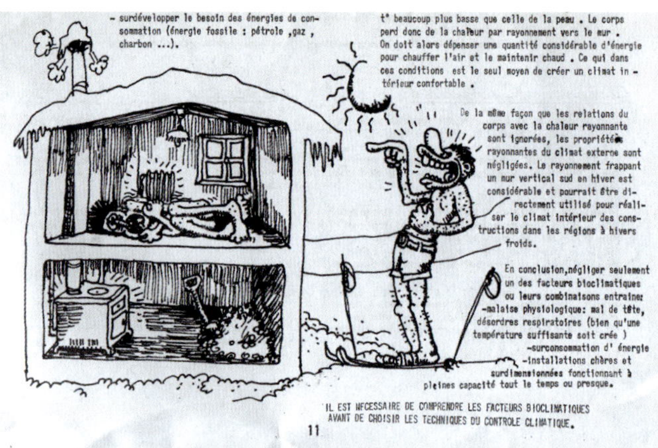

- surdévelopper le besoin des énergies de consommation (énergie fossile : pétrole ,gaz , charbon ...).

t° beaucoup plus basse que celle de la peau . Le corps perd donc de la chaleur par rayonnement vers le mur . On doit alors dépenser une quantité considérable d'énergie pour chauffer l'air et le maintenir chaud . Ce qui dans ces conditions est le seul moyen de créer un climat intérieur confortable .

De la même façon que les relations du corps avec la chaleur rayonnante sont ignorées, les propriétés rayonnantes du climat externe sont négligées. Le rayonnement frappant un mur vertical sud en hiver est considérable et pourrait être directement utilisé pour réaliser le climat intérieur des constructions dans les régions à hivers froids.

En conclusion,négliger seulement un des facteurs bioclimatiques ou leurs combinaisons entraine:
-malaise physiologique: mal de tête, désordres respiratoires (bien qu'une température suffisante soit crée)
-surconsommation d' énergie
-installations chères et surdimensionnées fonctionnant à pleines capacité tout le temps ou presque.

IL EST NECESSAIRE DE COMPRENDRE LES FACTEURS BIOCLIMATIQUES AVANT DE CHOISIR LES TECHNIQUES DU CONTROLE CLIMATIQUE.

11

« Il est nécessaire de comprendre les facteurs bioclimatiques... »

Le Bricolo Lézardeur, *La Face cachée du soleil*, Paris, ZZZ Publications, 2e édition, 1974, p. 11.

Si dans l'édition de 1974, les auteurs ne figuraient pas en page de titre — seul le nom de l'équipe « Le Bricolo Lézardeur » étant signalé en deuxième page —, pour la seconde édition, en revanche, la dernière de couverture révèle les noms de Frédéric Nicolas, Jean-Pierre Traisnel et Marc Vaye. Ce léger glissement d'une première édition masquant, consciemment ou non, les protagonistes à une édition où les noms, et donc la responsabilité éditoriale, sont clairement identifiés, marque aussi l'époque : effacement des personnalités au profit du groupe, dans un premier temps, puis identification nominative qui s'inscrit dans une logique de carrière professionnelle. Le nom d'équipe « Le Bricolo Lézardeur » est, comme le souligne Marc Vaye « un jeu de mots dans lequel on peut entendre les "Lézards au soleil" et "lézardeurs", auteurs des lézardes, ces désordres infimes capables néanmoins de détruire Babylone[9] ». La sonorité du mot évoque aussi « les ardeurs », celles du soleil, tout d'abord, mais aussi les ardeurs juvéniles et l'énergie pleine de vivacité des trois amis.

La couverture de *La Face cachée du soleil*, dessinée par Jean-Pierre Traisnel, annonce d'emblée la référence à la culture psychédélique, où des signes iconiques interstellaires et liés aux astres (signes du zodiaque, constellation, soleil stylisé) dialoguent avec une icône de domesticité mêlée d'écologie (un arbre portant deux fenêtres dans son feuillage représente la maisonnée). Les tons sont à dominantes bleu, rose et violine.

Le graphisme et les personnages de bandes dessinées, notamment américaines, sont détournés : Lucky Luke devient le porte-parole d'une leçon d'économie géopolitique à propos du pétrole, Mickey,

Sachez, mon cher capitaine, que les formes les plus couramment utilisées sont les paraboloïdes, les portions de cylindre, les cylindro-paraboliques, les cônes, ou l'association de plusieurs de ces formes.

9 Marc Vaye, entretien cité.

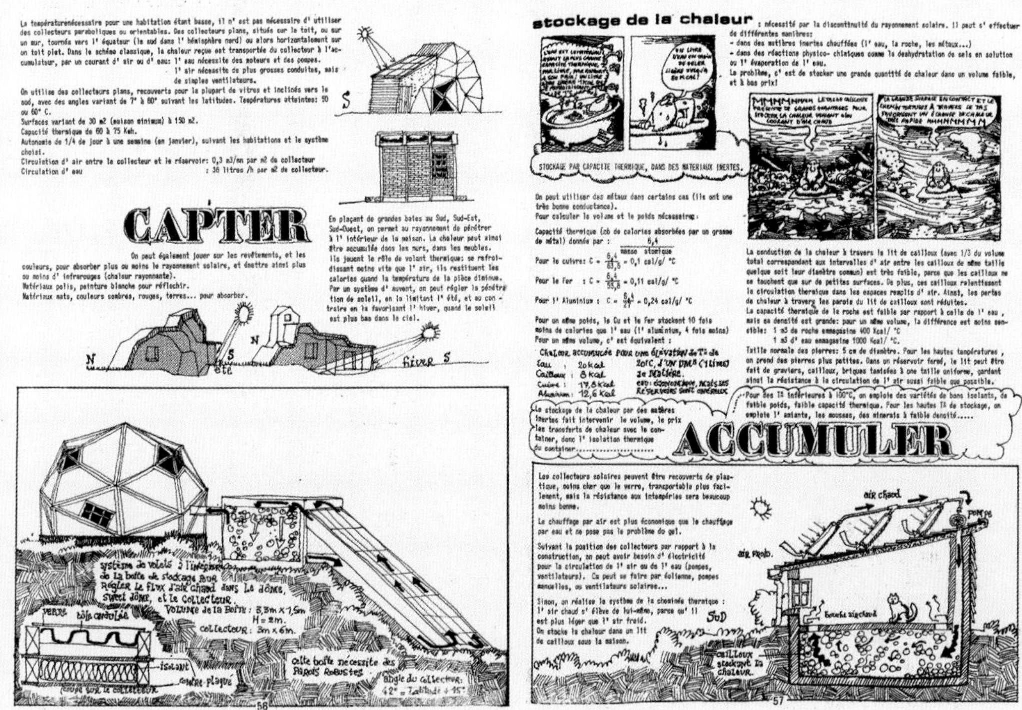

La températurenécessaire pour une habitation étant basse, il n' est pas nécessaire d' utiliser des collecteurs paraboliques ou orientables. Des collecteurs plans, situés sur le toit, ou sur un mur, tournés vers l' équateur (le sud dans l' hémisphère nord) ou alors horizontalement sur un toit plat. Dans le schéma classique, la chaleur reçue est transportée du collecteur à l'accumulateur, par un courant d' air ou d' eau: l' eau nécessite des moteurs et des pompes.
l' air nécessite de plus grosses conduites, mais de simples ventilateurs.

On utilise des collecteurs plans, recouverts pour la plupart de vitres et inclinés vers le sud, avec des angles variant de 7° à 60° suivant les latitudes. Températures atteintes: 50 ou 60° C.
Surfaces variant de 30 m2 (maison minimum) à 150 m2.
Capacité thermique de 60 à 75 Kwh.
Autonomie de 1/4 de jour à une semaine (en janvier), suivant les habitations et le système choisi.
Circulation d' air entre le collecteur et le réservoir: 0,3 m3/mn par m2 de collecteur
Circulation d' eau : 36 litres /h par m2 de collecteur.

CAPTER

On peut également jouer sur les revêtements, et les couleurs, pour absorber plus ou moins le rayonnement solaire, et émettre ainsi plus ou moins d' infrarouges (chaleur rayonnante).
Matériaux polis, peinture blanche pour réflechir.
Matériaux mats, couleurs sombres, rouges, terres... pour absorber.

En plaçant de grandes baies au Sud, Sud-Est, Sud-Ouest, on permet au rayonnement de pénétrer à l' intérieur de la maison. La chaleur peut ainsi être accumulée dans les murs, dans les meubles. Ils jouent le rôle de volant thermique: se refroidissant moins vite que l' air, ils restituent les calories quand la température de la pièce diminue. Par un système d' auvent, on peut régler la pénétration de soleil, en la limitant l' été, et au contraire en la favorisant l' hiver, quand le soleil est plus bas dans le ciel.

stockage de la chaleur : nécessité par la discontinuité du rayonnement solaire. Il peut s' effectuer de différentes manières:
- dans des matières inertes chauffées (l' eau, la roche, les métaux...)
- dans des réactions physico- chimiques comme la deshydratation de sels en solution ou l' évaporation de l' eau.
Le problème, c' est de stocker une grande quantité de chaleur dans un volume faible, et à bas prix!

STOCKAGE PAR CAPACITE THERMIQUE, DANS DES MATERIAUX INERTES.

On peut utiliser des métaux dans certains cas (ils ont une très bonne conductance).
Pour calculer le volume et le poids nécessaires :

Capacité thermique (nb de calories absorbées par un gramme de métal) donnée par : $\frac{6,4}{\text{masse atomique}}$

Pour le cuivre: $C = \frac{6,4}{63,5} = 0,1$ cal/g/ °C

Pour le Fer : $C = \frac{6,4}{55,8} = 0,11$ cal/g/ °C

Pour l' Aluminium : $C = \frac{6,4}{27} = 0,24$ cal/g/ °C

Pour un même poids, le Cu et le Fer stockent 10 fois moins de calories que l' eau (l' aluminium, 4 fois moins)
Pour un même volume, c' est équivalent :

Chaleur accumulée pour une élévation de T° de 20°C, d'un DM³ (1 litre) de matière.
Eau : 20 kcal
Cailloux : 8 kcal
Cuivre : 17,6 kcal
Aluminium : 12,6 kcal
eau : économique, mais les réservoirs sont onéreux

Le stockage de la chaleur par des matières inertes fait intervenir le volume, le prix les transferts de chaleur avec le container, donc l' isolation thermique du container......................

La conduction de la chaleur à travers le lit de cailloux (avec 1/3 du volume total correspondant aux intervalles d' air entre les cailloux de même taille quelque soit leur diamètre commun) est très faible, parce que les cailloux ne se touchent que sur de petites surfaces. De plus, ces cailloux ralentissent la circulation thermique dans les espaces remplis d' air. Ainsi, les pertes de chaleur à travers les parois du lit de cailloux sont réduites.
La capacité thermique de la roche est faible par rapport à celle de l' eau , mais sa densité est grande: pour un même volume, la différence est moins sensible: 1 m3 de roche emmagasine 400 Kcal/ °C
1 m3 d' eau emmagasine 1000 Kcal/ °C.
Taille normale des pierres: 5 cm de diamètre. Pour les hautes températures , on prend des pierres plus petites. Dans un réservoir fermé, le lit peut être fait de graviers, cailloux, briques tamisées à une taille uniforme, gardant ainsi la résistance à la circulation de l' air aussi faible que possible.

Pour des T° inférieures à 100°C, on emploie des variétés de bons isolants, de faible poids, faible capacité thermique. Pour les hautes T° de stockage, on emploie l' amiante, les mousses, des minerais à faible densité.....

ACCUMULER

Les collecteurs solaires peuvent être recouverts de plastique, moins cher que le verre, transportable plus facilement, mais la résistance aux intempéries sera beaucoup moins bonne.

Le chauffage par air est plus économique que le chauffage par eau et ne pose pas le problème du gel.

Suivant la position des collecteurs par rapport à la construction, on peut avoir besoin d' électricité pour la circulation de l' air ou de l' eau (pompes, ventilateurs). Ca peut se faire par éolienne, pompes manuelles, ou ventilateurs solaires...

Sinon, on réalise le système de la cheminée thermique : l' air chaud s' élève de lui-même, parce qu' il est plus léger que l' air froid. On stocke la chaleur dans un lit de cailloux sous la maison.

Le système de stockage pour régler le flux d'air chaud dans le dôme Sweet Dome à Drop City : « Capter », « Accumuler ».

Le Bricolo Lézardeur, *La Face cachée du soleil*, Paris, ZZZ Publications, 2e édition, 1974, p. 56-57.

Snoopy, Little Nemo, ainsi que Fritz le chat, Mr Natural et Mr Snoïd, les célèbres personnages de Robert Crumb, sont chargés de véhiculer de façon comique l'information technique. Tintin est aussi de la partie. Ainsi, à la page 32, le professeur Tournesol explique au capitaine Haddock les principes techniques des « collecteurs focalisants », alors qu'ils sont ligotés à un poteau : « Sachez, mon cher capitaine, que les formes les plus couramment utilisées sont les paraboloïdes, les portions de cylindre, les cylindro-paraboliques, les cônes, ou l'association de plusieurs de ces formes. [10] »
La difficulté de l'explication technique contenue dans les bulles contraste avec la situation imagée. Sur la page d'en face, d'autres types de représentation sont utilisés pour varier les plaisirs et aplanir quelques difficultés techniques du principe des collecteurs paraboliques.
Les auteurs détournent les images, celles des revues techniques comme celles des *comic books* américains. Ainsi, page 11, Mr Natural, caractère masculin très poilu de Robert Crumb, tout gelé à l'intérieur d'une cabane, illustre le propos suivant : « Il est nécessaire de comprendre les facteurs bioclimatiques avant de choisir les techniques de contrôle climatique. » Le contraste entre la rigueur de l'explication technique du texte et le côté audacieux, provocateur, de la représentation graphique a pour effet de maintenir l'attention du lecteur tout en l'amusant. Dans le même esprit, Marc Vaye et ses compagnons font appel à la bande dessinée pour transmettre le message technique.

10 Le Bricolo Lézardeur, *La Face cachée du soleil*, *op. cit.*, p. 32.

Les auteurs des bandes dessinées mis à contribution ne sont pas cités. Le détournement créatif fait fi de tout copyright ou droit à l'image. Quant aux schémas techniques ou aux photographies de systèmes construits étudiés, empruntés aux revues, ils ont été redessinés pour des questions de lisibilité et d'économie, l'impression d'un dessin étant moins onéreuse que l'impression offset d'une photographie.
Le titrage est différent pour chaque sujet. L'écriture manuscrite imite celle des enfants. Ainsi sur la page « Attention aux matériaux », illustrée par des figures de Snoopy, le texte est composé à la suite d'un petit schéma comme s'il s'agissait d'un devoir d'école : « Le rayonnement solaire, RS, et le rayonnement thermique, RT, sont absorbés. Le matériau s'échauffe au maximum au soleil et se refroidit au maximum la nuit[11]. » En résumé, au bas de la page, les mots sont soulignés : « radiateur », « isolant », « accumulateur ». La diversité graphique et typographique est censée exciter l'appétit du lecteur en évitant le sentiment d'ennui que pourrait susciter une revue technique.
Apprendre en s'amusant, mais aussi apprendre de l'Amérique tout en se moquant. Ainsi, sur les deux pages qui expliquent les *zômes* de Steve Baer (p. 38 et 39), le titre adopte des formes fleuries inspirées par les pochettes de disques de Grateful Dead et les affiches des graphistes californiens Wes Wilson, Victor Moscoso ou Lee Conklin (actifs dès les années 1966-1967)[12]. Les différentes parties techniques sont rendues en perspective et en plan. Une coupe sur le mur caloriporteur en détaille le système : 90 barils métalliques peints en noir à l'extérieur et en blanc à l'intérieur de la maison. Le soleil chauffera pendant la journée l'eau contenue dans ces barils et la chaleur accumulée sera transmise le soir dans la maison. Les schémas prennent pour exemple, à l'instar d'autres publications, le dôme de Steve Baer à Drop City qui est équipé d'un collecteur, recouvert de vitres et incliné vers le sud. Un système de volets à l'intérieur de la boîte de stockage permet de régler le flux d'air chaud dans le dôme. Les principes techniques sont expliqués, toujours à l'aide de croquis. La double page consacrée au stockage de la chaleur, intitulée « capter » et « accumuler », montre un personnage à grande barbe blanche. Il est chargé d'informer le lecteur sur le stockage par capacité thermique dans des matériaux inertes et lui lance depuis sa baignoire : « L'eau est le matériau ayant la plus grande capacité thermique par litre, par rapport à son prix ! Un litre d'eau libère 1 Kcal en se refroidissant de 1°C » ; puis sur la deuxième image : « Un litre d'eau en train de geler libère jusqu'à 80 KCal[13]. »
Que peut bien apporter une telle publication, aux propos sérieux mais présentés délibérément sur un mode léger, à ces architectes en tout début de carrière ? Les remarques de Pierre Bourdieu à propos de la légitimité naissante de la bande dessinée, de la science-fiction ou du roman policier suggèrent quelques pistes interprétatives :

Pochette de disque du groupe Grateful Dead, *Winterland 1973 : The Complete Recordings* ; illustration de Emek.

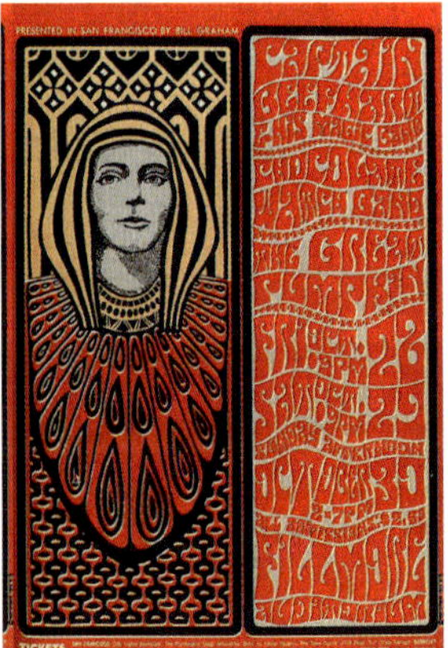
Affiche de Victor Moscoso.

11 *Ibid.*, p. 29.
12 Voir à ce propos Amélie Gastaut, *Off the Wall, Affiches psychédéliques de San Francisco 1966-1969*, Londres, Thames & Hudson, 2004.
13 Le Bricolo Lézardeur, *La Face cachée du soleil*, *op. cit.*, p. 39.

« Les arts moyens tels que le cinéma et le jazz et, plus encore, la bande dessinée, la science-fiction ou le roman policier sont prédisposés à attirer les investissements soit de ceux qui n'ont pas totalement réussi la reconversion de leur capital culturel en capital scolaire, soit de ceux qui, n'ayant pas acquis la culture légitime selon le mode d'acquisition légitime [...], entretiennent avec elle un rapport malheureux, objectivement et/ou subjectivement : ces arts en voie de légitimation [...] offrent [...] une revanche à ceux qui, en se les appropriant, font le meilleur placement de leur capital culturel [14]. »

N'y a-t-il ici pas non plus le contexte post-68 favorable au renouvellement de l'encadrement dans les écoles d'architecture ?
Le succès remporté par les auteurs de *La Face cachée du soleil* leur ouvre en tout cas des perspectives professionnelles : Marc Vaye accepte un poste de professeur invité à l'École spéciale d'architecture dès 1977 ; Jean-Pierre Traisnel rejoint un laboratoire de recherche au CNRS. Frédéric Nicolas présente son diplôme d'architecture en 1976 à UP 6. Intitulé *Vers une architecture bioclimatique*, son travail a été suivi par Georges Alexandroff. Il faut d'ailleurs souligner le rôle joué par les deux enseignants-architectes Georges et Jeanne-Marie Alexandroff et leurs publications [15] dans le développement de nombreux travaux sur l'énergie solaire au sein de l'unité pédagogique nº 6.
Marc Vaye et Frédéric Nicolas s'associent pour créer une agence d'architecture nommée La Face cachée du soleil, qui reste active jusqu'au début des années quatre-vingt. Frédéric Nicolas construit sa première maison solaire en 1977. L'essentiel de leur activité porte néanmoins sur des recherches concernant l'approche bioclimatique [16].
La Face cachée du soleil a ainsi permis à Marc Vaye, Frédéric Nicolas et Jean-Pierre Traisnel d'être reconnus comme les spécialistes des questions solaires. Ils sont sollicités par Gwenaël Querrien, rédactrice en charge du *Bulletin d'information inter-établissements* de l'Institut de l'environnement pour produire plusieurs brochures consacrées à la conservation de l'énergie et à l'architecture bioclimatique. Rappelons que le *Bulletin d'information inter-établissements*, qui commence à paraître en 1974, est distribué gratuitement. Tiré d'abord

14 Pierre Bourdieu, *La Distinction*, Paris, Minuit, 1979, p. 96.

15 Georges Alexandroff et Alain Liébard, *L'Habitat solaire, comment ?*, *op. cit.* ; Georges et Jeanne-Marie Alexandroff, *Architectures et climats : soleil et énergies naturelles dans l'habitat*, Paris, Berger-Levrault, 1982. D'autres ouvrages peuvent être signalés tels que celui de l'Américain David Wright, *Soleil, nature, architecture*, Marseille, Parenthèses, 1979. Il s'agit de la traduction de son ouvrage *Natural Solar Architecture : a passive primer*, New York, Van Nostrand Reinhold, 1978 (traduction française et adaptation de Pierre Bazan). Signe de l'intérêt croissant pour ces publications, la version française de l'ouvrage de David Wright a été rééditée en 2004 sous le titre *Manuel d'architecture naturelle*.

16 Les premiers travaux du Corda (Comité d'orientation de la recherche et du développement en architecture) refléteront aussi la préoccupation écologique. Cf. M. Bedel, M. Ceron, F. Nicolas, G. Olive, M. Vaye, *Pour une approche bioclimatique de l'architectur*e (1978) ; F. Canin, R. Dabat, J.-L. Izard, G. Saurel, *Architecture et données de l'Environnement, Méthodologie de la conception architecturale bioclimatique* ; ou encore, les multiples recherches du Cerma (1973/80/82/83) relatives au « bioclimatique ». Cf. Jean-Louis Violeau, *Les Architectes et mai 68*, Paris, Éditions Recherches, 2005, p. 357.

à 5000 exemplaires, il est ensuite diffusé jusqu'à environ 15 000 exemplaires dans les établissements d'enseignement, les organismes de recherche et parmi les professionnels, où « il constitue l'un des éléments de l'effort entrepris par la direction de l'Architecture pour permettre une meilleure circulation des informations et des idées en matière de recherche et d'enseignement [17] ». Les écoles d'architecture françaises reçoivent systématiquement un nombre de numéros correspondant au tiers de leur effectif d'étudiants. Ces brochures assurent donc une couverture efficace aux travaux de Frédéric Nicolas et de Marc Vaye [18]. Dans le nº 12 de février 1976, les deux auteurs relatent des expériences anglaises : celle de la maison autonome d'Alexander Pike à l'université de Cambridge [19] et celle des *Street farmers* à Londres. Ils sont assez pessimistes sur les possibilités de développement de ces approches :

Alexander Pike, *Maison autonome*, modèle expérimental à échelle 1 réalisé pour le Scientific Research Council, Cambridge, Angleterre, 1974.

> « Dans ces conditions, la possibilité de donner une réponse architecturale globale au problème énergétique, ce que certains appellent l'architecture "passive", est enserrée dans des limites très étroites par manque de moyens, par rétention des résultats de recherches menées ailleurs, par mystification des possibilités de la technologie à résoudre tous les problèmes, en particulier celui du confort thermique, par obstacle législatif (limite des moyens et des codes admis), par inadaptation socioculturelle [20]. »

Dans le nº 15 de mai 1976, une quinzaine de réalisations solaires passives sont analysées : la maison de David Wright à Santa Fe au Nouveau-Mexique, celle de Richard Crowther à Denver et celle de Peter Wood à Colorado Springs, le site de l'entreprise Zomeworks de Steve Baer à Albuquerque, les travaux de Day Chahroudi au MIT. Les adresses et les noms sont fournis, ainsi qu'une bibliographie. Les auteurs distinguent les notions d'« architecture bioclimatique » (technologie douce, architecture à systèmes passifs, conception totalement intégrée, faible coût de production, faible coût d'entretien et de fonctionnement) et « architecture solarisée » (technologie dure, architecture à systèmes actifs avec équipements séparés, coût élevé à la production, coût élevé de fonctionnement et d'entretien). Ils livrent une analyse thermique de plusieurs maisons « passives » et « actives », notamment celles de Steve Baer et David Wright. Les auteurs concluent en constatant que l'architecture solarisée basée sur l'utilisation d'équipements industrialisés se développera sans incitation étatique particulière, alors que l'architecture bioclimatique, beaucoup moins rentable, risque de stagner [21].

[17] *IE (Institut de l'environnement)*, nº 0, novembre 1974. L'Institut de l'Environnement s'installe tout d'abord rue d'Ulm dans le nouveau bâtiment réalisé par Robert Joly et dont les façades ont été conçues par Jean Prouvé avant de déménager à Nanterre, puis rue Jacques-Callot à Paris. Le chiffre des 15 000 exemplaires est avancé par Gwenaël Querrien en 2006.

[18] Supplément au *Bulletin d'information inter-établissements* (Paris), nº 12, de Frédéric Nicolas, Marc Vaye : « L'architecture solaire », février 1976, p. 2 ; « Sun power » et/ou « save energy », spécial USA, nº 15, mai 1976 ; « Énergie solaire et architecture », nº 22, mars 1977 ; « Architecture et technique solaire : vers la réconciliation. Les recherches américaines », nº 25, juin 1977 ; « À l'heure solaire », nº 46, mars 1980.

[19] À propos de cette expérience, on peut consulter Alexander Pike, « The Autonomous House », *Practical Self Sufficiency*, nº 9, mars-avril 1977, p. 28-29.

[20] Frédéric Nicolas, Marc Vaye, « L'architecture solaire », *op. cit.*, p. 2.

Choisir des briques pour les murs, des tuiles pour le toit, un plancher de bois et des revêtements d'étanchéité avec des menuiseries métalliques, c'est combiner à l'aide de matériaux, des temps différents.

À l'issue d'une mission effectuée en avril 1977 aux États-Unis, Frédéric Nicolas et Marc Vaye sont sollicités de nouveau pour un numéro spécial sur l'architecture solaire dans ce pays[22], afin de compléter et de réactualiser les informations présentées dans le supplément de mai 1976. C'est le quatrième bulletin sur ce thème, après ceux consacrés aux techniques solaires et à l'architecture en Grande-Bretagne, aux États-Unis et en France.

HABITATS ET LE CATALOGUE DES RESSOURCES : DE L'AUTOCONSTRUCTION ET DU DO-IT-YOURSELF

L'autoconstruction et le *do-it-yourself*, fruits de l'esprit pragmatique des Nord-Américains, caractérisent une bonne part des constructions alternatives nord-américaines. Ces expressions sont aussi valorisées dans les programmes universitaires. En France, en ce qui concerne l'apprentissage manuel, les écoles d'architecture — École des beaux-arts ou École spéciale d'architecture — ont peu à offrir. Pour le philosophe Paul Virilio, actif auprès de l'École spéciale d'architecture au cours des années soixante (il deviendra membre du directoire en compagnie d'Anatole Kopp et Bernard Granotier en 1972), l'autoconstruction ou, plus largement, l'autogestion de l'espace est une reconquête du pouvoir individuel :

> « Parler d'autoconstruction, c'est d'abord faire retour vers la gestion de l'espace et tenter de discerner les causes de l'obscurantisme sur les questions de lieu et de milieu, sur l'analyse et la pratique d'un territoire qui sans cesse nous échappe au travers d'une éducation qui fait l'impasse sur la dimension stratégique de l'espace. »

Pour le philosophe, la perte de l'esprit du lieu, la délocalisation, est l'une des formes les plus insidieuses de l'aliénation populaire et donc, en reprenant ses mots, « choisir des briques pour les murs, des tuiles pour le toit, un plancher de bois et des revêtements d'étanchéité avec des menuiseries métalliques, c'est combiner à l'aide de matériaux, des temps différents[23] ». L'autogestion de l'espace, précise-t-il, est donc simultanément celle du temps, un temps à reconquérir et une géométrie sociale à inventer.

21 Frédéric Nicolas, Marc Vaye, « Sun power » et/ou « save energy », *op. cit.*, p. 7.

22 Ce numéro est édité par le Centre d'études et de recherches architecturales (Cera) et réalisé avec le concours de la direction de l'Architecture dans le cadre de l'action de documentation pour la recherche architecturale.

Habitats, la version française de la publication californienne *Shelter* sortie en 1977, donne les clefs de cet apprentissage :

> « Si vous vous sentez une âme de menuisier, mais que vous n'êtes pas très adroit, dites-vous que l'apprentissage sur le tas est la meilleure façon de s'y mettre. Travaillez par-ci, par-là : faites-vous camionneur ; nettoyez les caves, les garages… ; faites du jardinage pour les gens… petit à petit, vous sentirez revenir une habileté ignorée. […] Tirez des livres ce que vous pouvez. Essayez de travailler, même à bas prix, chez un artisan compétent ; au fur et à mesure, vous apprendrez la menuiserie, la peinture, l'installation électrique [24]. »

Couverture de l'ouvrage *Habitats, Constructions traditionnelles et marginales.*
Paris, Édition Alternative et Parallèles, 1978.

C'est cependant une leçon difficile à digérer pour un Français qui, de par sa culture, est moins sollicité par le culte de l'autonomie (sans avoir recours à des spécialistes) et les méthodes du *learning by doing* (apprendre tout en faisant). Le goût pour les constructions de type cabanes en bois touche néanmoins les architectes en France : Georges Maurios construit la sienne dans la forêt de Rambouillet en 1975 tandis que Pierre Lajus choisit les Pyrénées. Pour l'un comme pour l'autre, *Shelter*, dans sa version américaine originale, offre une série d'exemples accompagnés de détails techniques précis.

Familier des côtes Est et Ouest nord-américaines depuis 1959, Georges Maurios se voit refuser dans un premier temps le permis de construire sous prétexte d'un style californien trop prononcé. Ce qui l'intéressait c'était de mettre en œuvre le *balloon frame* qu'il avait vu utiliser aux États-Unis pour toute sorte de construction. Cette petite maison de week-end de 63 m² habitables est située à Droue-sur-Drouette près de Rambouillet (Yvelines). Sur un soubassement en parpaings apparents qui abrite les annexes, la maison elle-même, entièrement en bois, forme une équerre s'ouvrant sur le site. Maurios raconte qu'« il n'y avait ni d'eau ni d'électricité. Je n'avais pas les moyens d'amener l'électricité… C'était loin du village. Alors j'ai récupéré l'eau de pluie [25]. » L'eau de pluie est filtrée et récupérée dans une citerne ; l'on s'éclaire au propane.

En parlant de cette maison dans les bois Georges Maurios précise :

> « J'ai abandonné toute culture esthétique ou volonté de connotation, je suis parti de la pratique […] ce n'est peut-être pas beau, au sens où je me suis débarrassé des préjugés esthétiques de l'architecture internationale. […] Construire m'a permis de l'étudier plus à fond que si je l'avais fait uniquement sur plan. En suivant le processus du maçon, j'ai pu développer et passer à un stade plus intellectuel de l'architecture [26]. »

« Pignon simple » et « Toit en croupe », deux doubles pages de *Habitats, Constructions traditionnelles et marginales*.
Paris, Édition Alternative et Parallèles, 1978, p. 62-63 et p. 64-65.

23 Paul Virilio, « L'état d'urgence ou l'autogestion de l'espace » (1968), in *Increvables anarchistes, Histoire(s) de l'anarchisme, des anarchistes et de leurs foutues idées au fil de 150 ans du Libertaire et du Monde Libertaire, Le Monde Libertaire* (Paris, Bruxelles), vol. 9, 1968/1975, 2001, p. 38-39.

24 Lloyd Kahn, *Habitats, Constructions traditionnelles et marginales* (traduction et adaptation de *Shelter* par Pierre Gac), Paris, Alternative et Parallèles, 1977, p. 59.

25 Georges Maurios, entretien avec l'auteur, Paris, 14 janvier 2001.

26 Georges Maurios, in Marie-Christine Gangneux, « Les espaces de l'architecte », *L'Architecture d'aujourd'hui* (Paris), nº 182, novembre-décembre 1975, p. 51.

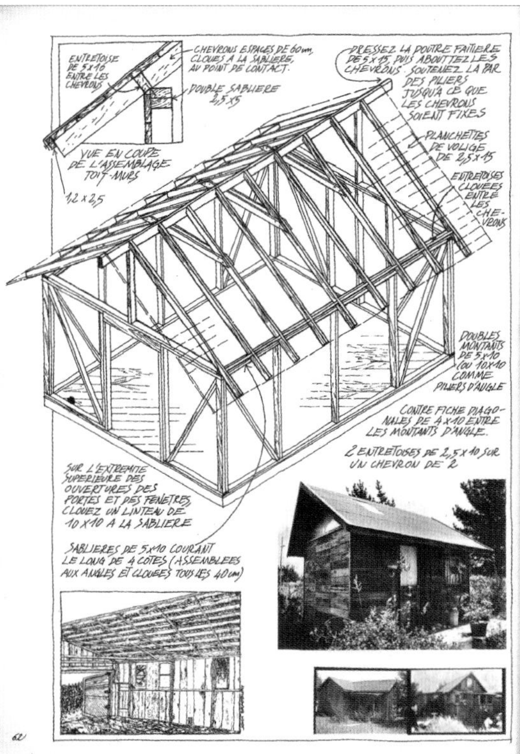
ENTRETOISE DE 5x10 ENTRE LES CHEVRONS
CHEVRONS ESPACES DE 60cm, CLOUES A LA SABLIERE, AU POINT DE CONTACT.
DOUBLE SABLIERE 2,5x5
VUE EN COUPE DE L'ASSEMBLAGE TOIT-MURS
1,2 x 2,5
DRESSEZ LA POUTRE FAITIERE DE 5x15, PUIS ABOUTTEZ LES CHEVRONS. SOUTENEZ LA PAR DES PILIERS JUSQU'A CE QUE LES CHEVRONS SOIENT FIXES
PLANCHETTES DE VOLIGE DE 2,5x15
ENTRETOISES CLOUEES ENTRE LES CHEVRONS
DOUBLES MONTANTS DE 5x10 (OU 10x10 COMME PILIERS D'ANGLE
CONTRE FICHE DIAGONALES DE 4x10 ENTRE LES MONTANTS D'ANGLE.
2 ENTRETOISES DE 2,5x10 SUR UN CHEVRON DE 2
SUR L'EXTREMITE SUPERIEURE DES OUVERTURES DES PORTES ET DES FENETRES, CLOUEZ UN LINTEAU DE 10x10 A LA SABLIERE
SABLIERES DE 5x10 COURANT LE LONG DE 4 COTES (ASSEMBLEES AUX ANGLES ET CLOUEES TOUS LES 40cm)
62

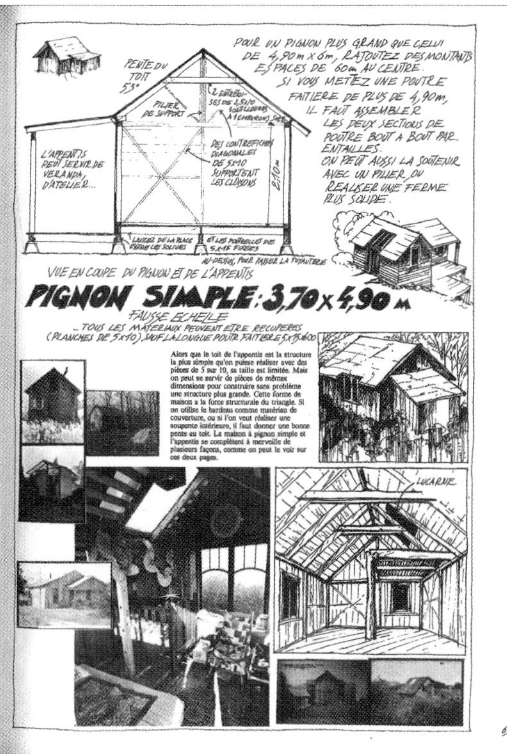
POUR UN PIGNON PLUS GRAND QUE CELUI DE 4,90m x 6m, RAJOUTEZ DES MONTANTS ESPACES DE 60cm AU CENTRE.
SI VOUS METTEZ UNE POUTRE FAITIERE DE PLUS DE 4,90m, IL FAUT ASSEMBLER LES DEUX SECTIONS DE POUTRE BOUT A BOUT PAR ENTAILLES.
ON PEUT AUSSI LA SOUTENIR AVEC UN PILIER, OU REALISER UNE FERME PLUS SOLIDE.
PENTE DU TOIT 53°
PILIER DE SUPPORT
2 ENTRETOISES DE 2,5x10 SONT CLOUEES A 1 CHEVRONS SUR 2
L'APPENTIS PEUT SERVIR DE VERANDA, D'ATELIER...
DES CONTREFICHES DIAGONALES DE 5x10 SUPPORTENT LES CLOISONS
2,10m
LAISSEZ DE LA PLACE ENTRE LES SOLIVES
ET LES POTELETS DE 5x15 FIXEES AU-DESSOUS, POUR PASSER LA TUYAUTERIE
VUE EN COUPE DU PIGNON ET DE L'APPENTIS

PIGNON SIMPLE : 3,70 x 4,90 m

FAUSSE ECHELLE
– TOUS LES MATERIAUX PEUVENT ETRE RECUPERES (PLANCHES DE 5x10) SAUF LA LONGUE POUTRE FAITIERE 5x15x600

Alors que le toit de l'appentis est la structure la plus simple qu'on puisse réaliser avec des pièces de 5 sur 10, sa taille est limitée. Mais on peut se servir de pièces de mêmes dimensions pour construire sans problème une structure plus grande. Cette forme de maison a la force structurale du triangle. Si on utilise le bardeau comme matériau de couverture, ou si l'on veut réaliser une soupente intérieure, il faut donner une bonne pente au toit. La maison à pignon simple et l'appentis se complètent à merveille de plusieurs façons, comme on peut le voir sur ces deux pages.

LUCARNE
63

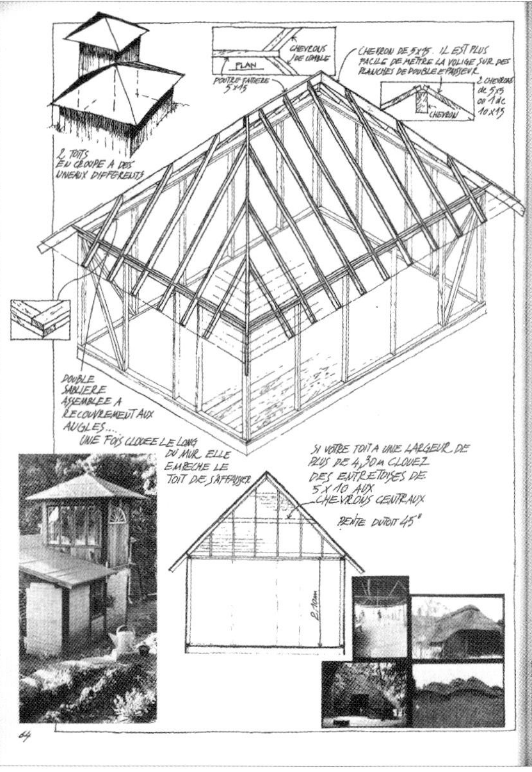
2 TOITS EN CROUPE A DES NIVEAUX DIFFERENTS
PLAN
CHEVRONS DE COMBLE
POUTRE FAITIERE 5x15
CHEVRON DE 5x15. IL EST PLUS FACILE DE METTRE LA VOLIGE SUR DES PLANCHES DE DOUBLE EPAISSEUR
2 CHEVRONS de 5x15 ou 1 de 10x15
CHEVRON
DOUBLE SABLIERE ASSEMBLEE A RECOUVREMENT AUX ANGLES...
UNE FOIS CLOUEE LE LONG DU MUR ELLE EMPECHE LE TOIT DE S'AFFAISSER
SI VOTRE TOIT A UNE LARGEUR DE PLUS DE 4,30m CLOUEZ DES ENTRETOISES DE 5x10 AUX CHEVRONS CENTRAUX
PENTE DU TOIT 45°
2,10m
64

CHEVRON DE COMBLE
VUE DE FACE
CHANFREINER LE COIN DE LA SABLIERE LA OU REPOSE LE CHEVRON D'ANGLE
TOIT EN CROUPE RECOUVRANT UNE VERANDA AUTOUR D'UN TOIT A 2 PENTES

TOIT EN CROUPE : 4,30 x 6,10 m

FAUSSE ECHELLE.

On retrouve cette forme de toit un peu partout dans le monde, surtout dans les régions pluvieuses. Il offre une meilleure protection qu'un toit à deux pentes ; les quatre côtés de la construction sont protégés par une gouttière fixée assez bas. On recouvre souvent cette structure de toit de chaume (en particulier dans les régions tropicales où on le réalise avec des perches et on lui donne une forte pente). Mais quel que soit le matériau de couverture utilisé, le toit en croupe est magnifique, à l'intérieur comme à l'extérieur.

COMBINAISON TOIT A 2 PENTES. TOIT EN CROUPE
YUCATAN
65

Maison de Rambouillet, terrasse.

Façade sur l'arrière du terrain.

Sejour, cheminee, gradins...

Grande oriel.

Terrasse couverte.

Maison de Georges Maurios à Rambouillet in « Les espaces de l'architecte ». *L'Architecture d'aujourd'hui*, n° 182, novembre-décembre 1975, p. 51.

Paradoxalement, ce sont précisément l'esthétique — l'aspect chaleureux et habité des intérieurs que cet ouvrage véhiculait — la précision des détails de construction de charpente et la quantité d'exemples d'architecture vernaculaire qui ont maintenu la popularité de *Shelter*, même si le goût pour les cabanes s'était considérablement atténué, et que s'était évanoui, dès 1978, l'esprit d'expérimentation constructive (habitats légers, maisons solaires, énergie éolienne) qui avait suivi le choc pétrolier de 1973.

Le nombre d'exemplaires vendus de *Shelter* (aux États-Unis comme en Europe), son adaptation française, ou encore le succès remporté en France par les premiers volumes du *Catalogue des ressources* sont des indicateurs quantitatifs de l'emprise du phénomène contre-culturel. Cela reflète également une réponse à visée strucurelle née de la crise environnementale[27].

Shelter est traduit et adapté en français en 1977 sous le titre *Habitats, Constructions traditionnelles et marginales* par les éditions Alternative et Parallèles. Pierre Gac, en charge de la publication, précise les adaptations qui lui sont apparues nécessaires pour le public français et annonce que l'ouvrage est un récit d'expérience « qui doit vous donner confiance en vos capacités manuelles » et non pas un manuel de construction[28]. Ainsi, selon le traducteur-adaptateur, l'expérience

[27] Citons par exemple les ouvrages suivants : Pierre Aguesse, *Clefs pour l'écologie*, Paris, Seghers, 1971 ; Marcel Clébant, *Croisade pour la mer*, Paris, Fayard, 1972 ; René Dubos, *Nous n'avons qu'une terre*, Paris, Denoël, 1972 ; Jacques Vernier, *La Bataille pour l'environnement*, Paris, Robert Laffont, 1971 ; René Dumont, *L'Utopie ou la mort*, Paris, Seuil, 1974.

[28] Lloyd Kahn, Pierre Gac, *Habitats, Constructions traditionnelles et marginales*, *op. cit.*, p. 5.

américaine ne s'est-elle pas transposée en Europe, et en France en particulier, sans un certain ajustement au contexte économique, culturel et patrimonial, marqué d'une forte présence de l'architecture traditionnelle et vernaculaire. Pierre Gac relève par exemple que les constructeurs américains sont résolument tournés vers l'utilisation de matériaux chimiques de pointe (silicone, mousse de polyuréthane), alors que les Français pourraient utilement mettre en œuvre un éventail de techniques traditionnelles de construction, à chercher dans la mémoire de certains charpentiers et chaumiers octogénaires. Il rapporte que même les promoteurs nord-américains des dômes après les avoir présentés comme une solution miracle au problème du logement, reviennent désormais sur ces positions et se tournent vers des constructions simples, des matériaux naturels et des techniques traditionnelles[29]. Contexte économique, culture constructive, réglementation sont donc les trois aspects qui différencient les deux pays.

Couverture de l'ouvrage *Le catalogue des ressources*, vol. III.
Paris, Édition Librairies Alternative et Parallèles, 1977.

Le type d'informations rassemblées ainsi que le ton adopté par *Le Catalogue des ressources* publié en 1975 pourraient faire penser aux entreprises éditoriales du *Whole Earth Catalog* ou de *Shelter*[30]. Néanmoins la publication française diffère de ses cousines d'outre-Atlantique. Le format tout d'abord. Si le *Whole Earth Catalog* et *Shelter* mesurent 27,5 cm × 38,5 cm, *le Catalogue des ressources* est de format plus réduit (21 cm × 28 cm). De 1968 à 1972, le *Whole Earth Catalog* est édité deux fois par an (à l'automne et au printemps) et complété, tous les deux mois, par une publication supplémentaire appelée *Supplément* qui rassemble les rectificatifs et les propositions des lecteurs. *Le Catalogue des ressources* est édité sous forme de quatre volumes, dont le premier sort en 1975. Il contient quatre chapitres : « Nourriture », « Vêtement », « Transport », « Habitat ». Les chapitres du volume II, qui commence à la page 250 pour bien montrer qu'il est à la suite du volume I et paraît en 1976, sont intitulés « Social », « Éducation », « Média », « Création ». Le volume III paraît en 1977 et contient quatre chapitres : « Santé », « Sexualité », « Psychisme », « Expansion de la conscience ». Le volume IV publié en 1983 développe l'habitat et revient sur le thème des ressources énergétiques. Autre différence : le *Whole Earth Catalog* était un catalogue à partir duquel les lecteurs pouvaient commander des ouvrages ou des objets. Il servait donc d'intermédiaire mais aussi de fournisseur. *Le Catalogue des ressources* diffuse l'information mais son rôle s'arrête là. Les responsables de l'édition sont Gérard Aimé, Patrice Aoust, Philippe Bone. Les deux premiers se sont rencontrés au Centre de formation des journalistes de Paris. Leur collaboration avec Philippe Bone, adepte des modes de vie alternatifs (technologies douces, énergie solaire, dômes géodésiques, agriculture biologique), est essentielle. Marie-Paule Nougaret, journaliste, participe à l'entreprise, pour le compte de la librairie Parallèles. Les auteurs (Gérard Aimé, Patrice Aoust, Philippe Bone) se présentent eux-mêmes comme des journalistes engagés et sont encore aujourd'hui, en 2006, investis

Couverture de l'ouvrage *Le catalogue des ressources*, vol. IV, « Énergies Habitats ».
Paris, Éditions Alternatives/Institut rural d'informations, 1983.

29 *Ibid.*, p. 4.
30 Gérard Aimé, Patrice Aoust et Philippe Bone (dir.), *Le Catalogue des ressources*, Paris, Alternative et Parallèles, 1975.

dans l'aventure de l'édition[31]. Ils se réfèrent à l'*Encyclopédie* éditée par Diderot, sorte de modèle pour ce manuel qui traite de différents secteurs touchant l'être humain, son habitat, sa nourriture, ses activités laborieuses ou de loisirs : « C'est un mélange hétéroclite de recettes diverses, de centaines d'adresses, de fiches pratiques, de références d'association, de bibliographie[32]. »
100 000 exemplaires du *Catalogue des ressources* seront vendus. Preuve du succès de l'entreprise, la librairie Parallèles sise dès 1975 au 47 rue Saint-Honoré, dans le 1er arrondissement à Paris, ouvre un second magasin en 1978, la librairie Alternatives située au 36 rue des Bourdonnais dans le 1er arrondissement[33]. En 1977, les éditions Alternative et Parallèles lancent une revue trimestrielle dont le numéro 3-4, rédigé par Robert Chareyre et s'intitulant *La Maison autonome*, se vendra à 20 000 exemplaires[34].
Le *Catalogue* indique en quatrième de couverture du volume IV les appréciations élogieuses de l'ensemble de la presse « établie », radiophonique et écrite qui avait bien saisi les caractéristiques de la publication, « une foule de renseignements les plus divers, les plus incongrus, avec adresses introuvables, livres à consulter, recettes de toutes sortes » comme le signale *Les Nouvelles Littéraires*[35]. Ce parrainage révèle aussi que les idées alternatives émises dans le *Catalogue des ressources* sont désormais partagées par un large public. Le *Whole Earth Catalog* avait lui aussi profité du soutien de la presse *mainstream*, du magazine *Time* à *Playboy*, en passant par *Esquire*. Le volume IV du *Catalogue des ressources*, consacré à l'habitat et les ressources énergétiques, est coédité en 1983 avec l'Institut rural d'informations[36]. Le volume recense différentes techniques constructives référencées par une publication, un compte rendu ou analysées en trois ou quatre pages ; le nom et les adresses de constructeurs et fabricants sont fournis. Ce volume IV adopte donc une formule originale, reprenant des éléments éditoriaux qui caractérisaient aussi bien le *Whole Earth Catalog* (la mention d'ouvrages et un court commentaire ; des adresses) que *Shelter*, avec notamment les récits d'expérience.

31 Sur leur site en ligne, les éditions Alternative et Parallèles relatent leur parcours et leurs choix éditoriaux depuis 1975 : « La petite histoire d'Alternatives ».

32 *Ibid.*

33 La librairie Alternative s'est déplacée en 2006 au 5 rue de Pontoise, Paris (5e).

34 En 1981, les éditions publient trois nouveaux titres dans la collection AnArchitecture qui comprenait déjà trois titres : *Manuel de construction rurale* (1979), *Construire en terre* (1980) et *La Maison autonome*, nº 2 (1980). Ces trois nouveaux titres sont : Nicole Charneau et Jean-Charles Trebbi, *Maisons creusées, maisons enterrées*, Paris, Alternative, 1981, sur l'habitat troglodyte ; Sophie et Xavier Bohl-Raverdy, *Maisons, saisons : observations sur l'architecture vernaculaire lors d'un voyage à pied de Paris à Ankara*, Paris, Alternative, 1981 ; Joël Unal, *Pratique du voile de béton en autoconstruction*, Paris, Alternative, 1981. C'est l'histoire de l'autoconstruction par l'auteur de sa maison, grâce à une technique qui consiste à mettre à la main une mince couche de béton sur un treillis aux formes souples.

35 Gérard Aimé, Patrice Aoust et Philippe Bone, Pierre Shasmoukine (dir.), *Le Catalogue des ressources*, volume IV, *op. cit.*, de source non identifiée sur la 4e de couverture.

36 Gérard Aimé, Patrice Aoust et Philippe Bone, Pierre Shasmoukine (dir.), *Le Catalogue des ressources*, volume IV, 1983, *op. cit.*, p. 6.

C'est donc bien le sentiment de la pénurie qui conduit à l'innovation.

Une première partie est consacrée à la maison en pierre. Le texte explicatif des techniques constructives est complété d'un dessin technique sur le limousinage[37]. Des croquis précisent les mises en œuvre, qu'elles soient bonnes ou mauvaises : « Ce qu'il faut faire », d'un côté, « Par contre attention », de l'autre, suivis de deux listes de recommandations. Dans le chapitre « Comment restaurer et adapter une maison paysanne », sont proposés des adresses utiles pour la restauration de l'habitat vernaculaire, ainsi que des stages de restauration et d'entretien du bâti rural, la plupart du temps, organisés sous forme de chantiers, alliant donc la pratique à la théorie.

Yona Friedman introduit le volume IV en ces termes :

> « Nous réalisons seulement aujourd'hui qu'un nouveau style de vie ne peut se manifester autrement que sous la pression de la pénurie. En effet, la pénurie rend inventif et les découvertes faites dans le but de pallier l'insatisfaction conduisent tout naturellement à un nouveau style de vie. Autrement dit, l'invention commence par la conscience de la pénurie et de la non-adaptation des institutions. Ceux qui ont peur des innovations — les conservateurs — nient la pénurie : pour eux, "tout va bien". C'est donc bien le sentiment de la pénurie qui conduit à l'innovation[38]. »

Yona Friedman milite pour l'habitat écologique, persuadé qu'il est une des réponses possibles à la rareté des ressources en énergie et en matières premières. Cet habitat répond aussi aux difficultés économiques et à la dépendance envers le marché. Il ajoute qu'« il pourrait aider à résoudre le problème du manque "d'estime de soi", chacun pouvant atteindre à une position respectée au sein des petits groupes[39] ».

Il poursuit en propageant l'idée de « recettes-maisons », c'est-à-dire d'une information partagée généreusement et non pas retenue par les spécialistes. Il invite à se méfier des « nouveaux technocrates » :

> « La meilleure solution à envisager en matière d'éco-habitat serait peut-être d'oublier le spécialiste. Architectes, biologistes, "archi-biologistes" et "bio-architectes" sont de nouveaux technocrates : ils seront, peut-être, utiles mais après — seulement — que les inventions les plus capitales aient déjà été mises au point. D'ici là, il serait souhaitable que chacun puisse travailler avec ses recettes-maisons, comme le font toujours les ménagères dans leurs compositions culinaires personnelles[40]. »

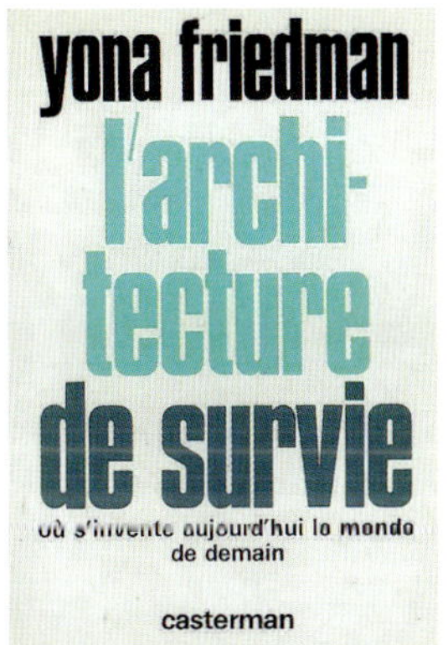

Couverture de l'ouvrage de Yona Friedman, *L'architecture de survie où s'invente aujourd'hui le monde de demain.* Paris, Casterman, 1978.

Le Catalogue des ressources renseigne également sur la construction en voile de béton, prenant pour exemple les travaux de Joël Unal

[37] Ce terme désigne une pratique de la construction des murs en pierre avec du mortier ; limousignage (ou limousinerie) signifie, par extension, l'art de la construction des murs quel que soit le matériau ou la technique.

[38] Yona Friedman, « Habitats », *Le Catalogue des ressources*, volume IV, 1983, *op. cit.*, p. 183.

[39] *Ibid.*

[40] *Ibid.*

Maison Unal in *Pratique du voile de béton en autoconstruction.*
Paris, Alternatives, 1981, p. 72-73.

Couverture de l'ouvrage de Joël Unal, *Pratique du voile de béton en autoconstruction.*
Paris, Alternatives, 1981.

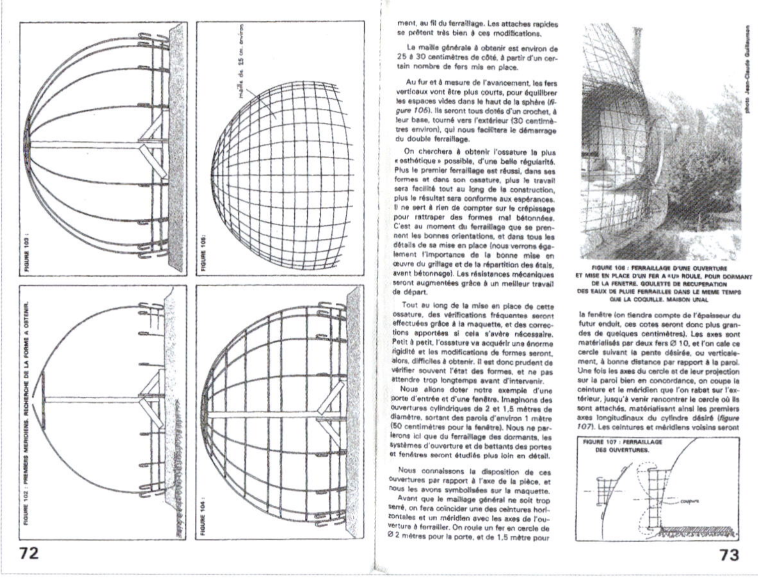

72

ment, au fil du ferraillage. Les attaches rapides se prêtent très bien à ces modifications.

La maille générale à obtenir est environ de 25 à 30 centimètres de côté, à partir d'un certain nombre de fers mis en place.

Au fur et à mesure de l'avancement, les fers verticaux vont être plus courts, pour équilibrer les espaces vides dans le haut de la sphère (*figure 105*). Ils seront tous dotés d'un crochet, à leur base, tourné vers l'extérieur (30 centimètres environ), qui nous facilitera le démarrage du double ferraillage.

On cherchera à obtenir l'ossature la plus « esthétique » possible, d'une belle régularité. Plus le premier ferraillage est réussi, dans ses formes et dans son ossature, plus le travail sera facilité tout au long de la construction, plus le résultat sera conforme aux espérances. Il ne sert à rien de compter sur le crépissage pour rattraper des formes mal bétonnées. C'est au moment du ferraillage que se prennent les bonnes orientations, et dans tous les détails de sa mise en place (nous verrons également l'importance de la bonne mise en œuvre du grillage et de la répartition des étais, avant bétonnage). Les résistances mécaniques seront augmentées grâce à un meilleur travail de départ.

Tout au long de la mise en place de cette ossature, des vérifications fréquentes seront effectuées grâce à la maquette, et des corrections apportées si cela s'avère nécessaire. Petit à petit, l'ossature va acquérir une énorme rigidité et les modifications de formes seront, alors, difficiles à obtenir. Il est donc prudent de vérifier souvent l'état des formes, et ne pas attendre trop longtemps avant d'intervenir.

Nous allons doter notre exemple d'une porte d'entrée et d'une fenêtre. Imaginons des ouvertures cylindriques de 2 et 1,5 mètres de diamètre, sortant des parois d'environ 1 mètre (50 centimètres pour la fenêtre). Nous ne parlerons ici que du ferraillage des dormants, les systèmes d'ouverture et de battants des portes et fenêtres seront étudiés plus loin en détail.

Nous connaissons la disposition de ces ouvertures par rapport à l'axe de la pièce, et nous les avons symbolisées sur la maquette.

Avant que le maillage général ne soit trop serré, on fera coïncider une des ceintures horizontales et un méridien avec les axes de l'ouverture à ferrailler. On roule un fer en cercle de Ø 2 mètres pour la porte, et de 1,5 mètre pour

FIGURE 106 : FERRAILLAGE D'UNE OUVERTURE ET MISE EN PLACE D'UN FER A « U » ROULE, POUR DORMANT DE LA FENETRE. GOULETTE DE RECUPERATION DES EAUX DE PLUIE FERRAILLEE DANS LE MEME TEMPS QUE LA COQUILLE. MAISON UNAL

la fenêtre (on tiendra compte de l'épaisseur du futur enduit, ces cotes seront donc plus grandes de quelques centimètres). Les axes sont matérialisés par deux fers Ø 10, et l'on cale ce cercle suivant la pente désirée, ou verticalement, à bonne distance par rapport à la paroi. Une fois les axes du cercle et de leur projection sur la paroi bien en concordance, on coupe la ceinture et le méridien que l'on rabat sur l'extérieur, jusqu'à venir rencontrer le cercle où ils sont attachés, matérialisant ainsi les premiers axes longitudinaux du cylindre désiré (*figure 107*). Les ceintures et méridiens voisins seront

FIGURE 107 : FERRAILLAGE DES OUVERTURES.

73

sur l'architecture en béton en double courbure. Maison et maquette sont illustrées par cinq photographies en noir et blanc. Chez le même éditeur, l'habitant Joël Unal avait déjà consigné ses expériences lors de la construction de sa maison dessinée par Claude Haüsermann-Costy[41]. L'ouvrage est décrit comme un récit d'expérience, ne masquant pas la difficulté de l'entreprise :

> « Toute la trame du livre est là : comme la plupart des ouvrages de cette collection AnArchitecture, il est écrit à la première personne, sans détour et sans fards. Pas question de masquer les coups de pompe, les hauts et les bas, les jours heureux et les fatigues. Car c'est le récit de l'expérience personnelle de l'auteur, enrichie de toutes les infos qu'il a glanées au fil du parcours. On le verra dans *Maisons enterrées,* on le retrouvera dans *Construire en bois*[42]. »

Le *Catalogue des ressources* n'hésite pas à mettre en avant les péripéties et les obstacles de ceux qui se lancent dans l'autoconstruction, leur perpétuelle recherche de méthodes de fabrication susceptibles de faire baisser les coûts (en prenant pour exemple un chantier pour la construction d'un habitat en voile de béton), leurs déboires et réussites tout au long du processus de construction[43].
Notons qu'il est question non pas d'architecte mais de « concepteur-réalisateur-bâtisseur » qui n'est pas un professionnel assermenté, inscrit à l'Ordre des architectes, astreint à payer des cotisations et pris dans des structures de production. Le titre d'architecte n'a pas bonne presse. C'est plutôt la valeur initiatique de l'expérience individuelle qui est

41 Joël Unal, *Pratique du voile de béton en autoconstruction,* Paris, Alternative, 1981. À la page 196 du *Catalogue des Ressources,* vol. IV, la maison Unal en Ardèche, réalisée par Claude Haüsermann-Costy, est décrite dans l'article intitulé « Un œuf à la coque ou une maison baromètre ? ».

42 *Le Catalogue des ressources,* volume IV, *op. cit.,* p. 193.

43 *Ibid.,* p. 194.

La construction d'un dôme conçu par Steve Baer à Placitas, Nouveau-Mexique, 1975.

soulignée ; les tâtonnements pour découvrir, innover, au prix « d'essais-erreurs », sont valorisés. Les adresses de 22 architectes et concepteurs[44] sont néanmoins fournies, établissant ainsi le réseau de ces personnalités qui conçoivent et/ou aident à construire et concevoir selon des formes « non-standard ». Le réseau se complète par une série d'adresses de fabricants de machines à projeter ou de grillages spéciaux, de loueurs de matériels.

Le Catalogue des ressources propose une section sur la maison en terre et une autre sur les constructions en bois. Trois doubles pages sont réservées aux dômes et aux *zômes* :

> « En France, dômes et *zômes* n'ont pas connu le succès rencontré aux États-Unis ; ce qui est contesté [*sic*] depuis dix ans outre-Atlantique reste ici au stade de l'expérimentation quasi révolutionnaire. [...] Quelques groupes pionniers, comme les "technologues doux", expérimentent pourtant depuis de nombreuses années, avec l'édification en particulier d'un ellipsoïde de 30 m^2 (le "zapoche') qui représente une complexité accrue par rapport aux dômes classiques de par la multiplication des angles et la longueur des barres[45]. »

L'Association planétaire des technologues doux est citée dans *Le Catalogue des ressources* à l'occasion de la présentation de l'ouvrage écrit par Jean Soum en 1979, *Vibrations solaires*, édité à compte d'auteur et diffusé par les éditions Alternative[46].

Dans le volume IV du *Catalogue des ressources*, publié en 1983, Jean Soum raconte dans l'article « Dôme ou *zôme* » son épopée de constructeur et sa passion pour les *zômes*, qui ne s'est jamais affadie. Jean Soum est en contact épistolaire depuis 2000 avec Lloyd Kahn (l'auteur de *Shelter*). Il lui sert de correspondant européen, passeur d'informations sur les bâtisseurs de cabanes de la région pyrénéenne ou

44 Pascal Haüsermann, Claude Haüsermann-Costy, Jean-Louis Chanéac, Antti Lovag, Vladimir Kalouguine, Vladimir Mauzit, Philippe Mousset, Thierry Valfort, Bruno Lebel, etc.

45 *Le Catalogue des ressources*, volume IV, *op. cit.*, p. 215.

46 Les technologues doux, *Vibrations solaires*, Paris, 1979.

Jean Soum, Dôme à Seix, Pyrénées, France.

d'autres contrées européennes. Dans le livre de Lloyd Kahn, *Home Work, Handbuilt Shelter* (montrant toutes sortes de constructions bâties de bois, de pisé, de paille, de terre, de pierre, de bambou) publié aux États-Unis en 2004, et traduit en 2006 aux Éditions Parenthèses, quatre pages illustrent les maisons de bois utilisant des fenêtres recyclées, les huttes de terre et de chaux, les *zômes* que Jean Soum a localisés en France[47]. Dans le *Catalogue des ressources*, ce dernier insiste sur l'influence des expériences constructives nord-américaines :

> « Après avoir lu les récits des premières expériences américaines avec les dômes géodésiques, j'ai pas mal bricolé avec ces formes et les structures légères. Était-ce une solution rapide, agréable et peu coûteuse pour créer son habitat ? Une forme légère, souple, adaptée à un nouveau mode de vie ? Une façon de construire où l'intelligence de l'assemblage remplace l'abondance de matériaux lourds ? Voilà les questions que je me posais[48]. »

La fascination pour les formes géométriques des dômes et le désir de réaliser un habitat de ses propres mains motivent sa quête constructive, une « sacrée expérience » comme Jean Soum la qualifie. L'architecture n'est plus l'apanage des seuls spécialistes (constructeurs ou architectes) comme il avait pu le constater lors de ses visites auprès des communautés nord-américaines.

47 Lloyd Kahn, *Home Work, Handbuilt Shelter*, Bolinas, Shelter publications, 2004 (traduction française sous le titre *Homework, Maisons à construire*, Marseille, Parenthèses, 2006, p. 54-61).

48 Jean Soum, « Dôme ou *zôme* ? », in *Le catalogue des ressources*, volume IV, *op. cit.*, p. 216.

Une forme légère, souple, adaptée à un nouveau mode de vie ? Une façon de construire où l'intelligence de l'assemblage remplace l'abondance de matériaux lourds ?

MAISONS : Archilibre/Zomes

Un double petit « zome » utilisé pour méditer.

De l'ardoise, âgée de 100 ans et récupérée sur des bâtiments abandonnés de la région, est utilisée pour le toit d'un zome dans les montagnes.

Jean-Michel qui a ajouté la dernière ardoise.

http://zon.zome.free.fr/zome_planet/25_en.html
http://archilibre.free.fr/bee/zomes/zom.html
http://www.zomeworks.com
http://www.zometool.com

Un zome double sur le versant d'une montagne.

Au milieu des années soixante, Steve Baer, un mathématicien et inventeur (vivant à Albuquerque), a dessiné une série de bâtiments qu'il a appelés « zomes ». Les premiers ont été construits à Drop City, communauté hippie de Fatasita (Colorado), et Placitas (Nouveau-Mexique). Baer a publié *The Dome Cookbook* en 1967, exposant les grandes lignes des mathématiques utilisées et la construction des zomes. C'était une publication merveilleuse et spontanée qui coûtait 1 $ et qui a inspiré aussi bien Stewart Brand et son *Whole Earth Catalog* que ma propre production dans le monde de la publication avec *Domebook One* et *Domebook 2*.
Faites un bond dans le temps, de 35 ans, et dans l'espace, en Europe, et découvrez un groupe de zomes dans les Pyrénées. Les zomes ont été introduits en France il y a près de vingt ans par Jean Soum, qui habite et travaille dans un zome, et qui nous a envoyé ces photos.
Soum et les constructeurs de zomes ont ajouté leurs propres interprétations et ils ont créé les « groupes zomes » pour partager et échanger les informations. Des centaines de zomes ont été construits dans la campagne française. Ils sont utilisés comme maisons, temples de méditation et salles de réunion.
Les habitants rapportent qu'ils sont séduits par l'harmonie de ces structures, par la sérénité et l'énergie produite par ces formes… « Petits modèles en verre ou en cristal pour augmenter le potentiel de l'énergie des espaces et pour harmoniser les vibrations de l'homme avec le cosmos ».

Un zome avec un motif en diamant dans un pré.

Une vue panoramique du plafond.

Le bureau de Jean Soum à l'intérieur d'un zome, chauffé à l'énergie solaire (la photo ci-contre et les deux autres du dessous).

En regardant vers le haut de la structure intérieure du zome, montrée aussi sur la photo en arrière-plan.

Un zome construit sur les ruines d'une grange.

L'intérieur montre l'utilisation de matériaux différents : des briques séchées à l'air, du bois, du bois à brûler, des tuiles vertes ; elle est isolée avec de la laine de mouton, de la paille et de l'argile.

Façade nord : ce bâtiment « rhombitriacontahedron » est entouré de formes pointues d'une même géométrie qui produisent des effets de vagues.

L'atelier de Robinson ; il est charpentier et le grand zome lui donne l'espace nécessaire pour assembler les parties constituantes des zomes.

58

59

à suivre…

Double page intérieure de l'édition française de *Homework*.
Marseille, Parenthèses, 2006, p. 58-59.

Par son action constante depuis le milieu des années soixante-dix, en tant qu'enseignant à l'école d'architecture de Toulouse et chercheur au sein du Greco (laboratoire de recherche spécialisé dans les énergies renouvelables), autoconstructeur, consultant à l'autoconstruction, diffuseur d'information, on pourrait qualifier Jean Soum d'un des plus fervents propagateurs de l'esprit « cabane » et de l'architecture alternative tels qu'ils ont été vécus aux États-Unis entre 1965 et 1975.
Jean Soum évoque son activité de bâtisseur et habitant de *zôme*, dans la vallée de Seix, dans les Pyrénées :

> « Presque tous les matériaux étaient des récupérations, y compris les vitrages. La complexité de l'ensemble (jamais fini), le climat rude et quelques négligences ont fait le reste. Nous nous sommes résolus à le démonter l'an dernier […] les matériaux sont recyclés dans d'autres constructions et la structure qui n'a pas souffert sera peut-être un jour intégrée dans un nouveau projet[49]. »

Il explique le système constructif du *zôme* qu'il aurait « presque inventé », dit-il en omettant de citer sa dette à l'égard de Steve Baer :

49 *Ibid.*

Ce qui frappe ici, c'est l'architecture basée non sur la norme mais sur l'imagination.

> « Les *zômes*, que nous avons développés, presque inventés, offrent bien plus de liberté que les dômes. Choisissez le diamètre et vous avez fixé la forme d'un dôme. Pour un *zôme*, vous pouvez indépendamment choisir le diamètre, la hauteur des murs verticaux, la forme plus ou moins pointue. On peut l'étirer, ajouter des bandes, relier facilement des *zômes*, les accoler à d'autres volumes. C'est une structure intermédiaire entre le dôme et des formes plus conventionnelles. Il peut avoir des parois verticales, plus fonctionnelles pour l'habitabilité et disposer portes et vitrages, et des éléments losanges qui se combinent et se réunissent au sommet avec de bonnes pentes pour les traiter comme une toiture. Et un ensemble aussi rigide qu'un dôme[50]. »

Plusieurs *zômes* ont ainsi été construits, en suivant les conseils de Jean Soum. Leur prix de revient, modeste, est cependant difficile à estimer, la plupart ayant été réalisés en autoconstruction. Jean Soum insiste sur les difficultés à obtenir un permis de construire, à cause d'une administration française rigide, contrairement aux dispositions américaines, à la même époque beaucoup plus souples. Il signale qu'une quinzaine de *zômes* ont été construits dans le Sud-Ouest et servent aussi bien de pigeonnier, de cabane de rucher, de hangar, d'espace de méditation, de structure de jeu que, bien sûr, de chambres ou d'habitats[51].

LES DÔMES, L'HABITAT FLOTTANT, L'ARCHITECTURE DE TERRE…

Comme on le voit d'après ce long témoignage de Jean Soum, le récit direct des acteurs (les autoconstructeurs) fait partie du contrat de ce type de publication : l'habitant d'un dôme attire l'attention du lecteur sur la mise en œuvre très technique du dôme géodésique en l'espace d'un encadré. La référence américaine du *Domebook 3* est bien présente :

> « La construction artisanale et autonome d'un dôme de 12 mètres de diamètre, de fréquence 6, tronqué pour être associé à une serre ellipsoïdale, ainsi que la lecture des expériences relatées dans *Domebook 3* nous confirme que la mise en pratique artisanale de ces réalisations comme habitation présente de nombreux problèmes. On peut construire spontanément avec quelques calculs et un peu de savoir-faire une maison traditionnelle. Par contre la réalisation d'un dôme géodésique, déjà mathématique dans sa conception, est très technique dans sa mise en œuvre. Architecturalement, la forme pure demande une organisation interne découpant l'espace sans le cloisonner, amenant un choix de structuration, donc de construction intérieure ne variant pas par la suite, mais permettant des aménagements variés. Le résultat de la construction du dôme de 12 mètres est

Doubles pages intérieures du catalogue des ressources, vol. IV, « Énergies Habitats », consacrées aux dômes et à l'habitat flottant. →

Paris, Éditions Alternatives / Institut rural d'informations, 1983, p. 216-217, 224-225.

50 *Ibid.*
51 *Ibid.*

DOME OU ZOME ?

Dôme ou zôme créent des espaces proches de la demi sphère et on les confond souvent. Leur différence est d'ordre géométrique, mais cela a des conséquences sur la facilité de construction, l'étanchéité, l'habitabilité.

Ces espaces en rupture avec les boîtes en briques où l'on prétend nous « loger » semblent petits de l'extérieur et grands lorsque l'on pénètre à l'intérieur. Curieux. Ce sont surtout des espaces centrés, développés comme une dilatation autour d'un centre. Des formes à concentration, comme la graine, comme l'œuf. Pas de coin. Sur le plancher qui tend vers le cercle, le mobilier se loge près des parois, laissant libre un espace central. La vie se passe souvent au ras du sol, les yeux en l'air, jamais lassés par les entrelacs de formes et de lignes-arceaux, étoiles, triangles, losanges, points rayonnants. Une peau légère mais étonnament rigide, comme un voile qui protège sans vraiment séparer.

Après avoir lu les récits des premières expériences américaines avec les dômes géodésiques, j'ai pas mal bricolé avec ces formes et les structures légères. Etait-ce une solution rapide, agréable et peu coûteuse pour créer son habitat ? Une forme légère, souple, adaptée à un nouveau mode de vie ? Une façon de construire où l'intelligence de l'assemblage remplace l'abondance de matériaux lourds ? Voilà des questions que je me posais.

Cela a conduit à monter Zapoche et à l'habiter, une sacrée expérience. Le dôme est d'abord une structure, ici très complexe dans sa forme ovoïde résonnant sur le nombre d'or : 17 longueurs différentes pour les 105 montants de bois taillés en pointe, des petits tas qui ne pensaient qu'à se mélanger, un casse-tête. Et la structure, ce n'est que le début. On a pris de grandes libertés par la suite, avec les matériaux divers, la forte pente du terrain, le climat de montagne. Trop de transgressions des « règles de bâtir ». C'était une expérience à tous les niveaux. Un vaisseau spacial en route vers les étoiles, une fantaisie de vitrages développée dans la course du soleil, une douce chaleur, une acoustique différente, une vibration stimulante et unique.

C'était, dis-je, car il a vécu. Cinq ans en place dont trois habités en permanence. On ne construisait pas pour nos petits-enfants, c'est clair. Presque tous les matériaux étaient des récupérations, y compris les vitrages. La complexité de l'ensemble (jamais fini), le climat rude et quelques négligences ont fait le reste. Nous nous sommes résolu à le démonter l'été dernier, l'herbe reprend son espace. On a tout de même laissé une partie de la structure pour les plantes grimpantes. Les matériaux sont recyclés dans d'autres constructions et la structure qui n'a pas souffert sera peut-être un jour intégrée dans un nouveau projet (seuls les éléments de jonction ont cédé avec les tensions et les infiltrations d'eau réunis).

Cinq ans de vie, c'est peu, mais précisons que le « Zapoche » avait eu le temps de faire un gros bébé, plus spacieux, plus solide et que nous habitons Lydie et moi depuis 1 an et demi. Un zôme.

Les zômes que nous avons développé, presque inventé, offrent bien plus de liberté que les dômes. Choisissez le diamètre et vous avez fixé la forme d'un dôme. Pour un zôme, vous pouvez indépendamment choisir le diamètre, la hauteur des murs verticaux, la forme plus ou moins pointue. On peut l'étirer, ajouter des bandes, relier facilement des zômes, les accoler à d'autres volumes. C'est une structure intermédiaire entre le dôme et des formes plus conventionnelles. Il peut avoir des parois verticales, plus fonctionnelles pour l'habitabilité et pour disposer portes et vitrages, et des éléments losanges qui se combinent et se réunissent au sommet avec de bonnes pentes pour les traiter comme une toiture. Et un ensemble aussi rigide qu'un dôme.

Nous avons couvert le nôtre d'ardoises brutes et centenaires, très lourdes, matériau en péril avec l'écroulement des hameaux en ruine qui nous entourent. Pour le reste, c'est surtout du bois et des vitrages. Avec la pente, on a créé deux niveaux : le zôme et le bas à moitié enterré que l'on ferme actuellement avant les grands froids en intégrant les vitrages triangulaires de feu « Zapoche » ; et au sud, le point le plus bas, une petite et très belle serre pour les plantes et la salle de bains, encore un zôme léger qui a parfaitement tenu à la tempête (6 et 7 octobre).

Pour le chauffage, priorité au soleil. Très efficace dans les dômes et zômes. On a fait des relevés tout le mois de février 1981, dans le haut habité, alors que le bas n'était pas fermé. Nos conclusions : 50 % d'autonomie de chauffage avec le soleil et 25 % de plus en acceptant des températures plus basses que recommandées la nuit en particulier (comparaison avec une maison non solaire dans les mêmes conditions et maintenue en permanence à 18°). Avec un bas capteur solaire et accumulateur de chaleur, ce devrait être encore plus performant.

Pour la petite histoire, le dôme dont il ne reste qu'un beau squelette a facilement obtenu le permis de construire, le zôme pas encore. Il a même été menacé de procès et démolition. La chasse aux hérétiques occitans n'est pas close !

Chemin faisant, d'autres personnes et amis ont profité de notre expérience. Une quinzaine de zômes ont été construits dans le Sud-Ouest. Leurs fonctions : pigeonnier, cabane de rucher, hangar, espace de méditation, structure de jeu et, bien sûr, chambres ou habitats. On leur reconnaît généralement une beauté de formes, un espace favorable au rêve ou à la communication, confortable, lumineux et peu coûteux.

Le prix est difficile à préciser, la plupart ayant été réalisé en auto-construction. Il dépend beaucoup de la taille et des matériaux employés. Sur le nôtre, à part les ardoises et les pilotis, on a acheté environ 30 000 F. de matériaux pour 60 m² habitables au total. Et du travail avec, comme il se doit, l'aide d'amis auto-constructeurs. De ces échanges est né le groupe « Zômes » qui se propose d'étudier les projets intégrant ces volumes et construire leurs ossatures de bois. Selon la complexité, la structure revient entre 350 F et 500 F le m² au sol, matériaux et main-d'œuvre. La hauteur est généralement suffisante pour créer un étage ou une mezzanine donc au maximum 2 m² habitables pour 1 m² au sol. Le dernier zôme réalisé qui comporte une toiture en bardeaux de cèdre et des matériaux de qualité sera encore à un prix inférieur à celui d'une HLM (prix les plus bas de la construction). Les retombées de la technologie hippie en quelque sorte.

Jean Soum, Technologue Doux

Il n'existe aucun livre français entièrement consacré aux dômes ou aux zômes ; néanmoins quelques pages leur sont consacrées dans :

Vibrations solaires
Association Planétaire des Technologues Doux
Auteurs-Editeurs, Diffusion Alternatives, 1979, 80 pages.

Habitats. Constructions traditionnelles et marginales
Traduit et adapté de l'américain par Pierre Gac
Editions Alternatives et Parallèles, 1977, 224 pages.

Un dôme comme habitation principale

DOME GEODESIQUE – MAISON GOGUE A MORNANS (DROME). Photo René Ligabue

La construction artisanale et autonome d'un dôme de 12 mètres de diamètre, de fréquence 6, tronqué pour être associé à une serre ellipsoïdale, ainsi que la lecture des expériences relatées dans « Domebook 3 » nous confirme que la mise en pratique artisanale de ces réalisations comme habitation présente de nombreux problèmes.

On peut construire spontanément avec quelques calculs et un peu de savoir-faire une maison traditionnelle.

Par contre la réalisation d'un dôme géodésique, déjà mathématique dans sa conception, est très technique dans sa mise en œuvre.

Architecturalement, la forme pure demande une organisation interne découpant l'espace sans le cloisonner, amenant un choix de structuration, donc de construction intérieure ne variant pas par la suite, mais permettant des aménagements variés.

Le résultat de la construction du dôme de 12 mètres est assez remarquable par l'aspect de la structure en bois, par les techniques de construction...

Alors, à tous ceux qui souhaitent, malgré tout, construire un dôme ou à ceux qui l'ont déjà fait, je propose de confronter nos idées, nos expériences pour que vivent les dômes... Vive les dômes !

Séguinel, Barreau, 47450 Colayrac-Saint-Cirq, tél. : (58) 66.18.43

La littérature anglaise est par contre relativement fournie :

Building and Using a Solar-Heated Geodesic Greenhouse
John Fontanetta et Al Heller
Garden Way Publishing, Charlotte, Vermont 05445 (U.S.A.), 1979.

Le dôme géodésique, en tant que serre solaire de production, est le sujet de ce livre fort pratique ; depuis le choix du site jusqu'à la présentation des différents types de vitrage, le but reste la construction la moins chère et la plus fiable pour une utilisation horticole (ou autre). Les auteurs, en fin du volume, vous initient à la pratique du jardinage biologique sous serre.

Dome Builder's Handbook n°2
William Yarnall
Ed. Rumming Press, Philadelphia, Pennsylvania (U.S.A.), 1978, 128 pages.

Soixante photos en couleurs et 15 pages de plans d'architectes dans ce livre sur les règles de l'art de la construction de dômes. Véritable bible des « dôme builders » américains.

Buckminster Fuller : At Home in the Universe
Alden Hatch
Ed. Grown Publishers Incorporated, 419 Park Avenue South, New-York N.Y. 10016 (U.S.A.), 1974, 279 pages.

LA MAISON FLOTTANTE D'ERIC BOUCHER

Photo : Eric Boucher

L'habitat flottant n'est pas un phénomène récent.

Cependant, en France, l'Odyssée, sur l'Erdre à Nantes, est une des premières réalisations de ce type. Il s'agit d'une structure en bois lamellé – collé en forme d'ogive. Les semelles de cette structure haute sont fixées sur un solivage classique reliant deux rangées de quatre flotteurs semi-cylindriques, en polyester renforcé. Un paquet termine la plate-forme (16,20 × 7,20 m). Le tout est parfaitement isolé tant du point de vue de l'humidité que de la thermique. Les flotteurs sont accessibles par des trappes. L'assise horizontale reste absolument stable ; au passage de grandes péniches, un mouvement de faible amplitude rappelle le milieu aquatique.

Le bardage extérieur est constitué de tuiles de cèdre rouge clouées, après interposition d'un feutre bitumé, sur un panneau de particules de 13 mm.

A l'intérieur est fixée la laine de verre – 90 mm d'épaisseur – puis un lambris horizontal de sapin.

La maison est largement ouverte sur l'extérieur par de grandes baies de plexiglass, dont 25 m² de serre sur toute la hauteur de la construction.

L'autonomie de cette maison peut être quasi-totale : électricité par générateur à gaz, réserve d'eau dans un flotteur égale à 2000 l, chauffage et eau chaude sanitaire sont obtenus par un système de capteurs solaire à air.

Ces capteurs se composent d'un film dendritique derrière une paroi de verre. Le rayonnement ultra-violet est absorbé et transformé en infra-rouges par le film. C'est derrière celui-ci que l'air frais pénètre dans le capteur, s'y chauffe avant d'être aspiré puis pulsé vers l'intérieur par des ventilateurs à vitesse variable. L'été les système peut fonctionner comme un climatiseur en inversant le sens de rotation des ventilateurs. L'appoint est assuré par des convecteurs électriques.

L'assainissement s'effectue par une micro-station d'épuration située dans un flotteur. L'épuration assure une dépollution des eaux usées et eaux vannes supérieure à 90 %. L'effluent épuré se déverse dans le bac à serre, se répand dans une couche de billes de polystyrène au fond. Des mèches de sable verticales, en contact avec la terre, provoque le phénomène de capillarité qui humidifie le substrat végétal dans lequel une abondante végétation prend racine. C'est donc une grande partie par évapo-transpiration des plantes que l'effluent est éliminé, sans rejet en rivière.

La navigabilité est sans comparaison avec celle d'un bâteau ou d'une péniche. Un petit remorqueur peut permettre de se déplacer le cas échéant.

Aucune réglementation visant l'habitat flottant n'est en vigueur ; cependant, l'autorisation de stationner dépend seule de la décision de la municipalité et du Service de la Navigation concernés. Le raccordement au service des eaux dépend de ce droit.

Ce qui, finalement, apparaît comme le plus innovant est le nouveau rapport à l'espace, le corps, l'environnement, qu'implique l'architecture sensuelle d'Odyssée.

Il y a quelque chose d'immédiat dans le fait de vivre sur l'eau. C'est la sensation constante du clapot, du courant et du vent, une communication permanente avec les éléments. L'architecture de cette maison favorise encore cette communication. L'eau – clapotis, souplesse, lumière, soleil, miroitements, le bois, le végétal, les formes courbes, la pluralité des volumes intérieurs au sein d'un vaste espace ouvert et plurifonctionnel, redonnent au jeu, à l'imagination, aux relations sociales, une place primordiale. Le mode de vie qui en découle est animé, dynamique et détendu.

Cet espace est également un lieu de réflexion et de travail et toutes ses qualités sont essentielles pour cette fonction particulière.

Espace privé et intime, espace professionnel coexistent harmonieusement.

Eric Boucher.

Photo : Eric Boucher

SANSALITO, VILLAGE FLOTTANT

Tout a commencé à la fin de la deuxième guerre mondiale : des artistes et artisans décidèrent de s'installer sur la mer, dans la baie de San Francisco, à quelques kilomètres du Golden Gate Bridge, attirés par la vie lacustre mais aussi par le coût modique de location en vigueur à l'époque.

De vieux ferries à roues, barques aménagées, bateaux militaires au rebut et constructions flottantes, naquit un véritable village.

L'essor de Sansalito s'amplifia vers le milieu des années soixante avec la naissance du mouvement hippie. Beaucoup de communautés s'installèrent dans des bateaux ou constructions flottantes.

Aujourd'hui subsistent de ces expériences quelques grandes carcasses de bois enfoncées dans la vase. Sansalito est néanmoins devenu la plus grande communauté de maisons-bateaux aux Etats-Unis ; les « wharfs », (embarcadères d'accès aux maisons-bateaux), très différents suivant les lieux, possèdent une entrée couverte ou sculptée munie de boîtes aux lettres et panneaux d'affichage.

Ce qui frappe ici, c'est l'achitecture basée non sur la norme mais sur l'imagination. Les résidents sont habiles à récupérer toutes sortes de matériaux délaissés par la société pour construire leur logis marin dont certains semblent sortir d'un rêve d'enfant. Le pin, le cèdre, parfois le sequoïa, sont les matériaux de prédilection des consructeurs, mais quelques anciens routards ont échoué leurs minibus ou caravanes bariolés sur des radeaux amarrés aux appontements.

Trois populations cohabitent sur le site : à l'ouest du mouillage, les descendants spirituels des pionniers du début, peintres, écrivains, ou menuisiers, solidaires et pratiquant une auto-construction originale ; une bourgeoisie aisée occupe une partie bien délimitée, à l'est de Sansalito, les wharfs y sont interdits aux non-résidents et les maisons construites par des architectes. Le coût de ces maisons peut atteindre plusieurs dizaines de millions. On y trouve l'air conditionné, des terrasses solarium et parfois un sauna ou bain japonais, des employés spécialisés dans le « houseboat cleaning » les maintiennent propres. A quelques dizaines de mètres en bordure de rivage, contrastant avec la « marina », vivent ceux que les résidents appellent les « wharfrats » – rats d'embarcadères. Installés dans le haut des remorqueurs et ferries en ruine, à moitié enterrés par le temps, ils se déplacent souvent en choppers et possèdent une impressionnante collection de voitures hors d'usage constituant un rempart à leur domaine.

Malgré la diversité, malgré les divisions, les habitants de Sansalito ont tous un point commun : aimer vivre sur l'eau. Même si l'entraide se limite parfois à la passerelle les reliant à la terre, ils font face aux mêmes éléments.

.Depuis quelque temps, les autorités veulent assainir la partie ouest : la charge d'appontements rectilignes équipés du tout à l'égoût chasserait un grand nombre de résidents originaux, présents depuis une quinzaine d'années sur le site. San Francisco y perdrait un des endroits les plus magnétique de la région. Plusieurs journaux leur ont déjà apporté un soutien non négligeable. Cette aide suffira-t-elle aux projets de normalisation imposés par l'administration locale ?

Florent Wendling

Photo : Florent Wendling

Photo : Florent Wendling

Habitats nomades
Denis Couchaux
Editions Alternatives (coll. AnArchitecture), 1980, 160 pages très illustrées.

Confrontées à des milieux très rudes, les civilisations nomades ont mis au point, avec une grande économie de moyens, des constructions extrêmement ingénieuses qui utilisent des techniques que l'architecture contemporaine commence à redécouvrir : abris mobiles, éléments préfabriqués, structures tendues, dômes...
Ce livre décrit avec précisions ces abris du voyage : huttes, igloos, tentes, yourtes, tipis, roulottes... On se rend vite compte que ces constructions n'ont rien de rudimentaire, mais qu'elles sont au contraire l'aboutissement d'une extrême sophistication, la concrétisation d'un art de vivre... Car ces maisons jouent un rôle majeur dans la vie de leurs utilisateurs. On comprend alors, au-delà de techniques de construction parfaitement décrites dans ce livre, qu'il ne s'agit pas seulement d'une conception différente de l'habitat mais bien plus d'une conception différente de la vie.

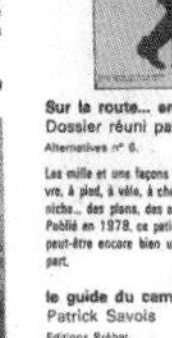

Sur la route... encore
Dossier réuni par Eric Courcy
Alternatives n° 6.

Les mille et une façons de faire du voyage un art de vivre, à pied, à vélo, à cheval, en roulotte, à moto, en péniche... des plans, des adresses, des conseils pratiques. Publié en 1978, ce petit livre n'a pas trop mal vieilli et peut-être encore bien utile pour préparer le grand départ.

le guide du camping-car
Patrick Savois
Editions Bréhat.

Le seul livre en français sur la question. Des renseignements précis, des adresses de fournisseurs, des idées et recettes d'aménagement intérieur. Un classique remis à jour régulièrement.

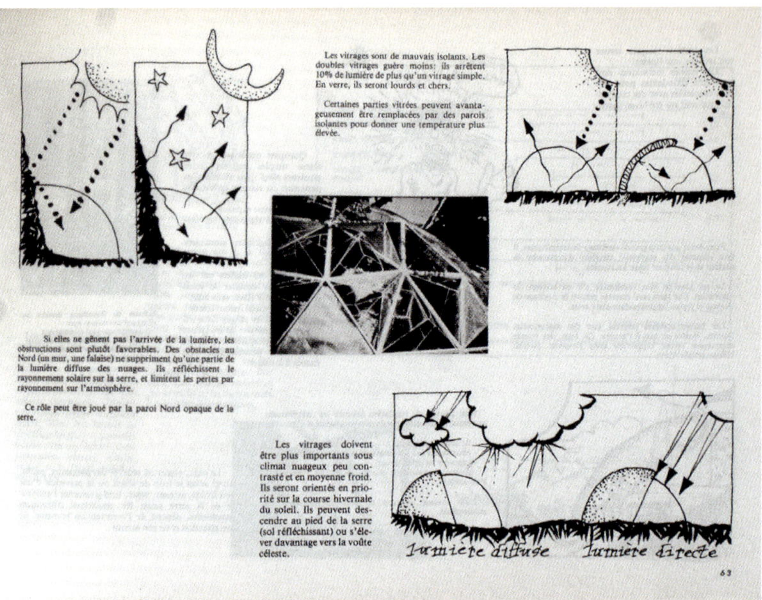

Les vitrages sont de mauvais isolants. Les doubles vitrages guère moins : ils arrêtent 10% de lumière de plus qu'un vitrage simple. En verre, ils seront lourds et chers.

Certaines parties vitrées peuvent avantageusement être remplacées par des parois isolantes pour donner une température plus élevée.

Si elles ne gênent pas l'arrivée de la lumière, les obstructions sont plutôt favorables. Des obstacles au Nord (un mur, une falaise) ne suppriment qu'une partie de la lumière diffuse des nuages. Ils réfléchissent le rayonnement solaire sur la serre, et limitent les pertes par rayonnement sur l'atmosphère.

Ce rôle peut être joué par la paroi Nord opaque de la serre.

Les vitrages doivent être plus importants sous climat nuageux peu contrasté et en moyenne froid. Ils seront orientés en priorité sur la course hivernale du soleil. Ils peuvent descendre au pied de la serre (sol réfléchissant) ou s'élever davantage vers la voûte céleste.

63

Couverture et page intérieure du livre du collectif Les Technologues doux, *Vibrations solaires*.
Paris, 1979, p. 43.

assez remarquable par l'aspect de la structure en bois, par les techniques de construction. Alors, à tous ceux qui souhaitent, malgré tout, construire un dôme ou à ceux qui l'ont déjà fait, je propose de confronter nos idées, nos expériences pour que vivent les dômes. Vive les dômes [52] ! »

Si les ouvrages recommandés en langue française sont peu nombreux (*Habitats, Constructions traditionnelles et marginales*, 1977 et *Vibrations solaires*, 1979), la littérature anglophone conseillée est par contre relativement fournie [53].

Le Catalogue des ressources poursuit son exploration des types d'habitats en évoquant l'habitat de voyage, répétant que les meilleurs conseils viennent de ceux qui ont expérimenté la vie nomade et adapté leur abri :

> « Pour ces types d'habitats, vous ne trouverez guère de fabricants, l'adoption de cet autre mode de vie commencera, comme pour tous les nomades, par l'autoconstruction de votre futur abri. Pour vous y aider, il existe quelques ouvrages, mais rien ne remplacera la discussion avec d'autres personnes ayant déjà adopté ce mode de vie, c'est pourquoi nous leur laissons longuement la parole [54]. »

52 Séguinel Barreau, « Un dôme comme habitation principale », *Le Catalogue des ressources*, volume IV, *op. cit.*, p. 217. La page 218 présente les constructeurs et les promoteurs de dômes et de *zômes*. Ces quelques pages sont illustrées par des photos de constructions en noir et blanc ainsi que par des couvertures des livres présentés. Quelques caricatures complètent le dispositif iconique.

53 Elle inclut les ouvrages suivants : John Fontanette et Al Heller, *Building and using a Solar-Heated Geodesic Greenhouse*, Garden Way Publishing, 1979 ; William Yarnall, *Dome Builder's Handbook n° 2*, Philadelphia, Rumming Press, 1978 ; Alden Hatch, *Buckminster Fuller : At Home in the Universe*, New York, Crown Publishers, 1974.

54 *Le Catalogue des ressources*, volume IV, *op. cit.*, p. 220-221.

L'habitat flottant, et notamment les péniches, est représenté par la maison flottante d'Éric Boucher. Une vue extérieure et une de l'intérieur illustrent ce lieu de vie. Le catalogue est particulièrement attentif à décrire les expériences d'autonomie énergétique, en indiquant que l'électricité est produite par un générateur à gaz et que le chauffage et l'eau chaude sont obtenus par un système de capteur solaire. Le texte souligne que cet habitat est en « communication permanente avec les éléments » : le clapot de l'eau, la force du courant, le souffle du vent [55]. La référence américaine est Sausalito, dans la baie de San Francisco, qu'Agnès Varda, on l'a dit, avait filmé dans *Oncle Yanco* en 1967 :

> « Ce qui frappe ici, c'est l'architecture basée non sur la norme mais sur l'imagination. Les résidents sont habiles à récupérer toutes sortes de matériaux délaissés par la société pour construire leur logis marin dont certains semblent sortir d'un rêve d'enfant. Le pin, le cèdre, le séquoia sont les matériaux de prédilection des constructeurs, mais quelques anciens routards ont échoué leurs minibus ou caravanes bariolés sur des radeaux amarrés aux appontements [56]. »

Les « quelques conseils pour construire son tipi » révèlent encore la fascination pour un système constructif développé aux États-Unis par les *Native Americans*. Là encore, les expériences sont racontées et complétées par des adresses. Les visites sur les sites sont encouragées [57]. Tout comme les éditions Parenthèses qui développent un catalogue d'ouvrages traitant notamment de constructions en terre depuis les années quatre-vingt, les éditions Alternative et Parallèles continueront à publier dans la collection AnArchitecture une série d'ouvrages sur le thème de l'autoconstruction. Le principe d'autorité que confère paradoxalement le fait de ne pas être spécialiste de la construction mais au contraire d'avoir réalisé soi-même, est de nouveau souligné dans l'introduction au livre d'Annie et Pierre Shasmoukine, *Construire en bois*, publié en 1980. Il est précisé qu'ils ne sont ni architectes, ni spécialistes du bois ou de la construction. Leurs idées et leurs conseils en sortent valorisés car ils ne sont tirés que de la pratique, d'une expérience acquise au prix de pas mal d'errements ou de tentatives malheureuses [58]. Concevant ce livre comme un guide pour la construction en bois, les auteurs décrivent les outils nécessaires pour dégrossir, dégauchir, aplanir, dresser, réduire, râper, scier, tailler et entailler. L'utilité de chaque outil est précisée en un tableau avec les entrées : « dénomination », « utilité », « achat », « observation ». Une double page présente en onze encadrés et autant de photographies des outils et leurs accessoires légendés [59]. Des dessins complètent la série. On retrouve là encore une

[55] *Ibid.*, p. 224.

[56] Florent Wendling, « Sausalito, village flottant », in *Le Catalogue des ressources*, volume IV, *op. cit.*, p. 225.

[57] *Le Catalogue des ressources*, volume IV, *op. cit.*, p. 226. Il est précisé que le livre de Reginald et Gladys Laubin, *The Indian Tipi, Its History Construction and Use*, New York, Ballantine Books, 1975, est disponible à la librairie Brentano's, 37, avenue de l'Opéra à Paris. Le catalogue ajoute le commentaire suivant : « "Le livre définitif" sur le tipi qui est à la base de la reconnaissance du tipi aux États-Unis ».

[58] Annie et Pierre Shasmoukine, *Construire en bois*, Paris, Alternative et Parallèles, 1980, p. 7.

[59] *Ibid.*, p. 76 et 77.

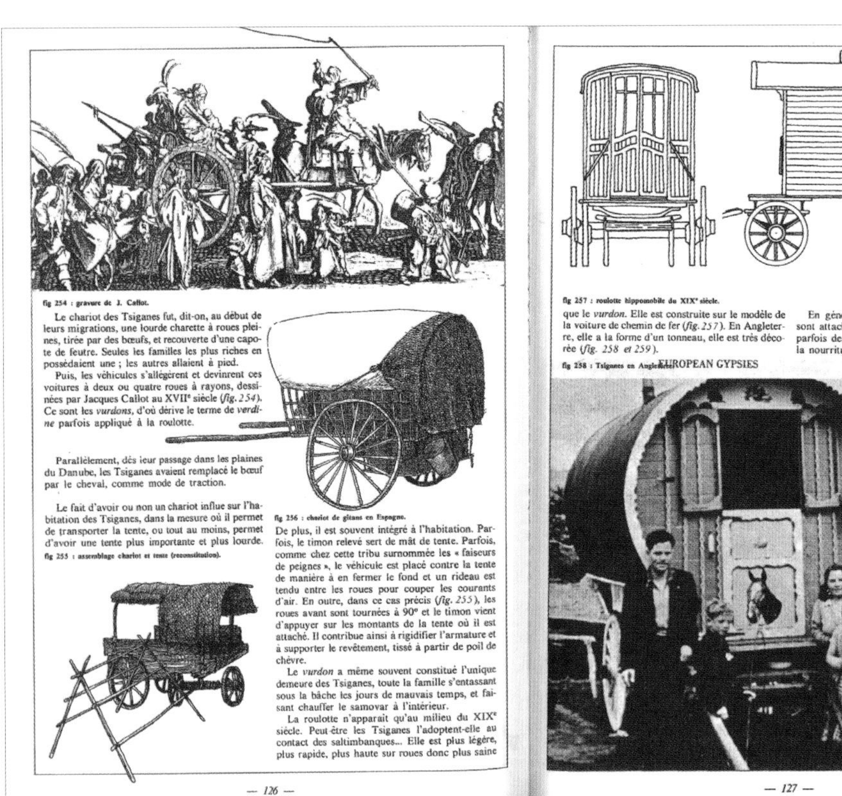

fig 254 : gravure de J. Callot.

Le chariot des Tsiganes fut, dit-on, au début de leurs migrations, une lourde charette à roues pleines, tirée par des bœufs, et recouverte d'une capote de feutre. Seules les familles les plus riches en possédaient une ; les autres allaient à pied.

Puis, les véhicules s'allégèrent et devinrent ces voitures à deux ou quatre roues à rayons, dessinées par Jacques Callot au XVIIe siècle (*fig. 254*). Ce sont les *vurdons*, d'où dérive le terme de *verdine* parfois appliqué à la roulotte.

Parallèlement, dès leur passage dans les plaines du Danube, les Tsiganes avaient remplacé le bœuf par le cheval, comme mode de traction.

Le fait d'avoir ou non un chariot influe sur l'habitation des Tsiganes, dans la mesure où il permet de transporter la tente, ou tout au moins, permet d'avoir une tente plus importante et plus lourde.

fig 255 : assemblage chariot et tente (reconstitution).

fig 256 : chariot de gitans en Espagne.

De plus, il est souvent intégré à l'habitation. Parfois, le timon relevé sert de mât de tente. Parfois, comme chez cette tribu surnommée les « faiseurs de peignes », le véhicule est placé contre la tente de manière à en fermer le fond et un rideau est tendu entre les roues pour couper les courants d'air. En outre, dans ce cas précis (*fig. 255*), les roues avant sont tournées à 90° et le timon vient d'appuyer sur les montants de la tente où il est attaché. Il contribue ainsi à rigidifier l'armature et à supporter le revêtement, tissé à partir de poil de chèvre.

Le *vurdon* a même souvent constitué l'unique demeure des Tsiganes, toute la famille s'entassant sous la bâche les jours de mauvais temps, et faisant chauffer le samovar à l'intérieur.

La roulotte n'apparait qu'au milieu du XIXe siècle. Peut-être les Tsiganes l'adoptent-elle au contact des saltimbanques... Elle est plus légère, plus rapide, plus haute sur roues donc plus saine

— 126 —

fig 257 : roulotte hippomobile du XIXe siècle.

que le *vurdon*. Elle est construite sur le modèle de la voiture de chemin de fer (*fig. 257*). En Angleterre, elle a la forme d'un tonneau, elle est très décorée (*fig. 258 et 259*).

En général, sous le plancher, entre les roues, sont attachées toutes sortes de caisses, contenant parfois des volailles, des outils et des seaux pour la nourriture des chevaux.

fig 258 : Tsiganes en Angleterre.

EUROPEAN GYPSIES

— 127 —

Double page extraite de *Habitats nomades*, « Les habitations des Tsiganes ». Paris, Édition Alternative et Parallèles, 1980, p. 126-127.

passion pour le juste outil, caractéristique de l'artisan. Les dessins de Denis Couchaux (dont il est précisé qu'il est l'auteur du livre *Habitats nomades*, publié chez le même éditeur), très clairs et précis, sont réalisés au trait noir[60]. Ils n'adoptent pas la manière enfantine ou *underground* caractéristique des *cookbooks* nord-américains.

La diffusion technique de la culture éphémère s'est donc attachée au cours des années soixante-dix et quatre-vingt à raconter essentiellement des récits d'expériences. Écrits à la première personne, ces témoignages sont destinés à diffuser l'information, à partager les déboires et les réussites de la pratique constructive individuelle. La construction n'est plus aux mains des seuls spécialistes. S'adaptant au contexte plus spécifiquement français — comme par exemple les nombreuses maisons en pierre abandonnées et disponibles pour de nouveaux usages d'habitation — les publications françaises se sont néanmoins beaucoup inspirées de leurs homologues américaines.

60 Denis Couchaux, *Habitats nomades*, Paris, Alternative et Parallèles, 1980.

'endant qu'on nous amuse avec des guerres
:t des révolutions qui s'engendrent les unes
es autres en répétant toujours la même
hose, l'homme est en train, à force
l'exploitation technologique incontrôlée, de
endre la terre inhabitable non seulement
our lui mais pour toutes les formes de vie
upérieures qui s'étaient jusqu'alors
ccommodées de sa présence.

DES REVUES FRANÇAISES ALTERNATIVES

Il est clair que la contre-culture nord-américaine a eu une certaine influence sur des magazines tels que *La Gueule ouverte*, mensuel écologique dont le premier numéro édité par Pierre Fournier date de novembre 1972. Le lieu de parution du « journal qui annonce la fin du monde » est bien loin de la capitale, à l'époque honnie et symbole de dépravation. En s'établissant dans l'ancienne mairie d'Outrechaise près d'Ugine (Savoie), les protagonistes de *La Gueule ouverte* font le choix de refuser le centralisme parisien, tout en gardant une pointe d'humour sur le repli écologique, comme l'atteste la légende de la vignette illustrant le *Dictionnaire des idées reçues écologiques* : « Le seul moyen véritable de lutter contre les tendances suicidaires de la société, c'est la vie en communauté, vivant en autarcie, avec technologie douce et le dos tourné au monde[61]. »

Couverture du premier numéro du magazine de Pierre Fournier, *La Gueule ouverte*, novembre 1972.

Mais, si le modèle contre-culturel américain sert d'inspiration pour *La Gueule ouverte*, le cas français est cependant spécifique. Le premier éditorial de Pierre Fournier, qui se présente lui-même comme celui qui ose alors parler « d'écologie à des gauchistes », s'interroge sur les difficultés à joindre l'action politique et la sensibilité écologique :

> « Pendant qu'on nous amuse avec des guerres et des révolutions qui s'engendrent les unes les autres en répétant toujours la même chose, l'homme est en train, à force d'exploitation technologique incontrôlée, de rendre la terre inhabitable, non seulement pour lui mais pour toutes les formes de vie supérieures qui s'étaient jusqu'alors accommodées de sa présence[62]. »

Sous forme de bandes dessinées, Fournier avait commencé dès 1969 à parler d'écologie dans les pages de l'hebdomadaire *Hara-Kiri*, qui devient à la fin de 1969 *Charlie-Hebdo* (une référence à Charlie Brown des *Peanuts* du scénariste et dessinateur de *comic strips* étatsuniens Charles M. Schulz) : l'hebdomadaire abordait les thèmes du nucléaire, de la pollution, de la dévastation des paysages, du monde que les technocrates étaient en train de mettre en place[63].

La culture underground américaine pénètre la culture officielle par les bandes dessinées. Les dessins de Robert Crumb et de Ron Cobb sont

61 Pierre Fournier, « Éditorial », *La Gueule ouverte* (Outrechaise), nº 1, novembre 1972.

62 *Ibid.*

63 Cf. Ruth Stegassy, programme radiophonique « Terre à terre », France Culture, 23 août 2003.

Couverture de *La Gueule ouverte*, « Bonne année nucléaire », dessin de Pierre Fournier.

N° 15, janvier 1974.

ainsi diffusés très régulièrement par *Actuel* dès 1970. Leurs travaux, publiés sous forme de caricatures, d'affiches ou encore repris en album, ont en effet fortement contribué à faire réfléchir les lecteurs sur les grands thèmes écologiques et notamment la destruction de la Terre par les déchets de la société de consommation.

Couverture du premier numéro de la revue *Le Sauvage*, avril-mai 1973.

Les caricatures de Crumb et Cobb vont ensuite être adoptées par des magazines moins provocateurs, moins connotés « gauchistes », comme *Le Sauvage* dès 1973[64]. Cette revue mensuelle écologique est publiée par *Le Nouvel Observateur*, procurant au milieu de gauche modéré un journal dans l'air du temps. Le premier numéro daté d'avril-mai 1973 présente un grand titre alarmiste « 1973 : L'utopie ou la mort », écrit en lettres blanches sur un paysage de ville composé de gratte-ciel et de cheminées d'usine dégageant des fumées rouges. *Le Sauvage* cesse de paraître en 1981 comme si l'élection présidentielle du candidat socialiste François Mitterand contribue à assagir les journalistes.

La ligne éditoriale de magazines tels que *Actuel* et plus tard *La Gueule ouverte*, puis *Le Sauvage* adopte une typographie, une rhétorique, des choix iconographiques qui les situent à la lisière de l'underground.

Affiche annonçant l'exposition « Énergies Libres », CCI/Musée des arts décoratifs, 1976.

Ce ne sont pas des revues spécialisées en architecture ou destinées en particulier aux architectes. Elles proposent cependant des chroniques liées aux questions énergétiques (le solaire, les énergies renouvelables), qui intéressent autant les professionnels que le grand public. Les dessinateurs (Reiser par exemple) qui traversent les différentes sphères culturelles et les publics variés de *La Gueule ouverte* au *Sauvage*, illustrent, sous la forme de bandes dessinées et de caricatures, des informations techniques. L'énergie solaire appliquée aux maisons est ainsi diffusée sur le mode humoristique dans *La Gueule ouverte* dès les premiers numéros du magazine en 1972 (la « Chronique de l'énergie solaire » qui sera reprise dans l'exposition “Énergies libres” présentée par le CCI au Musée des arts décoratifs en 1976), puis dans *Le Sauvage*.

En 1974, dans son livre intitulé *L'énergie, c'est vous*[65], le Prof. Mollo-Mollo (Philippe Lebreton) fait le lien avec l'architecture en parlant de l'énergie solaire et son application à la maison individuelle. Son ouvrage n'est pas destiné au milieu architectural mais vise au contraire une large audience. L'énergie et les options architecturales qui résultent de choix énergétiques ne sont plus l'affaire des seuls spécialistes. La stratégie est de donner les outils techniques à ceux qui n'ont pas une formation technique ou architecturale spécifique, pour leur donner les moyens de se lancer dans l'aventure du solaire, aidés par des manuels. Les architectes et les techniciens sont censés perdre leur pouvoir puisque les non-spécialistes pourront se passer d'eux. Un transfert s'opère du domaine de la spécialisation technique à celui de l'information générale.

Reiser, « La chronique de l'énergie solaire ». →
La Gueule ouverte, n° 16, février 1974.

[64] *Le Sauvage* (1973-1981) est d'abord un mensuel, puis un trimestriel, enfin de nouveau un mensuel. Il change de format en septembre 1977. Titre : *Le Sauvage*, sous-titre : *Le Nouvel Observateur — Écologie*. Le comité de rédaction est composé de Jean Daniel, Jacques Deshayes, Hector de Galard, Alain Hervé, Claude Perdriel, Philippe Viannay.

[65] Prof. Mollo-Mollo (Philippe Lebreton), *L'énergie, c'est vous*, Paris, Stock, 1974.

CHRONIQUE DE L'ÉNERGIE SOLAIRE

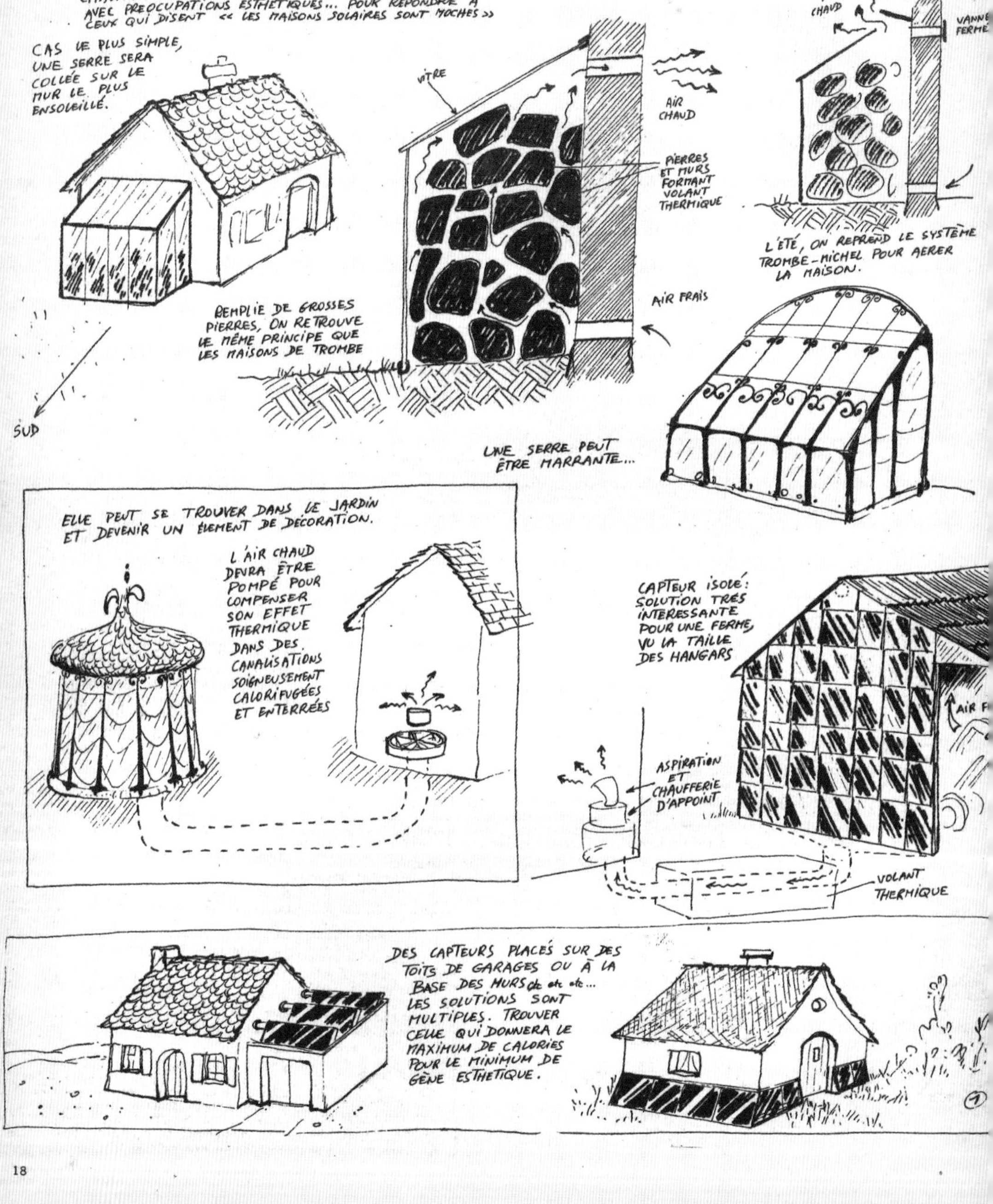

CHAUFFAGE SOLAIRE ADAPTÉ AUX MAISONS ANCIENNES AVEC PRÉOCUPATIONS ESTHÉTIQUES... POUR RÉPONDRE À CEUX QUI DISENT « LES MAISONS SOLAIRES SONT MOCHES »
CAS LE PLUS SIMPLE, UNE SERRE SERA COLLÉE SUR LE MUR LE PLUS ENSOLEILLÉ.
SUD
VITRE
AIR CHAUD
PIERRES ET MURS FORMANT VOLANT THERMIQUE
AIR FRAIS
REMPLIE DE GROSSES PIERRES, ON RETROUVE LE MÊME PRINCIPE QUE LES MAISONS DE TROMBE
AIR CHAUD
VANNE FERMÉ
L'ÉTÉ, ON REPREND LE SYSTÈME TROMBE-MICHEL POUR AÉRER LA MAISON.
UNE SERRE PEUT ÊTRE MARRANTE...
ELLE PEUT SE TROUVER DANS LE JARDIN ET DEVENIR UN ÉLÉMENT DE DÉCORATION.
L'AIR CHAUD DEVRA ÊTRE POMPÉ POUR COMPENSER SON EFFET THERMIQUE DANS DES CANALISATIONS SOIGNEUSEMENT CALORIFUGÉES ET ENTERRÉES
CAPTEUR ISOLÉ: SOLUTION TRÈS INTÉRESSANTE POUR UNE FERME, VU LA TAILLE DES HANGARS
AIR F
ASPIRATION ET CHAUFFERIE D'APPOINT
VOLANT THERMIQUE
DES CAPTEURS PLACÉS SUR DES TOITS DE GARAGES OU À LA BASE DES MURS etc etc etc... LES SOLUTIONS SONT MULTIPLES. TROUVER CELLE QUI DONNERA LE MAXIMUM DE CALORIES POUR LE MINIMUM DE GÊNE ESTHÉTIQUE.

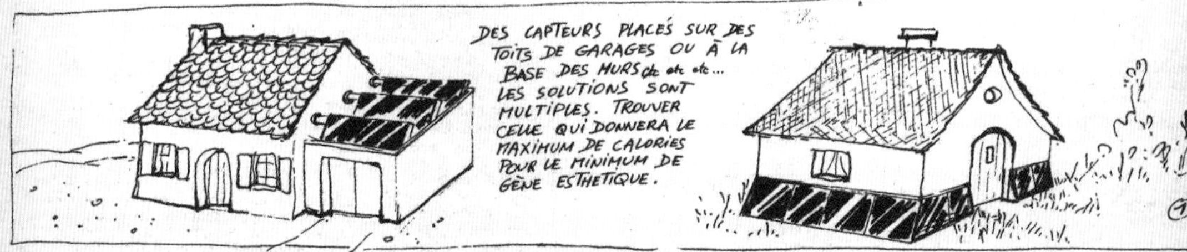

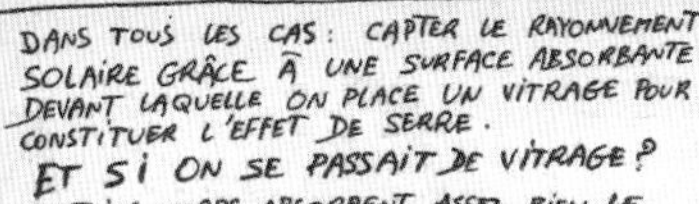

DANS TOUS LES CAS : CAPTER LE RAYONNEMENT SOLAIRE GRÂCE À UNE SURFACE ABSORBANTE DEVANT LAQUELLE ON PLACE UN VITRAGE POUR CONSTITUER L'EFFET DE SERRE.

ET SI ON SE PASSAIT DE VITRAGE ?

CERTAINS CORPS ABSORBENT ASSEZ BIEN LE RAYONNEMENT SOLAIRE : LA BRIQUE, LA PIERRE SOMBRE, D'AUTRES L'ABSORBENT BEAUCOUP MIEUX, LES OXYDES MÉTALLIQUES PAR EXEMPLE. SI, PAR UNE SUITE DE SÉLECTIONS ET EXPÉRIMENTATIONS ON RÉUSSISSAIT À TROUVER UN MATÉRIAU TRÈS ABSORBANT ET SUSCEPTIBLE DE REVÊTIR DES FORMES MULTIPLES, UNE GLAISE DOPÉE EN QUELQUE SORTE...

PAS NÉCESSAIRE DE CONSTRUIRE TOUTE LA MAISON AVEC.

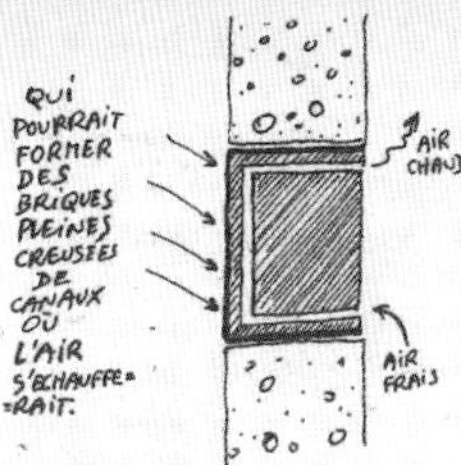

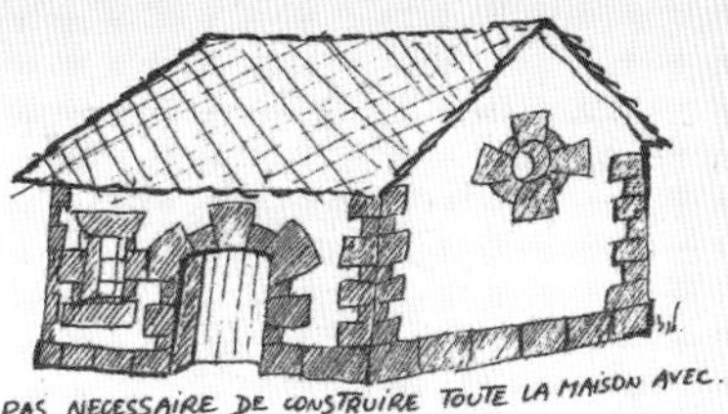

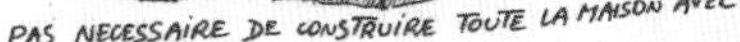

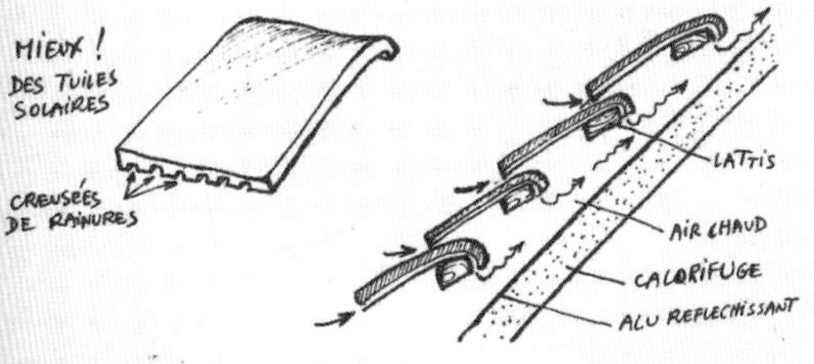

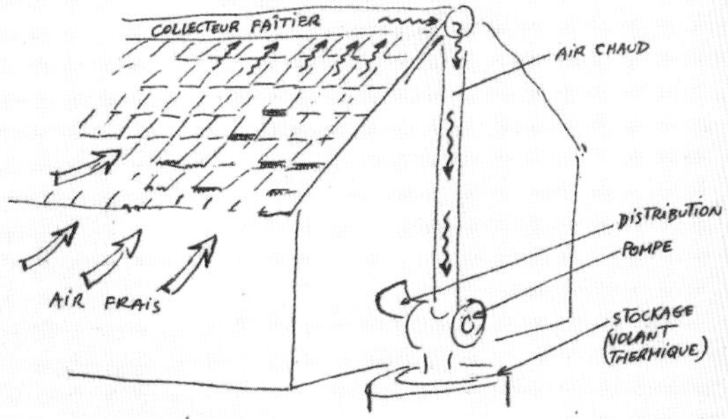

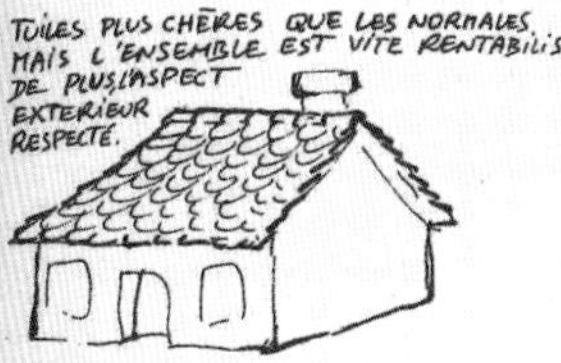

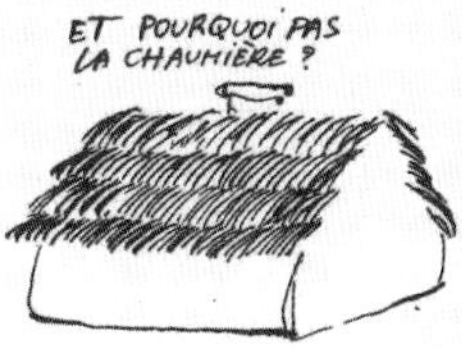

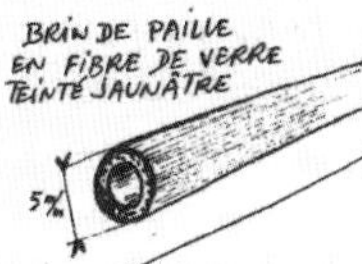

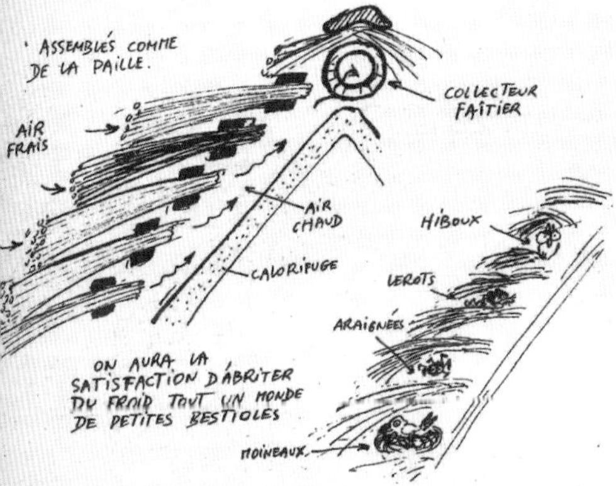

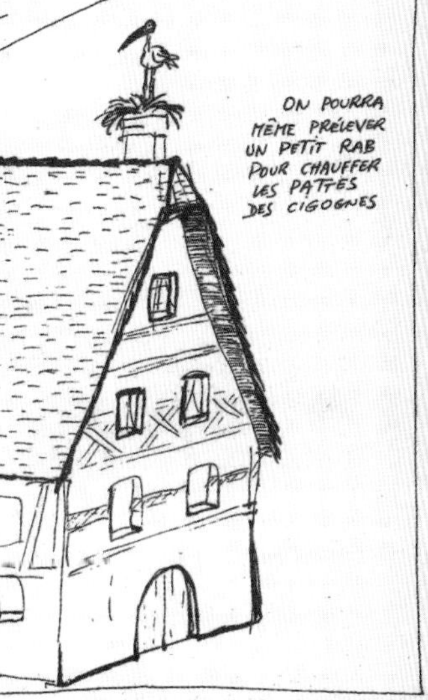

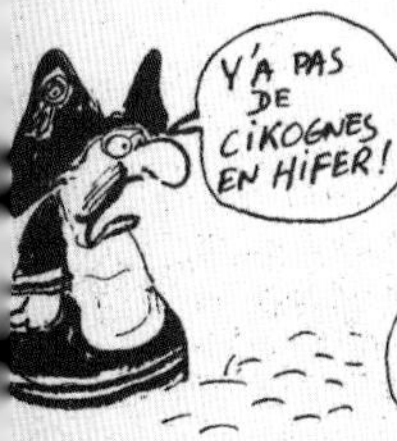

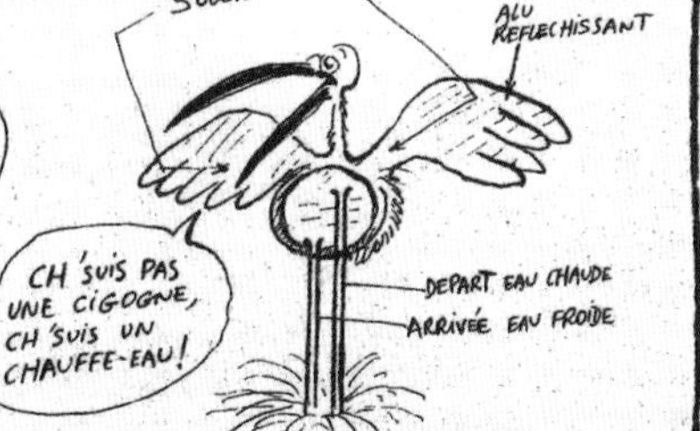

DANS TOUS LES CAS OÙ IL S'AGIRA DE POMPER DE L'AIR CHAUD VENANT DE CHAUFFAGE SOLAIRE ON AURA INTÉRÊT À SE SERVIR DE PHOTOPILES, CAR ELLES DÉBITERONT DU COURANT PRÉCISÉMENT AU MOMENT OÙ ON EN AURA BESOIN, SANS STOCKAGE ÉLECTRIQUE. SOLUTION IDÉALE POUR DEMAIN, LES PHOTOPILES ÉTANT ENCORE TROP CHÈRES.

POUR CEUX QUE ÇA INTÉRESSE TRÈS FORT, LE CNES A ÉDITÉ UN GROS LIVRE SUR CE QUI S'EST DIT AU DERNIER CONGRÈS SOLAIRE. TRÈS TRÈS TECHNIQUE 90 % DE TEXTES ANGLAIS. « L'ÉNERGIE PHOTOVOLTAÏQUE ET SES APPLICATIONS DANS L'ESPACE ET SUR TERRE » IL COÛTE 120F PORT COMPRIS. ÉCRIRE AU CNES DIRECTION DES PROGRAMMES ET DE LA POLITIQUE INDUSTRIELLE BP N°4 _ 91220 BRÉTIGNY S/ORGE

Ils construisaient en polyèdre. Nous on faisait des dessins mais on ne réalisait pas.

UN MODÈLE PÉDAGOGIQUE

Ce type de publication, facile à produire et à reproduire, devient aussi un modèle pédagogique pour quelques enseignants des écoles d'architecture parisiennes, convaincus que l'architecte n'est pas seulement un constructeur mais aussi un citoyen capable de partager son savoir de spécialiste et de le rendre accessible au grand public.
Jean Aubert (membre du groupe Utopie), très intéressé par le monde éditorial, consacre un séminaire, l'année 1972-1973, à l'Institut d'urbanisme de l'université de Vincennes, à l'autoconstruction. Jean Aubert, en 2002, rappelle qu'il s'agissait de réunir l'ensemble des sources d'information disponibles, pour la plupart des documents anglo-saxons : les publications d'écoles ou para-professionnelles, les revues spécialisées (architecture) et quelques exemples d'expériences d'autoconstruction [66]. Après ce premier travail sur les sources, il est proposé aux étudiants du second semestre de réaliser un livre, intitulé *Icosa, la tortue qui cause de construction*. Celui-ci se présente sous la forme d'un album 21 × 29,7 cm constitué de nombreuses pièces (une sorte de puzzle régulier), qui, une fois assemblées, forment un objet. Comme l'explique Jean Aubert :

> « La tâche a été pour chaque participant de signifier sur une ou plusieurs pièces constituant *Icosa*, l'objet de ses investigations pendant le 1er semestre sur le mouvement de l'autoconstruction, en s'exprimant librement et en utilisant les moyens qu'il jugeait les plus intéressants par rapport à son sujet [67]. »

L'exercice présentait l'intérêt d'être une sorte d'apprentissage au *do-it-yourself*. On retrouve ainsi sur chacune des faces de l'icosaèdre réalisé la patte de l'étudiant. La face 3 s'amuse à parodier l'autoconstruction en lui consacrant une fiche bricolage. On peut relever à travers le titre que la publication « cause », elle ne fait donc pas un cours académique. Richard Buckminster Fuller est à plusieurs reprises dessiné, caricaturé. Ses livres sont mentionnés, ses travaux sur les dômes en carton de 1954 montrés. Buckminster Fuller perçoit avec perspicacité dès les années quarante l'urgence et les avantages du recyclage des matériaux tels que le carton et, comme le souligne *Icosa* :

> « Ce qu'il y a de bien avec le papier, c'est qu'on en trouve un peu partout : emballage, revues ; et qu'on le transforme facilement en poteaux ou toitures, murs. Les tubes en carton sont très résistants ; ils peuvent être utilisés pour des structures géodésiques [68]. »

66 Jean Aubert, entretien avec l'auteur, Paris, 3 juillet 2002.

67 *Ibid.*

68 *Icosa, La tortue qui cause de construction*, Face 16 : « De la maison de papier » : « Dôme de carton ondulé Buckminster Fuller 1954 » et « Abri pour sinistrés : carton ondulé imprégné, ignifugé, poids total 500 kg ; durée : 25 ans et + ». Ces informations sont issues de la section « Cosmorama » de *Architectural Design*, octobre 1970.

Couverture de l'ouvrage *Icosa*, « La tortue qui cause de construction ».

Département d'urbanisme, Université de Paris VIII, 1973.

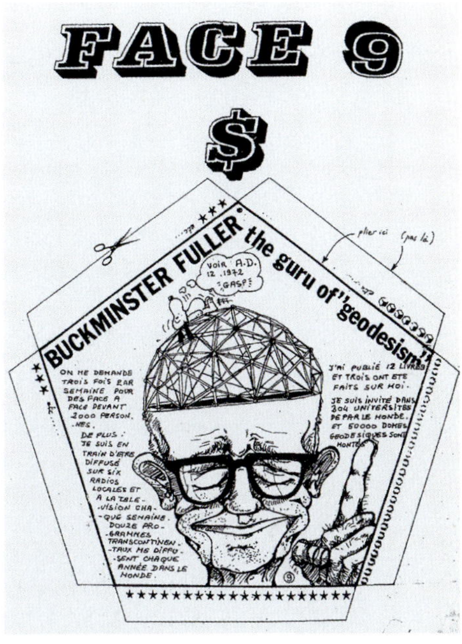

Une page caricaturant Richard Buckminster Fuller dans l'ouvrage *Icosa*, « La tortue qui cause de construction ».

Paris, 1973.

On peut retracer les sources intellectuelles de Jean Aubert et de ses étudiants : la majeure partie des informations est issue d'*Architectural Design* ou de *Vroutsch* (« merci à spécial *Vroutsch* nº 6 Strasbourg »). Les librairies parisiennes où il est possible de trouver des informations sur l'architecture alternative, sur les bandes dessinées, ou encore sur l'ésotérisme, sont mentionnées, mais aussi des librairies à dominante politique (Le Phénix, Kiosque « anar », La Vieille Taupe), ou même des librairies de livres pour enfants. L'enseignant donne là les bons outils pour former des individus curieux, capables de produire, sans refouler l'enfance, la science-fiction, ni les bandes dessinées. Culture populaire et culture savante sont simultanément convoquées.

Jean-Paul Jungmann, pour qui l'influence des thèmes tels que le *do-it-yourself* et les matériaux recyclés, les expériences de vie communautaire loin des villes, les recherches sur les sources d'énergie solaire et éolienne était davantage perceptible dans la sphère de l'imaginaire que sous une forme construite, remarque :

> « Chez eux [aux États-Unis], tout cela se construisait, mais pour nous c'était des expériences que l'on ne pouvait pas transposer. On n'était pas aussi pragmatique qu'eux. Ils construisaient en polyèdre. Nous on faisait des dessins mais on ne réalisait pas [69]. »

Ce qui est à noter c'est l'écart entre la culture du faire aux États-Unis — facilitée par l'engouement culturel et sociétal en Amérique du Nord pour le *do-it-yourself* déjà fortement présent dans les années cinquante

69 Jean-Paul Jungmann, entretien avec l'auteur, Paris, 8 décembre 2001.

et même caractéristique d'une nation de pionniers — et la culture française, l'importance de l'idéologie marxiste, par exemple ou encore la domination du savoir intellectuel sur le savoir-faire manuel [70].

ENSEIGNEMENT ET RECHERCHE

Les évolutions complexes des multiples réformes qui ont transformé progressivement l'enseignement de l'architecture à l'École des beaux-arts pour aboutir à la constitution des unités pédagogiques d'architecture ont été analysées selon différents points de vue par Éric Lengereau d'une part, et par Jean-Louis Violeau d'autre part [71]. Retraçant l'une de ces étapes, Éric Lengereau rappelle que des dizaines de personnes — architectes, urbanistes, économistes, peintres, géographes, sociologues, administrateurs — sont sollicitées en 1967 par le ministère des Affaires culturelles pour y réfléchir. Quatre groupes sont formés. Le premier aborde la question des « sciences humaines » enseignées aux élèves architectes ; le deuxième travaille sur les relations entre « architecture et urbanisme » ; le troisième groupe est chargé de l'enseignement des « matières scientifiques et techniques » ; le quatrième groupe se penche sur la « formation artistique ». Autour de Jean Fayeton, on essaie d'articuler les multiples thématiques de réflexion et de préparer une méthode de regroupement des différentes contributions [72]. Le thème de la pluridisciplinarité est donc au cœur des débats.
La fermeture de l'École des beaux-arts en juin 1968 entraîne une recomposition de la formation architecturale et la mise en place d'unités pédagogiques. Malgré les longues discussions et les réformes successives, ces dernières ne seront pas intégrées au système des universités, mais reste sous tutelle du ministère des Affaires culturelles. L'incitation à la recherche architecturale émanera dès 1969 d'institutions gouvernementales [73].
Premier événement important pour la recherche en architecture, la création le 17 novembre 1969 du Centre d'architecture à l'Institut de l'environnement. C'est un lieu de rencontres entre équipes, proposant colloques, expositions, conférences, échanges d'expériences et de réflexions. En décembre 1969, la revue *Chroniques de l'art vivant* consacre une colonne à son ouverture, rue d'Érasme à Paris, et précise :

[70] Jean-Paul Jungmann, entretien avec l'auteur, Paris, 15 décembre 2003. Une version éditée de 26 minutes de cet entretien filmé a été montrée dans l'exposition « Les utopies des années soixante à travers le fonds Jean-Paul Jungmann », Bibliothèque des Arts décoratifs, Paris, 22 septembre-24 décembre 2010. Voir aussi Caroline Maniaque, « Exposition : Jean-Paul Jungmann et les utopies des années soixante », *Archiscopie*, nº 99, décembre 2010, p. 20-22.

[71] Éric Lengereau, *L'État et l'architecture 1958-1981, une politique publique ?*, Paris, Picard, 2001 ; Jean-Louis Violeau, *Les Architectes et mai 68*, *op. cit.* Voir aussi Jean-Louis Violeau, « Mai-68-Mai 81 : l'entre-deux-Mai des architectes. Itinéraires intellectuels », *In Extenso* (Paris), 1999, p. 92-93. Le système universitaire américain était aussi regardé avec attention et notamment les campus.

[72] Éric Lengereau, *L'État et l'architecture 1958-1981…*, *op. cit.*, p. 97.

[73] Jean-Louis Violeau, *Les Architectes et Mai-68*, *op. cit.*, p. 109.

[74] « L'Institut de l'environnement », *Chroniques de l'art vivant* (Paris), nº 6, décembre 1969, p. 23.

Affiche de l'atelier ZZZ : fête raide contre le déménagement d'UPA 6, 19-20 juin 1975.

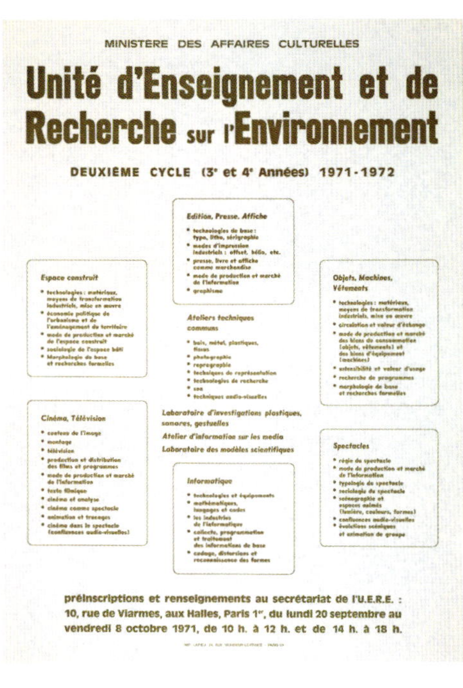

Affiche annonçant les cours dispensés à UERE (Unité d'Enseignement et de Recherche sur l'Environnement), deuxième cycle 1971-1972.

Cette proposition d'enseignement ne sera pas mise en place car l'expérience pédagogique de l'UERE ne sera pas reconduite.

> « Il est placé sous la tutelle du ministère des Affaires culturelles et doit son existence à l'initiative d'un groupe de personnalités parmi lesquelles René Salanon, son directeur qui est également professeur. Destiné à former des pédagogues dans les différents secteurs de l'environnement, l'IED [Institut de l'Environnement et du Développement] forme en deux ans des stagiaires admis parmi les diplômés des écoles d'architecture, d'arts plastiques, de paysagisme, d'urbanisme, d'ingénieurs. La principale innovation de cet institut est son enseignement pluridisciplinaire. Outre les cours et les conférences traitant de l'urbanisme, de l'architecture, du design ou de la communication, de psychologie et de sociologie, de logique et de mathématiques appliquées, les stagiaires sont amenés à se regrouper pour effectuer des recherches sur des thèmes précis[74]. »

L'équipe de recherche et d'encadrement comprend Bruno Fortier, Jean-Paul Lesterlin (responsable de la recherche), Jean-Louis Cohen (chargé de l'URSS, de l'Allemagne et de l'Italie), Henri Bonnemazou, Pierre Clément (adjoint de Lesterlin), Gwenaël Querrien (responsable du *Bulletin d'information inter-établissements*) et David Elalouf. Plusieurs d'entre eux sont chargés de collecter des ouvrages de référence : Jean-Louis Cohen repère les travaux fondamentaux en URSS alors que David Elalouf se charge des États-Unis. Il rapporte en 1973 des valises pleines

75 *L'Architecture d'aujourd'hui* (Paris), dossier « Architecture du soleil », nº 167, mai-juin 1973.

Qu'est ce qu'on pouvait enseigner ? Nous n'avions pas forcément envie d'enseigner l'architecture, alors nous nous sommes occupés surtout d'édition.

de livres pour le compte de l'Institut de l'environnement, dont ceux de Christopher Alexander et de Lawrence Halprin. Cette même année, il contribue aussi à *L'Architecture d'aujourd'hui* sur le thème de l'architecture du solaire [75].

L'intérêt de cet institut, outre le fait qu'il propose une formation de 3e cycle et qu'il soit en quelque sorte la rampe de lancement de la recherche en France, réside dans son centre de documentation, mettant à disposition une littérature contemporaine française et étrangère relative à l'architecture, au paysage et à l'urbanisme [76], mais aussi dans son financement de missions pour observer le développement de l'architecture et de la recherche architecturale dans différents pays et notamment aux États-Unis.

C'est ainsi que David Elalouf est recruté et que partiront aux États-Unis en 1975 Marc Vaye et Frédéric Nicolas avec pour mission de rassembler des informations sur l'architecture solaire aux États-Unis, comme nous l'avons indiqué plus haut.

D'autre part, la mise en place en décembre 1969 du Comité d'orientation de la recherche et du développement en architecture (Corda) découle de la décision d'Edmond Michelet, alors ministre des Affaires culturelles, de favoriser l'éclosion d'un secteur de recherche architecturale. Plusieurs des voyageurs dont nous avons parlé et que nous pourrions appeler « passeurs », Jean Soum par exemple, poursuivront des travaux de recherche dans ce cadre institutionnel. Bien que cette spécificité ne soit pas clairement énoncée ni revendiquée, il apparaît que le développement de la recherche en architecture au sein des établissements en charge de l'architecture — institut de recherche et écoles — s'est cristallisé autour de personnalités qui avaient fait l'effort de suivre un enseignement de *Master* aux États-Unis ou d'obtenir un grade universitaire en France.

Parallèlement, au sein des unités pédagogiques, l'émergence de thématiques nouvelles parmi les sujets de recherche et de projets en vue de l'obtention du diplôme d'architecture (l'autoconstruction par exemple), peut être redevable des modèles observés aux États-Unis.

Une planche A3 réalisée par l'atelier ZZZ reproduisant la réduction des affiches produites à l'École des Beaux-Arts entre mai et juin 1968. →

La lecture des périodiques comme *Architectural Design* a incité plusieurs architectes, devenus enseignants dans les unités pédagogiques d'architecture, à adopter des méthodes et des idées de l'architecture alternative nord-américaine. L'architecte Jean-Paul Jungmann, par exemple, a beaucoup appris des publications de la contre-culture et s'est efforcé à transmettre pédagogiquement cette culture dès le début des années soixante-dix. Il a aussi beaucoup appris de l'effervescence

[76] « Un institut de l'environnement en France », *L'Architecture d'aujourd'hui* (Paris), nº 145, septembre 1969, p. V-VII.

EN SYNDICALISME
LA PROMOTION OUVRIERE EST
COLLECTIVE
TE RECONNAIS TU ?
PIQUE
ASSIETTE
NE SOIS PAS
CELUI LA
CELUI QUI TIRE BENEFICE
D'UNE VICTOIRE EN AYANT
REFUSE LE COMBAT
N'EST PLUS DIGNE
D'ETRE APPELE UN
HOMME

C'EST EN ARRETANT
NOS MACHINES
DANS L'UNITÉ QUE
NOUS LEUR DEMONTRONS
LEUR FAIBLESSE

les capitalistes
ont besoin des
ouvriers

les ouvriers
n'ont pas besoin
de capitalistes

CEDER
un PEU
C'EST
CAPITULER
BEAUCOUP

LE VOTE À BULLETIN
SECRET EST UNE
MÉTHODE DU PATRON
POUR BRISER L'UNITÉ
OUVRIÈRE.

UN OUVRIER QUI N'OSE
PAS DIRE SON OPINION
DEVANT SES CAMARADES
NE MÉRITE PAS LE NOM
D'HOMME.

LES TRAVAILLEURS
VAINCRONT

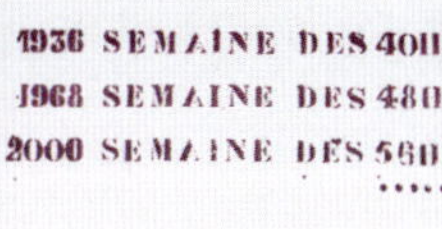

NOUS NE SERONS PAS DUPES
JUIN 36 : LES CONQUETES OUVRIERES SONT REPRISES EN MOINS DE 2 ANS PAR LA BOURGEOISIE.
GREVE DES MINEURS DE 63
LE PATRONAT GAGNE EN 2 MOIS CE QU'IL A LACHE
COMMENT ?
PAR · LA HAUSSE DES PRIX
· L'INFLATION
· LE CHOMAGE ORGANISE
· LE VIOL DES LIBERTES SYNDICALES
SOUS PEINE DE SUICIDE
LE SYSTEME CAPITALISTE EST CONTRAINT DE REPRENDRE TOUT CE QU'IL A LACHE
SEULS LES TRAVAILLEURS AU POUVOIR POURRONT GARANTIR LA SATISFACTION DE NOS REVENDICATIONS

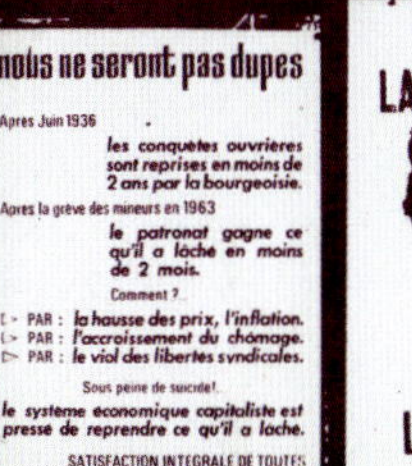
nous ne seront pas dupes

Apres Juin 1936
les conquètes ouvrieres sont reprises en moins de 2 ans par la bourgeoisie.

Apres la greve des mineurs en 1963
le patronat gagne ce qu'il a lâche en moins de 2 mois.

Comment ?

PAR : la hausse des prix, l'inflation.
PAR : l'accroissement du chomage.
PAR : le viol des libertes syndicales.

Sous peine de suicide!
le système économique capitaliste est presse de reprendre ce qu'il a lache.

SATISFACTION INTEGRALE DE TOUTES LES REVENDICATIONS, SEULS LES TRAVAILLEURS AU POUVOIR POURRONT LA GARANTIR

PLANCHE N° 8 Les diapositives (noir et blanc) de cette serie d'affiches de MAI 68 sont consultables à la DIATHEQUE du CENTRE de DOCUMENTATION d'UP6, 14 rue Bonaparte 75006-PARIS, tél: 260 34 57 poste 84. Réalisation: Atelier ZZZ

Affiche annonçant les journées « Free Press », Paris, 10 au 18 décembre 1971.

Parmi les étudiants les plus actifs : Olivier Agid, Daniel Dessart, Gil Leparmentier, Sergio Mosca, Jean-Charles Otzinger, Petrov (Yves Dimet), Donatella Thézé.

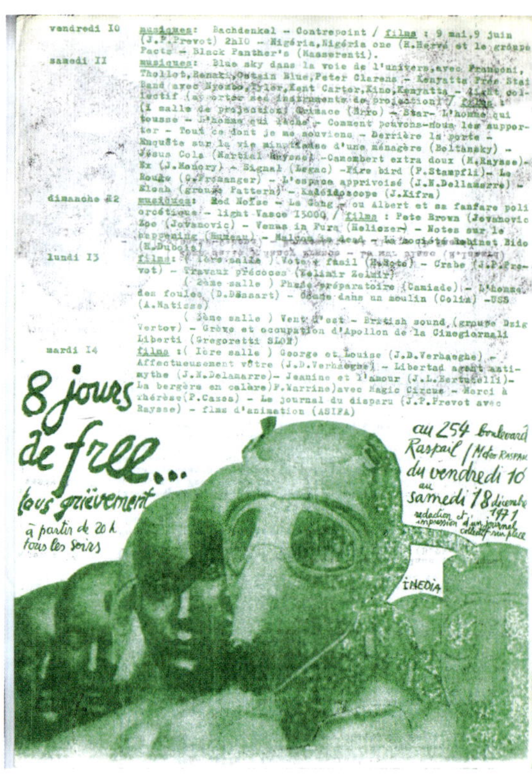

Affiche Black Power.

Sérigraphie sur papier 58 × 78 cm plié en 8 insérée dans un journal ronéoté dans le cadre des journées « Free Press », Paris, 24 et 25 juin 1971.

de Mai-68 et sait combien les méthodes de communication ont été favorisées par la création de l'atelier d'affiches au sein de l'école des Beaux-Arts. Alors, quand il devient enseignant à son tour, il s'agit pour lui de partager une maîtrise des techniques de diffusion caractéristique de l'époque : « Qu'est ce qu'on pouvait enseigner ? Nous n'avions pas forcément envie d'enseigner l'architecture, alors nous nous sommes occupés surtout d'édition [77]. » Tout est mis en œuvre dans ce sens. Il le rappelle en évoquant l'aventure de l'Unité d'enseignement et de recherche de l'environnement (UERE), institution d'enseignement établie en 1970 au premier étage de la Halle aux blés, rue de Viarmes, à Paris dans le 1er arrondissement, celle, l'année suivante, de l'Institut d'urbanisme à Nanterre où enseignait Jean Aubert, puis celle de l'unité pédagogique nº 6. Jean-Paul Jungmann s'est appuyé sur ces institutions d'enseignement pour organiser de grands rassemblements autour de l'édition. Il constate que son activité d'éditeur est la marque la plus certaine de l'influence de la contre-culture américaine sur lui : « Voici une affiche tirée à l'UERE : une affiche du *Black Power* avec le poing levé. L'influence de la culture américaine, elle est là [78] ! » Il ajoute :

[77] Jean-Paul Jungmann, entretien avec l'auteur, Paris, 8 décembre 2001.

[78] Jean-Paul Jungmann, entretien avec l'auteur, Paris, 15 décembre 2003. Il prend part ainsi les 24 et 25 juin 1971 aux journées de la *free press* aux Halles, rappellant que l'éclosion de revues telles que *La Veuve Joyeuse, Le Parapluie, L'Idiot, La Cause du peuple, Tout !, Actuel, l'International situationniste* est l'une des conséquences de la culture américaine.

« Toutes ces revues se caractérisent par une impression de qualité assez mauvaise, mais c'était direct. Certaines étaient même réalisées sur place. L'expression immédiate comptait plus que le professionnalisme et la qualité graphique. Les textes étaient écrits avec des encres de différentes couleurs : du bleu, du vert et du rouge. La lisibilité n'était pas parfaite mais l'effet psychédélique était assuré [79]. »

Couverture de la revue *Rufus*.

N° 1, mars 1971 ; revue expérimentale produite par les participants à l'Unité de Valeur tout-à-fait régulière dénommée ici, enseignement sous la direction de Jean Aubert, université de Vincennes.

Un certain nombre de jeunes architectes à la fin des années soixante ont perdu le goût de construire. Un engagement politique de gauche les positionne en rupture avec la production architecturale de type capitaliste. Ils détestent les promoteurs et refusent de collaborer au système de production. L'architecture radicale appelait de ses vœux la disparition de l'architecture au profit d'une utopie techniciste. La remise en cause du statut de l'architecte conduit aussi à la disparition de l'architecture. Le mot même « architecture » tend à être remplacé par d'autres vocables, tels que « abri » ou « habitat », impliquant une pensée spatiale antimonumentale plutôt en adéquation avec l'écosystème.

La mise en place progressive de structures dédiées à la recherche au sein des écoles d'architecture se fait dès le début des années soixante-dix. Des équipes se constituent en laboratoires fédérant ainsi peu à peu des travaux et de nouveaux enseignements.

Plusieurs de ces initiatives ont été nourries par l'observation de recherches menées aux États-Unis, notamment sur des sujets plus ou moins hérités de la contre-culture (architecture de terre, énergie douce...). Il s'agit, à l'unité pédagogique d'architecture de Grenoble, de CRATerre (Centre de recherche et d'application sur la terre crue) et, à l'unité pédagogique de Toulouse, du Greco (Groupe de recherche environnement conception). Ces deux entités se penchent sur des questions d'architecture traditionnelle et écologique. À Marseille également, des travaux de recherche autour de l'architecture bioclimatique se développent au sein de l'équipe ABC (Architecture bio-climatique). Le nom de l'équipe évolue quand celle-ci obtient le statut de laboratoire spécialisé dans les rapports architecture-climats-environnement, pour s'intituler Laboratoire de recherche sur l'architecture bioclimatique et la construction parasismique [80]. Dans cette même école, le Gamsau (Groupe de recherches pour l'application des méthodes scientifiques à l'architecture et l'urbanisme) se spécialise en informatique. Les premières visites de Jacques Autran dans les laboratoires du MIT à la fin des années soixante contribuent à façonner l'idée que les écoles d'architecture devaient se doter d'outils informatiques. Les thèmes de recherche du Gamsau qui débute en 1970 portent sur l'interaction

79 Jean-Paul Jungmann, entretien cité.

80 Cf. Jean-Louis Izard, Gilles Olive, « La notion de haute qualité environnementale, les implications architecturales d'une nouvelle préoccupation », *Les Cahiers de la recherche architecturale* (Marseille), « Ambiances architecturales et urbaines », nº 42/43, 1998, p. 139-153. L'équipe traduit l'ouvrage de Baruch Givoni, *L'homme, l'architecture et le climat*, Le Moniteur, 1978 et assure la rédaction de plusieurs ouvrages : Jean-Louis Izard, Alain Guyot, *Archi-Bio*, Roquevaire, Parenthèses, 1979 ; Solair [Soleil architecture architecture ingénierie], *Conception thermique de l'habitat, guide pour la région Provence-Rhône-Côte d'Azur*, Aix-en-Provence, Édisud, 1988 ; Jean-Louis Izard, *Architectures d'été, construire pour le confort d'été*, Aix-en-Provence, Édisud, 1993.

informatique/architecture avec comme principal objectif la production d'outils et de méthodes d'aide à la décision pour les pratiques liées à l'aménagement de l'espace et de conception assistée par ordinateur. Mentionnons également le rôle de Paul Quintrand dès la création de l'unité pédagogique de Marseille en 1967 dans le rapprochement entre l'architecture et les disciplines scientifiques et sociales, entre le projet d'architecture et la recherche. Enfin les architectes américains Paul Nelson — un ancien élève de Perret, ayant enseigné au Pratt institute en 1957, à Yale en 1958 et à Harvard et au MIT en 1959-1960 — et Seymour Howard — formé à la Graduate School of Design à Harvard dans les années quarante —, enseignaient à Marseille et ont contribué à l'adoption rapide de nouvelles pédagogies pluridisciplinaires.

L'architecte américain Paul Nelson (1895-1979), au centre, lors d'un rendu de projet à l'école d'architecture de Marseille-Luminy, le 6 juin 1975.

Des recherches sur l'énergie solaire sont également menées au sein de l'unité pédagogique nº 6 à Paris, autour des enseignants Georges et Jeanne-Marie Alexandroff, déjà évoqués, renforcées par Alain Liébard qui contribuera à développer la filière de l'écologie et des énergies renouvelables au cours des années quatre-vingt et quatre-vingt-dix.
La concordance entre les voyages des membres de ces équipes aux États-Unis (parmi d'autres voyages d'études en Afrique et en Asie) et le développement de ces dernières atteste de l'influence sur leurs recherches des travaux américains (et surtout des exemples réalisés) et des rencontres avec quelques acteurs majeurs.
Le laboratoire CRATerre, attaché à l'école d'architecture de Grenoble, a été créé en 1979 et habilité comme laboratoire en 1986. Le CRATerre déploie principalement ses activités dans les domaines de la conservation et de la gestion des patrimoines architecturaux en terre en s'attachant à valoriser la diversité culturelle ; dans le domaine de l'environnement, en visant une meilleure utilisation des ressources matérielles et humaines ; dans le domaine des établissements humains-habitats, en facilitant l'accès au logement des populations à faibles revenus. Les membres du laboratoire — Patrice Doat, Hugo Houben, Hubert Guillaud[81] —, ont réalisé un historique de leur formation :

> « Jeunes étudiants en architecture, sensibilisés à l'environnement et à l'utilisation des matériaux de construction, habitués à remettre en cause les idées reçues, nous décidons de travailler sur les systèmes constructifs simples, économiques, et facilement appropriables par l'usager. Nous découvrons un peu par hasard dans la région Rhône-Alpes, une technique vernaculaire où l'on prend la terre crue, appelée "pisé". Subjugués par la simplicité et la rapidité de ce système constructif, nous découvrons très vite un patrimoine régional urbain et rural ignoré des architectes et de l'histoire de l'architecture, datant du XIIe au XXe siècle, avec un habitat populaire mais aussi avec des bâtiments publics et privés de prestige : mairies, écoles, églises, maisons bourgeoises, domaines et châteaux dans la région lyonnaise. C'était la première prise de conscience de l'état d'un savoir et d'une tradition orale qu'il fallait transcrire et décrire par une première publication réalisée grâce à l'Institut de l'environnement et au secrétariat d'État à la Culture en 1975[82]. »

81 Hugo Houben et Hubert Guillaud, *Traité de construction en terre*, Marseille, Parenthèses, 1989.

82 Présentation de l'historique du groupe de recherche CRATerre sur le site www.craterre.org.

Chantier d'une construction en adobe au Nouveau-Mexique, 1975.

Volonté de travailler sur des systèmes constructifs simples, facilement appropriables par l'usager, intérêt pour un matériau traditionnel négligé, prise en compte de l'habitat vernaculaire sont soulignés. Pour approfondir leurs découvertes et leurs réflexions, ils rencontrent des gens de métier, des constructeurs anonymes, des architectes, des ingénieurs, détenteurs d'un savoir. C'est alors pour eux le temps des grands voyages.

Il s'agit en effet des pionniers des recherches bio-climatiques aux États-Unis [83], promoteurs de l'architecture de terre. Dans le Sud-Ouest des États-Unis, en effet, « l'adobe est un matériau traditionnel qui n'a pas connu de désaffection. Rien qu'autour de Santa Fe, on compte 48 producteurs officiels [...] Ce succès va de pair avec une utilisation passive de l'énergie solaire. [84] »

> « Pendant cette période de voyages et d'études, nous avons collecté plus de 1000 documents constituant l'embryon de ce qui va devenir la première bibliothèque au monde sur la situation de l'architecture de terre et ses développements. Nous créons alors le premier groupe interdisciplinaire composé d'architectes, d'ingénieurs et d'ethnologues pour définir et mettre en place un programme d'expérimentation de prototypes de bâtiments en France, mais également en Algérie, Mauritanie, Sénégal, Mali et Burkina Faso. [...] Nous publions les premiers résultats de ces études et expérimentations avec *Construire en terre*, aux éditions Alternatives en 1979. Entre 1980 et 1990, nous constituons les premiers éléments de base d'un savoir scientifique et technique grâce à la création d'un laboratoire de recherche [85]. »

83 Paul Graham McHenry, *Adobe and Rammed Earth Buildings : Design and Construction*, Albuquerque, University of New Mexico Press, 1983.

84 Unité pédagogique d'architecture de Grenoble / CRATerre, « Terre. Construire en terre dans les pays industrialisés », *Bulletin d'informations architecturales* (Paris), supplément au nº 61, octobre 1981, p. 6.

85 http ://terre.grenoble.archi.fr/index1024.htm. Consultation du site 23 février 2006.

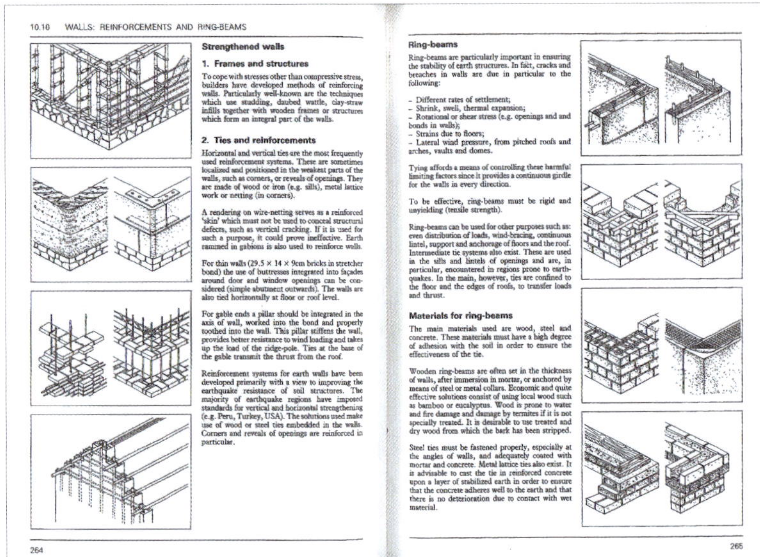

10.10 WALLS: REINFORCEMENTS AND RING-BEAMS

Strengthened walls

1. Frames and structures

To cope with stresses other than compressive stress, builders have developed methods of reinforcing walls. Particularly well-known are the techniques which use studding, daubed wattle, clay-straw infills together with wooden frames or structures which form an integral part of the walls.

2. Ties and reinforcements

Horizontal and vertical ties are the most frequently used reinforcement systems. These are sometimes localized and positioned in the weakest parts of the walls, such as corners, or reveals of openings. They are made of wood or iron (e.g. sills), metal lattice work or netting (in corners).

A rendering on wire-netting serves as a reinforced 'skin' which must not be used to conceal structural defects, such as vertical cracking. If it is used for such a purpose, it could prove ineffective. Earth rammed in gabions is also used to reinforce walls.

For thin walls (29.5 × 14 × 9cm bricks in stretcher bond) the use of buttresses integrated into façades around door and window openings can be considered (simple abutment outwards). The walls are also tied horizontally at floor or roof level.

For gable ends a pillar should be integrated in the axis of wall, worked into the bond and properly toothed into the wall. This pillar stiffens the wall, provides better resistance to wind loading and takes up the load of the ridge-pole. Ties at the base of the gable transmit the thrust from the roof.

Reinforcement systems for earth walls have been developed primarily with a view to improving the earthquake resistance of soil structures. The majority of earthquake regions have imposed standards for vertical and horizontal strengthening (e.g. Peru, Turkey, USA). The solutions used make use of wood or steel ties embedded in the walls. Corners and reveals of openings are reinforced in particular.

264

Ring-beams

Ring-beams are particularly important in ensuring the stability of earth structures. In fact, cracks and breaches in walls are due in particular to the following:

- Different rates of settlement;
- Shrink, swell, thermal expansion;
- Rotational or shear stress (e.g. openings and and bonds in walls);
- Strains due to floors;
- Lateral wind pressure, from pitched roofs and arches, vaults and domes.

Tying affords a means of controlling these harmful limiting factors since it provides a continuous girdle for the walls in every direction.

To be effective, ring-beams must be rigid and unyielding (tensile strength).

Ring-beams can be used for other purposes such as: even distribution of loads, wind-bracing, continuous lintel, support and anchorage of floors and the roof. Intermediate tie systems also exist. These are used in the sills and lintels of openings and are, in particular, encountered in regions prone to earthquakes. In the main, however, ties are confined to the floor and the edges of roofs, to transfer loads and thrust.

Materials for ring-beams

The main materials used are wood, steel and concrete. These materials must have a high degree of adhesion with the soil in order to ensure the effectiveness of the tie.

Wooden ring-beams are often set in the thickness of walls, after immersion in mortar, or anchored by means of steel or metal collars. Economic and quite effective solutions consist of using local wood such as bamboo or eucalyptus. Wood is prone to water and fire damage and damage by termites if it is not specially treated. It is desirable to use treated and dry wood from which the bark has been stripped.

Steel ties must be fastened properly, especially at the angles of walls, and adequately coated with mortar and concrete. Metal lattice ties also exist. It it advisable to cast the tie in reinforced concrete upon a layer of stabilized earth in order to ensure that the concrete adheres well to the earth and that there is no deterioration due to contact with wet material.

265

Double page de l'édition anglaise du *Traité de construction en terre* du CRATerre.

Hugo Houben, Hubert Guillaud, *Earth Construction*, Londres, Intermediate Technology Publications, 1994, p. 264-265.

Très vite les membres du laboratoire occupent une position clé dans la recherche et leurs activités permettent la mise en place d'un programme d'enseignement supérieur par la création d'un Certificat d'études approfondies en architecture intitulé « Architecture de terre », d'une durée de deux ans, habilité par le ministère en 1984 et un programme de recherche scientifique qui se renforce grâce aux actions menées en coordination avec l'université de Grenoble, le Centre scientifique et technique du bâtiment et l'École nationale des travaux publics de l'État à Lyon. L'appui de l'État se manifeste aussi dans un ensemble d'actions permettant de démontrer les qualités de l'architecture de terre. L'expérience du « Domaine de la terre » sur la Ville nouvelle de L'Isle-d'Abeau, ainsi que la réalisation de 10 000 logements à Mayotte témoignent du soutien institutionnel dont bénéficie ce laboratoire. Pour mieux montrer encore les échanges transatlantiques, mentionnons qu'en 1983, Hubert Guillaud participe à la version française de l'ouvrage de Witold Rybczynski, *Paper Heroes*[86], qui relate l'aventure de la « technologie appropriée ». Rybczynski enseigne alors l'architecture à l'université McGill de Montréal et monte avec un groupe d'enseignants et d'étudiants rattachés au Minimum Cost Housing Group, un projet, Ecol Operation, consistant à faire l'essai d'un modèle d'habitation autonome pour les pays en voie de développement, un pôle de référence international en matière de conservation d'énergie, d'utilisation de matériaux inhabituels et de techniques de construction expérimentales[87].

Couverture de l'édition française du livre de Witold Rybczynski, *Paper Heroes*.

Roquevaire, Parenthèses, 1983.

86 Witold Rybczynski, *Paper Heroes, Un regard sur la technologie appropriée*, traduit de l'américain par Hubert Guillaud, Roquevaire, Parenthèses, 1983.

87 Cf. « Ecol Operation », *Architectural Design* (Londres), nº 4, avril 1973, p. 242-245. Cf. Alvaro Ortega et coll., *The Ecol Operation : Ecology + Building + Common Sense*, Montréal, The Minimum Cost Housing Group, School of Architecture, McGill University, 1972.

Quant à Alain Chatelet, membre fondateur du Greco, en réfléchissant en 1998 sur l'émergence de la notion d'ambiance, il constate :

> « que la recherche architecturale sur les ambiances tire ses racines du mouvement des autoconstructeurs américains des années soixante. Les chocs pétroliers, les catastrophes écologiques et, plus récemment, l'émergence de la notion de développement durable constituent les jalons de l'évolution de la pensée et de l'action dans l'architecture bioclimatique, aujourd'hui reconvertie sous les vocables de "bâtiment à haute qualité environnementale" ou "green building" [88]. »

Alain Chatelet évoque *La Face cachée du soleil*, cet ouvrage qui constitue un point de repère marquant la possibilité d'avoir recours à des « énergies douces » et la « concrétisation du concept d'architecture solaire [89] ». Le laboratoire de recherches Greco (Groupe de recherches environnement conception) et le groupe Architecture-Énergie-Environnement permettent aux étudiants de l'école de Toulouse de travailler « sur le contrôle des ambiances, l'architecture économe en énergie, les énergies renouvelables, la gestion des déchets ». Alain Chatelet conclut en remarquant que ces recherches « s'imposent peu à peu aux administrations, maires, DDE [Direction départementale de l'équipement] et ABF [Architectes des bâtiments de France], qui redoutent moins qu'autrefois d'accorder des permis de construire à des projets longtemps perçus comme marginaux, donc dangereux [90] ».
Les liens des membres de l'équipe Greco avec les États-Unis sont avérés. Ainsi, Michel Gerber, un des membres fondateurs qui avait suivi des études d'architecture à Zurich, séjourne aux États-Unis de 1968 à 1973 [91]. Il commence d'abord par travailler chez Mies van der Rohe à Chicago puis s'inscrit dans le Master City and Regional Planning à l'IIT (Illinois Institute of Technology). Il se remémore les conditions de son séjour américain :

> « Je suis venu aux États-Unis grâce aux membres de l'Atelier 5, dont certains enseignaient à Zurich — où j'avais fait mes études — et aux États-Unis. Niklaus Morgenthaler, par exemple ou encore Gygax qui enseignait à l'université du Circle Campus, University of Illinois [92]. »

La géographe-écologue Diana Korling assure alors le cours de planification écologiste. Son enseignement marque profondément Michel Gerber. Il rencontre aussi David Wright et Steve Baer. Lorsqu'il rentre

88 Alain Chatelet, « Ambiances et écologie. La filiation historique dans la recherche architecturale française », *Les Cahiers de la recherche architecturale* (Marseille), nº 42/43, 1998, p. 117-125 ; citation p. 117.

89 *Ibid.*, p. 118.

90 Michel Séné, « Le courant alternatif », *Urbanisme* (Paris), nº 300, mai-juin 1998, p. 60.

91 Aller à la rencontre d'architectes français aux États-Unis est le fil conducteur d'un voyage organisé par le Centre d'étude des techniques internationales. Le voyage se déroule du 9 au 17 mai 1971. Le programme stipule qu'à Chicago, le groupe rencontrera Michel Gerber « architecte suisse, *City Planner* diplômé de l'IIT, qui a travaillé six ans à Paris et [est] actuellement collaborateur du Greenberg's Office à Chicago ». Il devait recevoir le groupe et exposer les concepts actuels en matière de planification des villes et faire visiter des régions suburbaines (Four Lakes Cities). (Archives Bossu 192 Ifa 85/22). Programme envoyé à l'agence Bossu le 23 mars 1971 (DAF/CAP, Centre d'archives d'architecture).

92 Conversation téléphonique avec Michel Gerber, 17 juillet 2005.

en France en 1974, il est décidé à développer une pratique architecturale qui englobe une réflexion sur le solaire. Il évoluera par la suite vers les recherches sur le bioclimatique. Il ne tarde pas à enseigner à l'école d'architecture de Toulouse. Entre 1975 et 1978, environ 10 % des thématiques choisies par les étudiants de cette école pour leur diplôme concernent le confort thermique et les économies d'énergie à l'aide de systèmes passifs. En 1976, sur les quarante-quatre projets de fin d'études soutenus, cinq sont nettement orientés sur les systèmes passifs d'énergie. Les intitulés des mémoires — suivis par Jean-Pierre Cordier d'une part et par Michel Gerber de l'autre, tous deux membres du laboratoire Greco — rendent compte de cette orientation : Jean Barruel, Claude Raymond, *Proposition d'un équipement d'habitations à conservation d'énergie des systèmes passifs* ; Christian Gach, *Proposition d'un groupement d'habitats individuels à faible consommation d'énergie conventionnelle* ; Marie-Claude Lefranc, Jean-Pierre Bourgerie, *Économie d'énergie et utilisation des apports solaires dans l'habitat collectif* ; Philippe Crète, Michel Viguier, *Économies d'énergie dans l'habitat collectif*[93].

Depuis 1968/1969, l'enseignement de l'architecture dans les unités pédagogiques s'est profondément transformé dans son ambition intellectuelle, dans son spectre disciplinaire et dans l'engagement pour la recherche. En septembre 1979, pour le compte du Centre d'études et de recherches architecturales, François et Olivier Chaslin dressent un panorama des nouvelles initiatives pédagogiques au sein des vingt-trois écoles d'architecture en France, expériences qui se développent parallèlement à l'enseignement du projet : stages offerts aux étudiants, expositions organisées ou accueillies par les écoles, constitution d'archives de l'architecture, journaux, colloques, échanges avec l'étranger, voyages, recherche, ateliers matériaux, spécialisation solaire et bioclimatique ou encore expérimentation autour du matériau terre en particulier en ce qui concerne l'architecture du tiers-monde ; antennes pédagogiques en Corse et dans les Cévennes, où les étudiants sont amenés à effectuer un stage « d'implantation locale » chez un architecte, un artisan, un marchand de matériau, un agriculteur ou dans une mairie, pratique opérationnelle sur des terrains réels et devant résoudre de vrais problèmes ; chantiers où les étudiants ont l'occasion de construire eux-mêmes de petits édifices[94]. Toutes ces initiatives témoignent d'une reconsidération d'une pédagogie qui favorise la *praxis*. On est alors loin de l'enseignement de l'École des beaux-arts de l'avant 68. Et c'est dans cette lignée d'une « révolution » de la pratique que les adeptes de l'autoconstruction et de l'architecture solaire développeront des enseignements.

« Freestone Conference, site plan », Advertisements for a Counter culture, *Progressive Architecture*, juillet 1970, p. 74.

Les membres de la contre-culture architecturale organisaient des conférences-workshops de plusieurs jours pour échanger des informations et fabriquer des publications. Sur ce document, on peut noter la présence à Freestone, à l'équinoxe du printemps 1970, de Ant Farm, Zomeworks, Big Rock Candy Mountain, People's Park, Earth Transformer, Farallones Institute, Whole Earth catalog. Autour et à l'intérieur d'une vaste structure gonflable érigée par Ant Farm, prenaient place les rencontres.

93 Cf. Archives de l'école d'architecture de Toulouse.

94 François et Olivier Chaslin, « Écoles d'architecture : le temps des initiatives », Supplément au *Bulletin d'information inter-établissements* (Paris), nº 44, septembre-octobre 1979, p. 1-10.

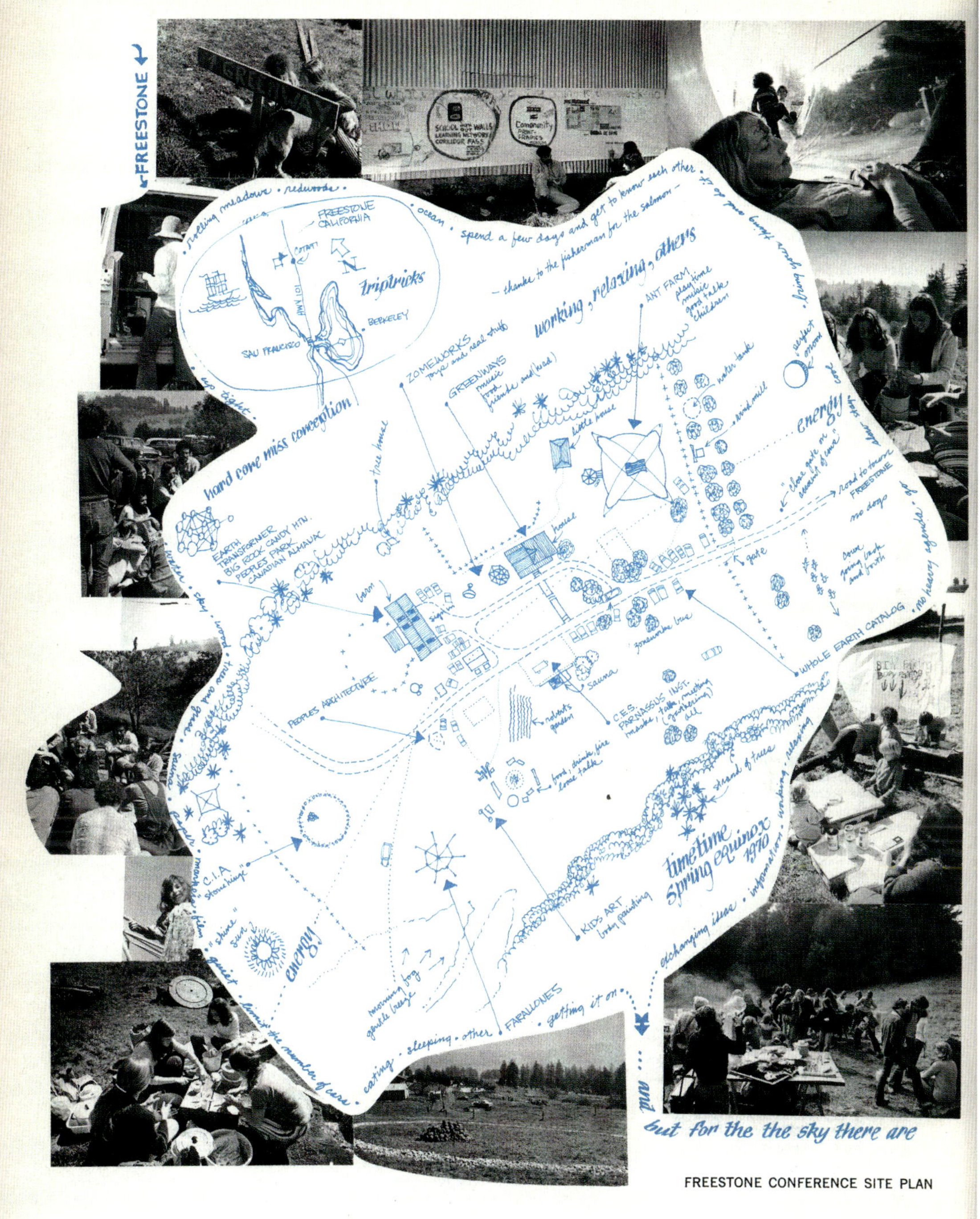

FREESTONE CONFERENCE SITE PLAN

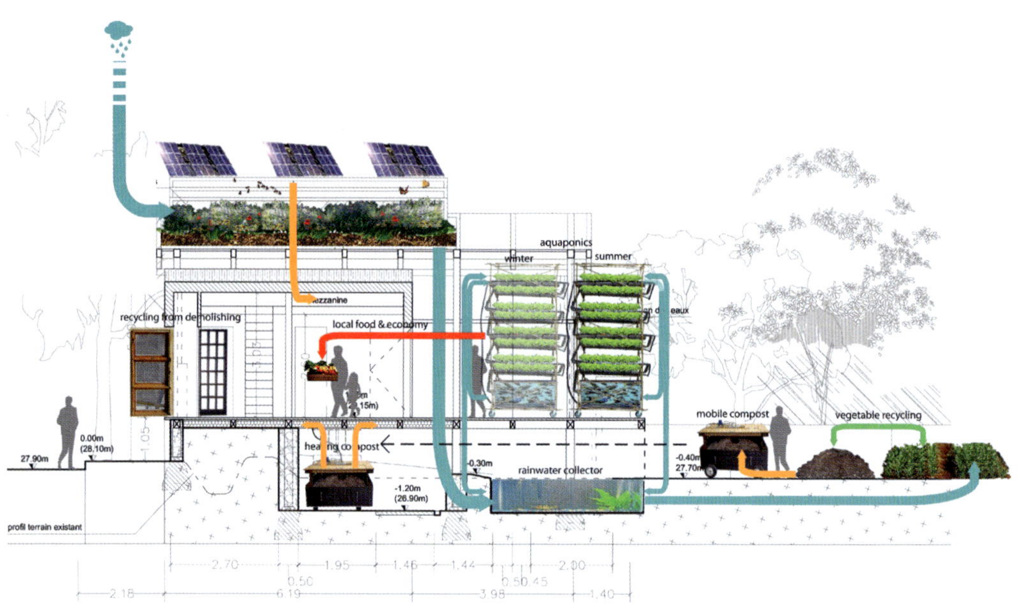

Projet R-Urban initié par l'Atelier d'Architecture Autogérée, 2012.

CONCLUSION
RÉSONANCES CONTEMPORAINES

Pour conclure au-delà de l'architecture, retournons au témoignage sur les expériences américaines des Français révélé par l'émission de France-Culture « La Nouvelle fabrique de l'histoire » en avril 2006 [1]. Une dizaine de journalistes et chercheurs de gauche interrogés sur leurs expériences nord-américaines ont affirmé que celles-ci les avaient nourris et qu'ils avaient pu transmettre ces informations par la suite en France sous diverses formes. Ce qui est frappant dans ces témoignages, c'est la pluralité des expériences possibles aux États-Unis et le caractère initiatique qu'elles avaient pour ces interviewés. Ces derniers ont chacun eu connaissance outre-Atlantique de nouvelles méthodes de travail, de nouvelles formes d'expression et de revendication — les radios libres par exemple ou la presse underground. Déroutés par la difficile recomposition de la gauche au lendemain de mai 1968 et avides de nouvelles expériences, ces « passeurs », anciens soixante-huitards, admettent avoir puisé une nouvelle énergie au contact de la contre-culture nord-américaine, sans se départir pour autant du regard français.

Que représentent aujourd'hui les idées semées par la contre-culture américaine et l'architecture alternative ? Si dès 1975 l'évolution simultanée des facteurs politiques, culturels et économiques va rapidement éroder la contre-culture nord-américaine, l'architecture alternative aura une résonance prolongée, non seulement en Amérique du Nord mais aussi en Europe et dans le monde. Ce courant s'est efforcé de changer la nature de l'architecture, soit en s'affrontant à la profession, soit en proposant des réformes en son sein, jusqu'à parvenir à imposer des réflexions et des comportements qui semblent désormais des voies incontournables : le développement durable, par exemple.

De nombreux thèmes issus de l'architecture alternative se trouvent de nouveau sur le devant de la scène : énergies renouvelables, constructions solaires, maisons autonomes indépendantes des réseaux de distribution d'énergie (maisons « passives », voire « actives »), recyclage, pratiques du réemploi, maisons construites à partir de ballots de paille, constructions légères.

Les penseurs des années soixante avaient identifié des phénomènes qui sont désormais des évidences, comme l'importance des écosystèmes, les relations de cause à effet de toute action. On voit d'ailleurs que les architectes comme les usagers deviennent de plus en plus sensibles à la dangerosité de certains matériaux dont les effets toxiques sont susceptibles d'aggraver allergies et autres symptômes sanitaires.

Les étudiants en architecture sont manifestement attirés par des problématiques autres que spécifiquement architecturales. Les considérations environnementales et écologiques dominent les discours au sein des universités et des écoles d'architecture. Ce sont des engouements que l'on détecte aussi dans les nombreuses expositions, notamment la présentation du thème du réemploi au Pavillon belge à la Biennale de Venise en 2012 ou la Triennale d'Oslo en 2013 intitulée *Really Sustainable ?*, deux manifestations orchestrées par le collectif bruxellois Rotor [2]. Citons également le collectif Atelier d'architecture autogérée [3] ou encore les actions de l'association R-Urban, qui propose la création de réseaux locaux et de circuits courts écologiques, économiques, sociaux et culturels en lien avec une série d'activités urbaines (habitat, travail, mobilité, agriculture urbaine) en utilisant des terrains urbains et ruraux de manière réversible [4]. Si les lieux d'expérimentations de l'architecture alternative dans les années soixante et soixante-dix touchaient principalement les zones rurales, les collectifs d'aujourd'hui sont très impliqués dans les villes, prêts à prendre avantage de terrains innoccupés pour les transformer en jardins partagés. Les stratégies d'action de R-Urban, conscient que le changement de mode de vie est déterminant, s'énoncent ainsi :

> « Afin de dépasser les crises actuelles (climatique, ressources, économique et financière, démographique), nous devons, comme dit André Gorz, "produire ce que nous consommons et consommer ce que nous produisons". Ce rééquilibrage entre production et consommation à travers des circuits courts locaux ne pourra pas se faire sans

[1] Anaïs Kien et Anne Franchini. *Paris-New York-Los Angeles et retour : les voyageurs français aux États-Unis 1968-1978*. « La Nouvelle fabrique de l'histoire : les Amitiés intellectuelles 3/5 », Paris, France Culture, 14 avril 2006.

[2] Voir le site du collectif (http ://rotordb.org) où sont énoncés les grands axes de son activité. Le réemploi des matériaux de construction est présenté comme une pratique consistant à dévier des flux de déchets vers de nouvelles utilisations, sous une forme identique ou sous une forme détournée.

[3] L'Atelier d'Architecture Autogérée est représenté par Constantin Pectou et Doina Petrescu.

[4] R-Urban, pratique et réseaux de résilience urbaine, est une association qui fédère trois équipes — l'Atelier d'architecture autogérée (Paris), le collectif Public Works (Londres) et la ville de Colombes, une ville de 80 000 habitants dans la banlieue Nord-Ouest de Paris. Le groupe travaille depuis 2012 au développement de projets pilotes, notamment la création d'un réseau de résilience autour de trois unités prototypes avec des fonctions urbaines complémentaires, en fédérant des projets citoyens émergents et en impliquant activement les habitants de Colombes et des environs. Il s'agit d'abord d'une unité d'agriculture urbaine civique qui consiste en une micro-ferme expérimentale, des jardins collectifs, des espaces pédagogiques et culturels et des dispositifs de production énergétique, de compostage et de collecte d'eau pluviale ; ensuite, d'une unité de recyclage et d'éco-construction constituée autour d'une série d'équipements permettant le recyclage de déchets urbains et leur transformation en sous-ensembles pour l'éco-construction ; et d'une unité résidentielle, coopérative et écologique constituée par un nombre de logements expérimentaux et d'espaces collectifs en partie autoconstruits. Cf. www.r-urban.net.

des changements de modes de vie, d'habitation et de travail et sans l'implication active des citoyens dans ces changements à travers des pratiques collaboratives et des réseaux de solidarité. Des flux, des réseaux et des circuits de production-consommation seront formés à travers ces activités, le plus localement possible et de la manière la plus diversifiée [5]. »

L'acceptation quasi généralisée du phénomène du réchauffement climatique a élargi considérablement la conscience environnementale au-delà de la sphère scientifique. Cinquante ans après l'ouvrage de Rachel Carson, *Silent Spring*, alertant sur les désordres de pollution du sol, l'agriculture organique s'est imposée comme une alternative viable jusqu'à occuper des rayons toujours plus larges dans les supermarchés. Toutefois, malgré l'émergence de tous ces collectifs d'architectes, militant pour une réappropriation de la ville, initiateurs d'actions similaires aux mouvements contre-culturels, antiétatique, hors-la-loi, favorisant l'autoconstruction (*outlaw, hands-on, rebellious origins of the movement*), le mouvement du développement durable — *green business* — tel qu'il se présente désormais est bien plus établi, étatique et affairiste. Qu'est devenue l'architecture alternative une fois passés les effets d'une vague de retour historique ? Quelle place peut-on accorder à cette architecture dans le panthéon des idées architecturales, au-delà d'une réponse à un moment de crise ?
Quelles leçons historiques les architectes et les critiques d'aujourd'hui peuvent-ils tirer d'une telle enquête sur les années soixante ? Ceux qui traversent une nouvelle ère caractérisée par la montée des coûts énergétiques, par les désordres financiers, par l'accroissement des déséquilibres environnementaux (pollution, nourritures locales de moins en moins accessibles, mondialisation des échanges) auraient-ils quelques bénéfices à se remémorer les engouements d'autan ?

5 Selon les pages d'information du site www.r-urban.net.

BIBLIOGRAPHIE

SOURCES IMPRIMÉES ET MANUSCRITES

Archives d'architecture du XXe siècle, Institut français d'architecture, Paris.

Archives du Centre Pompidou, Paris, Service des expositions : Dossier « Architectures marginales aux États-Unis » ; dossier « Énergie libre ». Bibliothèque Kandinsky : Dossier iconographique « Architectures marginales aux États-Unis.

Archives nationales, Paris, fonds de l'École des beaux-arts Aj52.

Bibliothèque de l'École des beaux-arts (fonds Institut de l'environnement).

Ministère des Affaires étrangères, dossier bourses d'étude, 1945-1969.

California Historical Society, San Francisco.

Fondation Ford, New York.

Getty Research Institute for the History of Art and the Humanities : Fonds international Design Conference in Aspen ; fonds Reyner Banham ; fonds Bernard Rudofsky ; Experiments in Art and Technology.

Library of Congress, Washington : Prints and Maps Division.

Museum of Modern Art, New York, fonds Rudofsky, exposition « Architecture without Architect ».

National Archive, Washington.

Rockefeller Archive Center, Sleepy Hollow, Tarrytown.

Sausalito Historical Society, Sausalito.

University of Arkansas Libraries, Fayetteville, Visiting Lecturers and Research Scholars in the US. Committee on International Exchange Act (the Fulbright-Hays Act).

University of California, Berkeley, Bancroft Library. Oral History Archives : Free Speech Movement, Berkeley 1964-1965, BANC/FSM.

University of Pennsylvania, Philadelphia : Furness Library, Van Pelt Library/Rare Books.

Lewis Mumford Archive (Van Pelt library) ; Graduate School of Fine Arts Archive ; Lawrence Halprin Archive ; Louis Kahn Archive.

Archives privées : Steve Baer (Albuquerque), Walter Bird (Sarasota), Philippe Boudon (Paris), Jean Castex (Versailles), Pierre Colboc (Paris), Ed Deegan (Philadelphie), Dean Fleming (Libre), Jean-Paul Jungmann (Paris), Chip Lord (San Francisco), Georges Maurios (Paris), Marc Pelletier (Denver), Clark Richert (Boulder).

SOURCES ORALES

Entretiens :

Arzoumanian (Varoujan), Marseille, 18 septembre 2010.
Aubert (Jean), Paris, 3 juillet 2002.
Baer (Steve), Albuquerque, 29 août 2002.
Baldwin (Jay), Petaluma, 22 août 2000.
Barda (Jacques), Paris, 20 mai 2003.
Bardou (Patrick), Marseille, 18 septembre 2010.
Barré (François), Paris, 18 juillet 2005.
Baudouin (Jean), Moulin de St Piat, 15 juin 2000.
Bird (Walter), Sarasota, 15-16 avril 1996.
Boeke (Alfred), Sea Ranch, 21 août 2000.
Bonnemazou (Henri), Paris, 5 juillet 2003.
Boudon (Philippe), Paris, 15 septembre 2002.
Castex (Jean), Paris, 6 juillet 1999 ; Versailles, 6 juillet 2005.
Chatelet (Alain), Toulouse, 19 juin 2001.
Choay (Françoise), Paris, 8 juillet 2005.
Clément (Pierre), Paris, 5 octobre 2006.
Costy (Claude), Paris, 17 décembre 2002.
Cordier (Jean-Pierre), Toulouse, 19 juin 2000.
Dintenfass (Susan), Berkeley, 10 août 1999.
Dethier (Jean), Paris, 10 juillet 2002.
Diaz-Pedregal (Pierre), Paris, 13 juillet 2005.
Elalouf (David), Paris, avril 2000 ; Paris, 22 avril 2004.
Emery (Marc), Paris, 18 décembre 2002.
Emmerich (David Georges), Paris, 1995.
Fraker (Harrison), Berkeley, 26 août 2000.
Fleming (Dean), Libre, 23 août 2002.
Friedman (Yona), Paris, 8 avril 2004.
Gerber (Michel), 17 juillet 2005.
Gimonet (Christian), Bourges, 13 mai 2000.
Goulet (Patrice), Paris, 2 mai 2001.
Halprin (Lawrence), San Francisco, 7 septembre 2001.
Hughes (Thomas P.), Philadelphie, 7 août 2001.
Illich (Ivan). Oakland, 8 septembre 2000.
Jungmann (Jean-Paul), Paris, 11 octobre 2000 ; 16 octobre 2002 ; 5 avril 2004.
Querrien (Gwenaël), 7 octobre 2006.
Lajus (Pierre), Paris, 16 mai 2000.
Lindauer (Keith), Interview filmé, Rico, 19 août 2002.
Lombard (Pierre), Paris, 16 mai 2000.
Lord (Chip), San Francisco, 16 août 1999 ; San Francisco, 20 août 2000.
Maurios (Georges), Paris, 14 janvier 2002.
Middleton (Robin), New York, 10 septembre 2002.
Müller (Hans-Walter), Paris, 17 avril 2003.
Pelletier (Marc), Interview filmé, Denver, 21 août 2002.
Reynolds (Mike), Greaterworld Commune, près deTaos, 28 août 2002.
Richert (Clark), Interview filmé, Boulder, 22 août 2002.
Rocky Mountain Institute/Karoulides (Alexis), Snowmass, 20 août 2002.
Rybczynski (Witold), Philadelphie, 6 août 2002.
Soum (Jean), Toulouse, 19 juin 2001.
Stone (Mikael), San Rafael, 20 septembre 2000.
Taylor (Brian Brace), Paris, janvier 2005.
Vaye (Marc). Paris, 28 juin 2002.
Van der Ryn (Sim), Sausalito, 29 août 1999.

SOURCES IMPRIMÉES

EMERSON, Ralph Waldo, *Natures : Addresses, and Lectures*, Boston, Houghton Mifflin, 1855.

NEUTRA, Richard, *Amerika, Die Stilbildung des neuen Bauens in den Vereinigten Staaten*, Vienne, Anton Schroll, 1930.

DEWEY, John, *Art as Experience*, New York, Minton, Balch & Company, 1934 [*L'art comme expérience*, Publications de l'université de Pau, 1995].

MUMFORD, Lewis, *Technics and Civilization*, New York, Harcourt, Brace & Company, 1934 [*Technique et civilisation*, Marseille, Parenthèses, 2015].

BEAUVOIR, Simone de, *L'Amérique au jour le jour*, Paris, P. Morihien, 1948 [Paris, Gallimard, 1954, 1997].

SMITH, Henry Nash, *Virgin Land, The American West as Symbol and Myth*, New York, Vintage books, 1950.

NEUTRA, Richard, *Survival Through Design*, New York, Oxford University Press, 1954.

LE RICOLAIS, Robert, « Art, science et technique », *Aujourd'hui, art et architecture*, 1, nº 3, mai-juin 1955, p. 34-35.

TEILHARD DE CHARDIN, Pierre, *Le phénomène humain*, Paris, Seuil, 1956.

FOURASTIÉ, Jean, LALEUF, André, *Révolution à l'Ouest*, Paris, Presses universitaires de France, 1957.

MILLS, Charles Wright, *The Power Elite*, New York, Oxford University Press, 1957 [*L'élite du pouvoir*, Paris, François Maspero, 1969].

GALBRAITH, John Kenneth, *The Affluent Society*, Boston, Houghton Mifflin, 1958.

SMITHSON, Peter, « Letter to America », *Architectural Design*, 28, nº 3, mars 1958, p. 95.

MCHARG, Ian, *Man and Environment*, Philadelphie, Graduate School of Fine Art, 1959.

MILLER, Henry, *Big Sur et les oranges de Jérôme Bosch*, Paris, Buchet/Chastel, 1959.

MILLS, Charles Wright, *The Sociological Imagination*, New York, Oxford University Press, 1959.

GOODMAN, Paul, *Growing up Absurd ; Problems of Youth in the Organized Society*, New York, Vintage Books, 1960 [*Direction absurde*, Mane, Robert Morel, 1971].

CONRADS, Ulrich, SPERLICH, Hans G., *Architecture fantastique*, Paris, Delpire, 1960.

DOMENACH, Jean-Marie, « Le modèle américain », *Esprit*, juillet-août 1960, p. 1221.

MARKS, Robert W., *The Dymaxion World of Buckminster Fuller*, Carbondale & Edwardville, Southern Illinois University Press, 1960.

MoMA. *Visionary Architecture*, New York, MoMA, 1960.

BLAKE, Peter, « Paolo Soleri's Visionary City », *Architectural Forum*, mars 1961, p. 111-118.

JACOBS, Jane, *The Death and Life of Great American Cities*, New York, Vintage, 1961 [*Déclin et survie des grandes villes américaines*, traduit par Claire Parin, Marseille, Parenthèses, 2012].

MUMFORD, Lewis, *The City in History*, New York, Harcourt, Brace & World, 1961 (*La cité à travers l'histoire*, Paris, Seuil, 1964, nlle éd. : Marseille, Agone, 2011).

WIENER, Norbert, *The Human Use of Human Beings, Cybernetics and Society*, Boston, Houghton Mifflin, 1961.

CARSON, Rachel, *Silent Spring*, Boston, Houghton Mifflin, 1962 [*Printemps silencieux*, Marseille, Wildproject, 2009].

MARCUSE, Herbert, *Eros and Civilization : a Philosophical Inquiry into Freud*, New York, Vintage Books, 1962 [*Éros et civilisation : contribution à Freud*, Paris, Seuil, 1971].

MCHALE, John, *R. Buckminster Fuller*, New York, George Braziller, 1962.

MCLUHAN, Marshall, *The Gutenberg Galaxy, the Making of Typographic Man*, Toronto, University of Toronto Press, 1962 [*La Galaxie Gutenberg 1, La genèse de l'homme typographique*, Paris, Gallimard, 1967].

MORIN, Edgar, *L'esprit du temps, Essai sur la culture de masse*, Paris, Grasset, 1962.

SCULLY, Vincent, *Louis I. Kahn*, New York, Braziller, 1962.

« Sam Rodillo [sic], Tours de Watts, Los Angeles », *L'Architecture d'aujourd'hui*, 33, nº 102, juin-juillet 1962, p. 27.

CHERMAYEFF, Serge, ALEXANDER, Christopher, *Community and Privacy ; Toward a New Architecture of Humanism*, Garden City, Doubleday, 1963 [*Intimité et vie communautaire. Vers un nouvel humanisme architectural*, Paris, Dunod, 1972].

FULLER, R. Buckminster, *Ideas and Integrities : A Spontaneous Autobiographical Disclosure*, Englewood Cliffs, Prentice Hall, 1963.

OLGYAY, Victor, *Design with Climate, Bioclimatic Approach to Architectural Regionalism*, New York, Princeton University Press, 1963.

LYNCH, Kevin, *The Image of the City*, Cambridge, mit PrESS, 1964 [*L'image de la cité*, Paris, Dunod, 1969].

MCLUHAN, Marshall, *Understanding Media : The Extensions of Man*, 1964 [*Pour comprendre les média. Les prolongements technologiques de l'homme*, Paris, Seuil, 1968].

ALEXANDER, Christopher, *Notes on the Synthesis of Form*, Cambridge, Harvard University Press, 1964 [*De la synthèse de la forme*, Paris, Dunod, 1971].

APPLEYARD, Donald, LYNCH, Kevin, *et al.*, *The View from the Road*, Cambridge, MIT Press, 1964.

GOULET, Patrice, « Herb Greene, architecte, Habitation à Norman, Oklahoma, États-Unis », *Aujourd'hui, art et architecture*, nº 45, avril 1964.

KEPES, Gyorgy, *The Machine in the Garden : Technology and the Pastoral Ideal in America*, Londres, Oxford University Press, 1964.

MARCUSE, Herbert, *One-dimensional Man, Studies in the Ideology of Advanced Industrial Society*, Boston, Beacon Press, 1964 [*L'homme unidimensionnel, essai sur l'idéologie de la société industrielle avancée*, trad. par Monique Wittig, Paris, Éditions de Minuit, 1968].

MUMFORD, Lewis, *La cité à travers l'histoire*, Paris, Seuil, 1964 [nlle éd. : Marseille, Agone, 2011].

RAMBURES, Jean-Louis, « Fuller et ses dômes, Un excentrique visionnaire invente une nouvelle technique d'architecture », *Réalités*, nº 221, juin 1964, p. 67-71.

RIESMAN, David, *Abundance for What?*, Garden City, Doubleday, 1964 [*L'abondance, à quoi bon ?*, Paris, Laffont, 1969].

BANHAM, Reyner, « A Home is Not a Home », *Art in America*, avril 1965, p. 109-18.

DAVIDOFF, Paul, « Advocacy Planning and Pluralism in Planning », *American Institute of Planners Journal*, novembre 1965.

HOLLEIN, Hans, « Zukunft der Architektur », *Bau, Schrift für Architektur und Städtebau*, nº 1, 1965.

RUDOFSKY, Bernard, *Architecture Without Architects*, New York, Museum of Modern Art, 1965 [*Architecture sans architecte : brève introduction à l'architecture spontanée*, Paris, Chêne, 1977].

WOLFE, Tom, *Kandy-Kolored Tangerine-Flake Streamline Baby*, New York, Farrar, Strauss and Giroux, 1965.

« USA 65 », *L'Architecture d'aujourd'hui*, nº 122, septembre-novembre 1965.

EMMERICH, David Georges, « Deltomobiles into Houses », *Architectural Design*, août 1966, p. 12-13.

GOULET, Patrice, « Architecture, cinq recherches », *Aujourd'hui, art et architecture*, septembre 1966.

HALL, Edward T., *The Hidden Dimension*, Garden City, Doubleday, 1966 [*La dimension cachée*, Préface et Postface de Françoise Choay, Paris, Seuil, 1971].

HOLLEIN, Hans, « Rudolf M. Schindler », *Bau, Schrift für Architektur und Städtebau*, nº 4, 1966, p. 67-82.

LE RICOLAIS, Robert, « Approche intuitive et approche raisonnée de la forme », *L'Architecture d'aujourd'hui*, 36, nº 128, octobre-novembre 1966, p. 81.

MAKOWSKI, Z. S, « Structural Plastics in Europe », *Arts & Architecture*, août 1966, p. 20-30.

RAGON, Michel, « Buckminster Fuller ouvre une voie nouvelle de l'architecture », *Jardin des arts*, nº 138, mai 1966, p. 8-15.

Ragon, Michel, *Les cités de l'avenir*, Paris, Planète, 1966.

Roland, Conrad, « Frei Otto's Pneumatic Structures », *Architectural Design*, juillet 1966, p. 341-361.

Venturi, Robert, *Complexity and Contradiction in Architecture*, New York, The Museum of Modern Art, 1966 [*De l'ambiguïté en architecture*, Paris, Dunod, 1971].

X, Malcom, « La révolution noire », *Les Temps modernes*, nº 244, septembre 1966, p. 385-422.

Aubert, Jean, Jungmann, Jean-Paul, *et al.*, *Utopie*, Paris, Anthropos, 1967.

Emmerich, David Georges, « L'architecture et le milieu », *Techniques & Architecture*, nº 4, octobre 1967, p. 122-126.

Goulet, Patrice, Lacombe, Pierre, « États-Unis », *Aujourd'hui, art et architecture*, nº 55-56, décembre 1966–janvier 1967.

Hamburger, Bernard, « Bruce Goff », *Architecture Mouvement Continuité 2*, nº 162, décembre 1967, p. 5-8.

Otto, Frei, *Tensile Structures ; Design, Structure, and Calculation of Buildings of Cables, Nets, and Membranes*, Cambridge, MIT Press, 1967.

Vaneigem, Raoul, *Traité de Savoir-vivre à l'usage des jeunes générations*, Paris, Gallimard, 1967.

Brand, Stewart, McClure, Cappy, *et al.* (eds.), *Whole Earth Catalog*, Menlo Park, Portola Institute, 1968.

Baer, Steve, *Dome Cookbook*, Corrales, Cookbook Fund/ Lama Foundation, 1968.

Baley, Hervé, Cordier, Gilbert, *et al.*, « Expressions américaines », *L'Architecture d'aujourd'hui*, nº 136, février-mars 1968, p. 37-53.

Ehrlich, Paul R., *The Population Bomb*, New York, Ballantine, 1968.

Gebhard, David, von Breton, Harriette, *Architecture in California, 1898-1968*, Santa Barbara, Standard Printing of Santa Barbara, 1968.

Goff, Bruce, « Pour l'architecture, De la difficulté d'être architecte », *L'Architecture d'aujourd'hui*, nº 139, septembre 1968, p. 53-58.

Halprin, Lawrence, « Motation », *Architecture Mouvement Continuité 8*, nº 168, septembre 1968, p. 6-12.

Le Ricolais, Robert, « La recherche architecturale dans les écoles d'architecture aux États-Unis », *L'Architecture d'aujourd'hui*, nº 139, septembre 1968, p. VII et p. LXXIV.

Mera, Koichi, « Consommation et participation », *Architecture Mouvement Continuité 4*, nº 164, février 1968, p. 3-7.

Moholy-Nagy, Sibyl, Kostof, Spiro, *et al.*, « Professeurs d'histoire de l'architecture dans des universités américaines », *Architecture Mouvement Continuité*, nº 167, 1968, p. 1-9.

Moles, Abraham, « Les coquilles de l'Homme, Réflexion d'un psychosociologue sur la perception humaine de l'espace », *Architecture Mouvement Continuité 5*, nº 165, 1968, p. 13-16.

Ragon, Michel, *La cité de l'an 2000*, Tournai, Casterman, 1968.

Rosenschoon, Arend, « Vers une architecture minimale », *L'Architecture d'aujourd'hui*, nº 139, septembre 1968, p. 13-16.

Soleri, Paolo, « Paolo Soleri », *L'Architecture d'aujourd'hui*, nº 139, septembre 1968, p. 69-74.

Tonka, Hubert, Jungmann, Jean-Paul, Aubert, Jean, « Utopie : l'architecture comme problème théorique », *L'Architecture d'aujourd'hui*, nº 139, septembre 1968, p. 81-92 .

Venturi, Robert, « Complexity and Contradiction », *Architecture Mouvement Continuité 5*, nº 165, mars 1968, p. 16-19.

Boudon, Philippe, « Démission », *Architecture Mouvement Continuité 12*, nº 172, 1969, p. 26.

Brand, Stewart (ed.), *Whole Earth Catalog*, Menlo Park, Portola Institute, 1969.

Brand, Stewart, Bronner, Joe, *et al.* (eds.), *The Difficult but Possible Supplement to the Whole Earth Catalog*, Menlo Park, Portola Institute, 1969.

Cobb, Ron, *Mah Fellow Americans : Editorial Cartoons by Ron Cobb*, San Francisco, Underground Press Syndicate, 1969.

Commoner, Barry, *Quelle Terre laisserons-nous à nos enfants ?*, Paris, Seuil, 1969.

Critchlow, Keith, *Order in Space*, Londres, Thames & Hudson, 1969.

Halprin, Lawrence, *The RSVP Cycles, Creative Processes in the Human Environment*, New York, George Braziller, 1969.

Joedike, Jürgen, *Architecture Since 1945, Sources and Directions*, New York, Frederick A. Praeger, 1969.

Lacombe, Pierre, « Coupoles géodésiques pour l'habitat hippie », *L'Architecture d'aujourd'hui*, nº 141, décembre 1968-janvier 1969, p. 82-84.

McHarg, Ian, *Design with Nature*, New York, Doubleday, 1969 [*Composer avec la nature*, Paris, IAURIF, 1980].

Muir, John, *How to Keep your Volkswagen Alive ! A Manual of Step by Step Procedures for the Compleat idiot : for 1950-1969 Sedans, Ghias & Transporters Types I & II*, (illustrations de Peter Aschwanden), Sante Fe, J. Muir Publications, 1969.

Oliver, Paul, *Shelter and Society*, Londres, Barrie & Rockliff, Cresset Press, 1969.

Papanek, Victor, *Design for the Real World*, Londres, Thames and Hudson (1981), 1969 [*Design pour un monde réel, Écologie humaine et changement social*, Paris, Mercure de France, 1971].

Roszak, Theodore, *The Making of the Counter Culture, Reflections on the Technocratic Society and its Youthful Opposition*, Garden City, Doubleday, 1969 [*Vers une contre-culture : réflexions sur la société technocratique et l'opposition de la jeunesse*, Paris, Stock, 1980].

Voyd, Bill, « Drop City » et « Funk architecture », in Paul Oliver (ed.), *Shelter and Society*, Londres, Barrie & Jenkins, 1969.

Wolfe, Tom, *The Electrical Kool-aid Acid Test*, New York, Bantam Books, 1969.

« Structures », *L'Architecture d'aujourd'hui*, nº 141, déc. 1968-janv. 1969.

« Un Institut de l'environnement en France », *L'Architecture d'aujourd'hui*, nº 145, septembre 1969, p. v et vii.

Ungers, M.O., « Utopische Kommunen in Amerika (1800-1900) », *Baumeister*, octobre 1970, p. 1167-1170.

Ant Farm, *Inflatocookbook*, Sausalito, Rip Off Press, 1970.

Baudrillard, Jean, *La société de consommation : ses mythes, ses structures*, Paris, Denoël, 1970.

Emmerich, David Georges, « Minimal Structures », *Architectural Design*, nº 7/6, octobre 1970, p. 528-529.

Hedgepeth, William, *The Alternative : Communal Life in New America*, New York, Macmillan, 1970.

Kahn, Lloyd, Baldwin, Jay, Whitacre, Kathleen, McClure, Cappy, Kanter Jonathan, Kahn Sarah, Easton, Robert, *Domebook One*, Los Gatos, Pacific Domes, 1970.

Marx, Leo, « Americans Institutions and the Ecological Ideal », in Kepes, Gyorgy (ed.), *Arts of the Environment*, New York, George Braziller, 1970.

Morin, Edgar, *Journal de Californie*, Paris, Seuil, 1970.

Mumford, Lewis, *The Pentagon of Power, vol. 2, « The Myth of the Machine »*, New York, Harcourt Brace Jovanovich, 1970.

Reich, Charles, *The Greening of America : How the Youth Revolution Is Trying to Make America Livable*, New York, Random, 1970 [*Le regain américain*, Paris, Laffont, 1971].

Roa, Yves, « Richard Neutra 1892-1970 », *L'Architecture d'aujourd'hui*, nº 149, avril-mai 1970, p. v.

Ungers, M. O.,, Ungers, Liselotte, « Nordwest-Zentrum : ad-hoc heart for a city ? », *Architectural forum*, 133, nº 3, octobre 1970, p. 30-37.

Ungers, M. O., « Utopische Kommunen in Amerika 1800-1900, Die Community von Oneida », *Werk*, juillet 1970, p. 475-478.

UNGERS, M. O., « Utopische Kommunen in Amerika 1800-1900, Die Amana-Community », *Werk*, août 1970, p. 543-546.
AUBERT, Jean, « Rufus », *Rufus*, nº 1, mars 1971.
BANHAM, Reyner, *Los Angeles : The Architecture of Four Ecologies*, Londres, Allen Lane, 1971 [*Los Angeles*, traduit par Luc Baboulet, Marseille, Parenthèses, 2008].
BIZOT, Jean-François, « Les grands de l'underground », *Actuel*, nº 8, mai 1971, p. 15.
BIZOT, Jean-François, « Prendre la route », *Actuel*, nº 9, juin 1971.
BRAND, Stewart (ed.), *The Last Whole Earth Catalog*, Menlo Park, Portola Institute, 1971.
CASTEX, Jean, « Le Prickley Mountain Project », *L'Architecture d'aujourd'hui*, nº 157, août-septembre 1971, p. 57-59.
CHARRIER, Yves, ELLUL, Jacques, *Jeunesses délinquante : des blousons noirs aux hippies*, Paris, Mercure de France, 1971.
COLBOC, Pierre, « Advocacy Planning : échec ou réalité de la démocratie directe », *L'Architecture d'aujourd'hui*, nº 153, décembre 1970-janvier 1971, p. 34-37.
COLBOC, Pierre, PERQUIS, Pascal, « Reportage photographique », *L'Architecture d'aujourd'hui*, nº 157, août-septembre 1971.
DENT, Roger, *Principles of Pneumatic Architecture*, Londres, Architectural Press, 1971.
DOUTHIT, Peter [Peter Rabbit], *Drop City*, New York, Olympia Press, 1971.
FAIRFIELD, Richard, *Communes U.S.A.*, San Francisco, Alternatives Foundation, 1971.
FOURNIER, Pierre, *La Vie des gens*, Paris, Square, 1971.
FRAMPTON, Kenneth, « America 1960-1970 : Notes on Urban Images and Theory », *Casabella*, nº 35, décembre 1971.
GOLDSCHMIDT, Denis, PINEL, Denis, *et al.*, « Notes sur Advocacy Planning », *L'Architecture d'aujourd'hui*, nº 157, août-septembre 1971, p. 74-85.
GOODMAN, Robert, *After the Planners*, Cambridge, MIT Press, 1971.
HERMANUZ, Ghislaine, « ARCH ou l'urbanisme contestataire », *L'Architecture d'aujourd'hui, USA 71*, nº 157, août-septembre 1971, p. 77-79.
JENCKS, Charles, *Architecture 2000, Predictions and Methods*, Londres, Studio Vista, 1971.
LE RICOLAIS, Robert, « La nature de choses », *L'Architecture d'aujourd'hui*, nº 141, décembre 1970-janvier 1971, p. 58-61.
PILLET, Michel, « Steve Baer ou « comment apprivoiser un zome » », *L'Architecture d'aujourd'hui, USA 71*, nº 157, août-septembre 1971, p. XXVII.
RAGON, Michel, *Les erreurs monumentales*, Paris, Hachette, 1971.
SCULLY, Vincent, *Pueblo Architecture of the SouthWest*, Austin, University of Texas Press, 1971.
TZONIS, Alexandre, « États-Unis : nouvelles tendances progressives en urbanisme et en architectures », *Le Carré bleu*, nº 3-4, 1971.
UNGERS, M. O., « Utopische Kommunen in Amerika 1800-1900, Die Owenites in New Hamony (Indiana) », *Werk*, mars 1971, p. 205-208.
UNGERS, M. O., « Utopische Kommunen in Amerika 1800-1900, Fouriersche Phalanxen in Amerika », *Werk*, avril 1971, p. 272-276.
UNGERS, M.O., « Utopische Kommunen in Amerika 1800-1900, Die Hutterschen Brüder », *Werk*, juin 1971, p. 417-420.
VENTURI, Robert, « Ugly and Ordinary Architecture, or, the Decorated Shed, 2. Theory of Ugly and Ordinary and Related and Contrary Concepts », *Architectural Forum*, 135, nº 5, décembre 1971, p. 48-53.
WEISSBERG, Barry, *Interview*, « Beuark. C'est quoi l'écologie? », *Actuel*, nº 13, octobre 1971.
« 2 US Communes : Libre et Lama », *Architectural Design*, décembre 1971, p. 727-736.
« États-Unis : nouvelles tendances progressives en urbanisme et en architecture », *Le carré bleu*, nº 3-4, 1971.
« USA 71 », *L'Architecture d'aujourd'hui*, nº 153, décembre 1970-janvier 1971.
BARTHES, Roland, « Fatalité de la culture, limites de la contre-culture », *Politique-Hebdo*, 1972, p. 1473-1477.
Shelter Survival Scrapbook, Brighton/Seattle, Unicorn bookshop, 1972.
BEN-ELI, Michael, « Buckminster Fuller Retrospective : Interview », *Architectural Design*, nº 12, décembre 1972, p. 754.
BEN-ELI, Michael, « Design Science Institute », *Architectural Design*, nº 12, décembre 1972, p. 773.
BURNS, Jim, *Arthropods : New Design Futures*, New York, Praeger, 1972.
CASTEX, Jean, « De Louis Kahn à Robert Venturi », *L'Architecture d'aujourd'hui*, nº 163, août-septembre 1972, p. 86-89.
Club de Rome / Donella et Dennis L. Meadows, Jørgen Randers, *The Limits to Growth, A Report for the Club of Rome's Project on the Predicament of Mankind*, 1972 [Janine Delaunay, Donella Meadows, *et al.*, *Halte à la croissance?*, Paris, Fayard, 1972].
COLBOC, Pierre, « Le rôle des équipements socio-communautaires dans la rénovation urbaine aux États-Unis », *Neuf*, nº 36, mars-avril 1972, p. 5-16.
ELLUL, Jacques, *De la révolution aux révoltes*, Paris, Calmann-Lévy, 1972.
GÉBÉ [Georges Blondeau], *L'An 01*, Paris, Éditions du Square, 1972.
JENCKS, Charles, SILVER, Nathan, *Adhocism, The Case for Improvisation*, New York, Doubleday & Company, 1972.
LEFEBVRE, Henri, *Le Droit à la ville*, Paris, Anthropos, 1972.
LYNCH, Kevin, *What Time is this Place ?*, Cambridge, MIT Press, 1972.
MALDONADO, Tomas, *Design, Nature and Revolution : A Critical Ecology*, New York, Harper & Row, 1972.
ROSENFELD, Henri (dir.), « Autoconstruction », *Vroutsch*, nº 6-7, Strasbourg, 1972.
TOURAINE, Alain, *Université et société aux États-Unis*, Paris, Seuil, 1972.
TURNER, John, FICHTER, Robert (ed.), *Freedom to Build*, New York, Macmillan, 1972.
TZONIS, Alexander, *Towards a Non-Oppressive Environment*, Boston, New York, i Press/G. Braziller, 1972 [*Vers un environnement non-oppressif*, Liège, Mardaga, 1976].
UNGERS, M.O., « Early Communes in the USA », *Architectural Design*, nº 8, août 1972, p. 502-512.
ANTEBI, Elizabeth, « Chroniques terriennes », *Le Sauvage*, nº 2, mai-juin 1973, p. 37-41.
AUBERT, Jean (dir.), *Icosa, La tortue qui cause de construction*, Paris, Édition Labo de synthèse, Département d'urbanisme, Université de Paris VIII, 1973.
BATESON, Gregory, *Steps to an Ecology of Mind*, New York, Chandler Publishing Company, 1973 [*Vers une écologie de l'esprit*, Paris, Seuil, 1977].
BIZOT, Jean-François, « Actuel tout nu », *Actuel*, nº 29, mars 1973.
BOERICKE, Art, *Handmade Houses : A Guide to the Woodbutcher's Art*, San Francisco, Scrimshaw Press, 1973.
GAILLARD, Christian, NICK, Philippe, *et al.*, *L'architecte, lui-même et les autres*, Grenoble, Presses universitaires de Grenoble, 1973.
GEERTZ, Clifford, *The Interpretation of Cultures*, New York, Basic Books, 1973.
ILLICH, Ivan, *Énergie et équité*, Paris, Seuil, 1973.
ILLICH, Ivan, *La Convivialité*, Paris, Seuil, 1973.
ILLICH, Ivan, « Les berceuses de l'écologie », *Le Sauvage*, nº 6, sept-oct. 1973, p. 32-34.
KAHN, Lloyd (ed.), *Shelter*, Bolinas, Shelter, 1973.
MICHEL, Jacques, « 31 logements à Odeillo, Pyrénées Orientales, architecte : Jacques Michel », *L'Architecture d'aujourd'hui*, nº 167, mai-juin 1973, p. 90-93.

Michel, Jacques, « Utilisation de l'énergie solaire », *L'Architecture d'aujourd'hui*, nº 167, mai-juin 1973, p. 88-89.

Moulin, Raymonde, Dubost, Françoise (dir.), *Les architectes, Métamorphose d'une profession libérale*, Paris, Archives des sciences sociales/Calmann-Lévy, 1973.

Saint Marc, Philippe, « Pour un combat politique », *Le Sauvage*, nº 3, juin-juillet 1973, p. 67-68.

Schumacher, Ernst F., *Small is Beautiful : a Study of Economics as if People Mattered*, Londres, Harper/Colophon Books, 1973 [*Small is beautiful : une société à la mesure de l'homme*, Paris, Seuil, 1978].

Soleri, Paolo, « Arcosanti », *L'Architecture d'aujourd'hui*, nº 167, mai-juin 1973, p. 84-87.

Soleri, Paolo, « Theology of the Sun », *L'Architecture d'aujourd'hui*, spécial Architecture de soleil, nº 167, mai-juin 1973.

« A.D. Goes West », *Architectural Design*, septembre 1973.

« L'Architecture du soleil », *L'Architecture d'aujourd'hui*, nº 167, mai-juin 1973.

Banham, Reyner, *The Aspen Papers, Twenty Years of Design Theory from the International Design Conference in Aspen*, New York, Praeger, 1974.

Brand, Stewart (ed.), *Whole Earth Epilog : Access to Tools*, San Francisco, Point Foundation, 1974.

Certeau, Michel, de, *La Culture au pluriel*, Paris, Union Générale d'Édition, 1974.

Cook, Jeffrey, « The Varied and Early Solar Energy Applications of Northern New Mexico », *Journal*, 62, nº 2, août 1974, p. 37-42.

Cousin, Jean-Pierre, « Trois maisons américaines », *L'Architecture d'aujourd'hui*, nº 175, septembre-octobre 1974, p. XXIII.

Elalouf, David, « Christopher Alexander », *L'Architecture d'aujourd'hui*, nº 174, juillet-août 1974, p. 54-63.

Emmerich, David Georges, *Soft Architecture*, Paris, Centre de recherches architecturales, 1974.

Fortier, Bruno (dir.), *L'habitat comme pratique*, Paris, Institut de l'environnement, 1974.

Frampton, Kenneth, « On Charles Jencks and Nathan Silver's : "Adhocism : The Case for Improvisation" », *Oppositions*, nº 3, mai 1974, p. 104-105.

Friedman, Martin (ed.), *Naives and Visionaries*, Minneapolis, Walker Art Center, 1974.

Goldschmidt, Denis, « *Interview* avec Sicco Mansholt », *Métropolis*, nº 7, juin-juillet 1974, p. 63-68.

Halprin, Lawrence, Burns, Jim, *Taking Part : a Workshop Approach to Collective Creativity*, Cambridge, MIT Press, 1974.

Kahn, Lloyd, *Domebook Two*, Bolinas, Shelter, 1974.

Lapied, François, « L'environnement et la responsabilité de l'architecte », *Le carré bleu*, nº 3/74, 1974, p. 1-21.

Vaye, Marc, Nicolas, Frédéric, Traisnel, Jean-Pierre / Le Bricolo Lézardeur, *La Face cachée du soleil*, Paris, ZZZ Publications, 1974.

« Steve Baer : une application économique de l'énergie solaire à l'habitat », *Créé*, nº 26, janvier-février 1974, p. 50-55.

« The Three Worlds of Los Angeles », *L'architecture d'aujourd'hui*, nº 173, mai-juin 1974, p. XXXIV.

Baer, Steve « Casa solare nel New Mexico », *Domus*, nº 546, mai 1975, p. 20-21.

Dethier, Jean, « Vendredi en Amérique », *Archives de l'architecture moderne*, Bruxelles, nº 2, novembre 1975.

Dethier, Jean, Elalouf, David, *Architectures marginales aux États-Unis*, Paris, Centre Georges-Pompidou/CCI, 1975.

Gangneux, Marie-Christine, Taylor, Brian Brace, « Architecture douce », *L'Architecture d'aujourd'hui*, nº 179, mai-juin 1975, p. 1.

Gangneux, Marie-Christine, « À la recherche d'un espace perdu », *L'Architecture d'aujourd'hui*, nº 179, mai-juin 1975, p. 35.

« Architecture douce », *L'Architecture d'aujourd'hui*, nº 179, mai-juin 1975.

Gangneux, Marie-Christine, « De retour au pays. Christian Gimonet et la maison individuelle », *L'Architecture d'aujourd'hui*, nº 180, juillet-août 1975, p. 84-94.

Elalouf, David, « Un phénomène sauvage : l'architecture marginale », *Informations & documents*, nº 357, novembre 1975, p. 10-18.

Hughes, Thomas Parke (ed.), *Changing Attitudes Toward American Technology*, New York, Harper & Row, 1975.

Moos, Stanislaus von, « Las Vegas etc. oder : Realismus in der Architektur ou : réalisme en architecture », *Archithese*, nº 13, 1975, p. 5.

Negroponte, Nicholas, *Soft Architecture Machines*, Cambridge, MIT Press, 1975.

Noyelle, Thierry, Wilson, Robert, « *Interview* avec Richard Buckminster Fuller », *Métropolis*, nº 7, septembre 1975, p. 59-63.

Pawley, Martin, *Garbage Housing*, Londres, Architectural Press/New York, John Wiley & Sons, 1975.

Raymond, Henri, Gangneux, Marie-Christine, « L'habitat de l'architecte, un espace paradoxal : Georges Maurios », *L'Architecture d'aujourd'hui*, nº 182, novembre-décembre 1975, p. 50-51.

Scully, Vincent, *Pueblo : Mountain, Village, Dance*, New York, Viking Press,1975.

Van der Ryn, Sim, « L'avènement du Natural Design », *L'Architecture d'aujourd'hui*, nº 68, 1975, p. 28-34.

Alexander, Christopher, *The Oregon experiment*, New York, Oxford University Press, 1975 [*Une expérience d'urbanisme démocratique*, Préface de Françoise Choay, Paris, Seuil, 1976].

Banham, Reyner, *Megastructures : Urban Futures of the Recent Past*, New York, Harper and Row, 1976.

Banham, Reyner, « The Mesa Messiah », *New Society*, 6 mai 1976, p. 306.

Fogel, Jean-François, « Du beau, du bon, du petit : journal d'Amérique », *Le Sauvage*, nº 25, 1976, p. 77-82.

Hayden, Dolores, *Seven American Utopias : The Architecture of Communitarian Socialism, 1780-1975*, Cambridge, MIT Press, 1976.

Huet, Bernard, « La nuit américaine », *L'Architecture d'aujourd'hui*, nº 186, août-septembre 1976, p. V.

Moos, Stanislaus von,, Lichtenstein, Claude, « USA-Switzerland », *Archithese*, nº 16, 1976.

Muschg, Adolf, « Vieux Nouveau Monde », *Archithese*, « USA-Switzerland », nº 16, 1976, p. 8-9.

Tafuri, Manfredo, « Les cendres de Jefferson in New York in white & grey », *L'Architecture d'aujourd'hui*, nº 186, août-septembre 1976, p. 53-58.

De Long, David, *The Architecture of Bruce Goff : Buildings and Projects, 1916-1974*, New York, Garland, 1977.

Garnier, Jean-Pierre, Goldsmidt, Denis, « Le modèle américain de « contre-pouvoir » urbain : prenez votre ghetto en main », *Métropolis*, IV, nº 33/34, 1977, p. 80-81.

Kahn, Lloyd, Gac, Pierre, *Habitats, Constructions traditionnelles et marginales*, Paris, Alternative et Parallèles, 1977.

Wampler, Jan, *All Their Own : People and the Places they Build*, New York, John Wiley & sons, 1977.

Wells, Malcolm, *Underground Designs*, Brewster, Wells, 1977.

Baldwin, Jay, Brand, Stewart, *Soft-Tech*, New York, Penguin Books, 1978.

Chareyre, Robert, *La maison autonome*, Paris, Alternative et Parallèles, 1978.

Cobb, Ron, *Le livre de Cobb*, Paris, Dandelion, 1978.

Huet, Bernard, « L'insegnamento della architettura in Francia. 1968-1978 da una riforma all'altra », *Lotus 21*, décembre 1978, p. 36-43.

Ragon, Michel, *Prospective et futurologie : Histoire mondiale de l'architecture et de l'urbanisme modernes, Tome 3*, Tournai, Casterman, 1978.

Wright, David, *Natural Solar Architecture, A Passive Primer*, New York, Van Nostrand Reinhold, 1978 [*Soleil, nature, architecture*, trad. et adaptation, Pierre Bazan, Roquevaire, Parenthèses, 1979 ; réédité sous le titre : *Manuel d'architecture naturelle*, Marseille, Parenthèses, 2004].

Alexander, Christopher, *The Timeless Way of Building*, New York, Oxford University Press, 1979.

Alexandroff, Georges, Liébard, Alain, *L'habitat solaire : comment ?*, Paris, L'équerre, 1979.

Baer, Steve, *Sunspots : Collected Facts and Solar Fiction*, Albuquerque, Zomeworks Corporation, 1979.

Fourastié, Jean, *Les Trente Glorieuses ou la révolution invisible de 1946 à 1975*, Paris, Fayard, 1979.

Maldonado, Tomas, « Robinson Crusoe e l'alternativa », *Casabella*, nº 450, octobre 1979.

Olkowski, Helga, Olkowski, Bill, Javits, Tom et le Farallones Institute, *The Integral Urban House : Self-reliant Living in the City* (introduction de Sim Van der Ryn), San Francisco, Sierra Club Books, 1979.

Soum, Jean et Les technologues doux, *Vibrations solaires*, Toulouse, 1979.

Turner, John F.C., *Le logement est votre affaire*, Paris, Seuil, 1979.

Arnove, Robert F [dir.), *Philanthropy and Cultural Imperialism, The Foundation at Home and Abroad*, Boston, G.K. Hall, 1980.

Brand, Stewart, *The Next Whole Earth Catalog : Access to Tools*, Sausalito, Point Foundation, 1980.

Ellul, Jacques, *L'empire du non-sens : l'art et la société technicienne*, Paris, Presses universitaires de France, 1980.

Rybczynski, Witold, *Paper Heroes : a Review of Appropriate Technology*, Garden City, Anchor Press/Doubleday, 1980 [*Paper Heroes : un regard sur la technologie appropriée*, Marseille, Parenthèses, 1983].

Soleri, Paolo, *Arcology, The City in the Image of Man*, Cambridge, MIT Press, 1980 [*Arcologie : la ville à l'image de l'homme*, Parenthèses, 1980].

Séné, Michel, *Archi libre ou les transgressions de l'art de bâtir*, Paris, Le Moniteur, 1980.

Wells, Malcolm, (ed.), *Notes from the Energy Underground*, New York, Van Nostrand Reinhold Co.,1980.

Haüsermann, Pascal, « Autoconstruction : une découverte de liberté », in Unal, Jean (dir.), *Pratique du voile de béton en autoconstruction*, Paris, Alternatives, 1981.

Haüsermann-Costy, Claude, « Une architecture sans architecte ? », in Unal, Jean (dir.), *Pratique du voile de béton en autoconstruction*, Paris, Alternatives, 1981.

Huet, Bernard, *Anachroniques d'architecture*, Bruxelles, AAM, 1981.

Ninkovich, Frank A., *The Diplomacy of Ideas : US Foreign Policy and Cultural Relations 1938-1950*, New York, Cambridge University Press, 1981.

Soleri, Paolo, *Fragments, A Selection from the Sketchbooks of Paolo Soleri*, Harper and Row, 1981.

Séné, Michel, *Archilibre ou les transgressions dans l'art de bâtir*, Paris, Éditions du Moniteur, 1981.

Burns, Jim, *Lawrence Halprin Paesaggista*, Bari, Dedalo, 1982.

Jencks, Charles, Chaitkin, William, *Architecture Today*, New York, Harry N. Abrams, 1982.

Micmacker, Claude, Butters, Chris, *et al.*, *Manuel de construction rurale*, nº 2, Éditions Alternative et Parallèles, 1982.

Aimé, Gérard, Aoust, Patrice, Bone, Philippe, Shasmoukine, Pierre (dir.), *Le catalogue des ressources*, vol. 4, « Habitats », Éditions Alternatives / Institut rural d'informations, 1983.

Berman, Edward H., *The Influence of the Carnegie, Ford and Rockefeller Foundations on American Foreign Policy, The Ideology of Philanthropy*, Albany, State University of New York Press, 1983.

Creagh, Ronald, *Laboratoires de l'utopie, Les communautés libertaires aux États-Unis*, Paris, Payot, 1983.

Frampton, Kenneth, « Towards a Critical Regionalism : Six Points for an Architecture of Resistance », in Foster, Hal (ed.), *The Anti-Aesthetic*, Port Townsend, Washington, Bay Press, 1983.

Mitcham, Carl, Mackey, Robert (ed.), *Philosophy and Technology, Readings in the Philosophical Problems of Technology*, New York, The Free Press, 1983.

Ory, Pascal, *L'entre-deux-mai : histoire culturelle de la France, mai 1968-mai 1981*, Paris, Seuil, 1983.

Banham, Reyner, *The Architecture of the Well-tempered Environment*, Londres, The Architectural Press, 1984 [*L'Architecture de l'environnement bien tempéré*, Orléans, HYX, 2011].

Brand, Stewart, *Whole Earth Software Catalog*, Garden City, Quantum Press/Doubleday, 1984.

Cohen, Jean-Louis, *La coupure entre architectes et intellectuels, ou les enseignements de l'italophilie*, Paris, École de Paris-Villemin, 1984.

Combes, Patrick, *La littérature & le mouvement de Mai 68 : écriture, mythes, critique, écrivains, 1968-1981*, Paris, Seghers, 1984.

Frampton, Kenneth, *Histoire critique de l'architecture moderne*, Paris, Philippe Sers, 1985 [n[lle] édition : Paris, Thames and Hudson, 2010].

Granjon, Marie-Christine, *L'Amérique de la contestation, Les années 60 aux États-Unis*, Paris, Presses de la fondation nationale des sciences politiques, 1985.

Shi, David, *The Simple Life, Plain Living and High Thinking in American Culture*, New York, Oxford University Press, 1985.

Baudrillard, Jean, *Amérique*, Paris, Grasset, 1986.

Boris, Eileen, *Art and Labor, Ruskin, Morris and the Craftsman Ideal in America*, Philadelphia, Temple University Press, 1986.

Kleiner, Art, Brand, Stewart, *News that Stayed News, 1974-1984 : Ten Years of CoEvolution Quarterly*, San Francisco, North Point Press, 1986.

Lacorne, Denis, Rupnik, Jacques, *et al.*, *L'Amérique dans les têtes, Un siècle de fascinations et d'aversions*, Paris, Hachette, 1986.

Roszak, Theodore, *From Satori to Silicon Valley : San Franscisco and the American Counterculture*, San Francisco, Don't Call it Frisco Press, 1986.

Curtis, William, *Modern Architecture since 1900*, Oxford, Phaidon, 1987 [*L'architecture moderne depuis 1900*, Paris, Phaidon, 2006].

Gitlin, Todd, *The Sixties : Years of Hope, Days of Rage*, New York, Bantam Books, 1987.

Winock, Michel, *Chronique des années soixante*, Paris, Seuil, 1987.

Guilbaut, Serge, *Comment New York vola l'idée d'art moderne : expressionnisme abstrait, liberté et guerre froide (1983)*, Paris, Jacqueline Chambon, 1988.

Kling, Robert, « Les utopies socialistes en Californie », in Eveno, Emmanuel (dir.), *Les utopies urbaines*, Toulouse, Presses du Mirail, 1988.

Pulos, Arthur, *The American Design Adventure, 1940-1975*, Cambridge, MIT, 1988.

Heaword, Rose, Larke, Charmian, *The Directory of Appropriate Technology*, Londres, Routledge, 1989.

Hughes, Thomas P., *American Genesis, A Century of Invention and Technological Enthousiasm, 1870-1970*, New York, Viking, 1989.

Nash, Gerald D., Etulain, Richard W., *The Twentieth Century West, Historical Interpretations*, Albuquerque, University of New Mexico Press, 1989.

Ory, Pascal, *L'aventure culturelle française, 1945-1989*, Paris, Flammarion, 1989.

Jauss, Hans Robert, *Pour une esthétique de la réception*, Paris, Gallimard, 1990.

Lynch, Kevin, Southworth, Michael, *Wasting Away*, San Francisco, Sierra Club Books, 1990.

Miller, Timothy, *American Communes 1860-1960 : A Bibliography*, New York, Garland, 1990.

REYNOLDS, Michael E., *Earthship*, Taos, Solar Survival Architecture, 1990.

URRY, John, *The Tourist Gaze, Leisure and Travel in Contemporary Societies*, New York, Sage publications, 1990.

MILLER, Timothy, *The Hippies and American Values*, Knoxville, University of Tennessee Press, 1991.

BOY, Daniel, « Les écologistes en France », *French Politics and Society* 10, été 1992, p. 1-25.

HOLLANDER, Paul, *Anti-Americanism, Critiques at Home and Abroad, 1965-1990*, New York, Oxford University Press, 1992.

TZONIS, Alexander, LEFAIVRE, Liane, *Architecture in Europe since 1968 : Memory and Invention*, New York, Rizzoli, 1992.

CALTHORPE, Peter, *The Next American Metropolis, Ecology, Community and the American Dream*, New York, Princeton Architectural Press, 1993.

COHEN, Jean-Louis, DAMISCH, Hubert (dir.), *Américanisme et modernité, l'idéal américain dans l'architecture*, Paris, Flammarion/École des Hautes Etudes en Sciences Sociales, 1993.

JAY, Martin, *Downcast Eyes, The Denigration of Vision in Twentieth Century French Thought*, Los Angeles, University of California Press, 1993.

KROES, Rob, RYDELL, R. W., *et al.* (ed.), *Cultural Transmissions and Receptions : American Mass Culture in Europe*, Amsterdam, VU University Press, 1993.

MCQUISTON, Liz, *Graphic Agitation, Social and Political Graphics Since the Sixties*, Londres, Phaidon, 1993.

BEIDLER, Philip D., *Scriptures for a Generation : What we Were Reading in the '60s*, Athens, University of Georgia Press, 1994.

BRAND, Stewart, *How Buildings Learn : What Happens after They're Built*, New York, Viking, 1994.

DELANOË, Nelcya, *Le Raspail vert : l'American Center à Paris, 1934-1994, une histoire des avant-gardes franco-américaines*, Paris, Seghers, 1994.

KELLEY, Jeff, « Les expériences américaines », in DE LOISY, Jean (dir.), *Hors Limites, L'art et la vie 1952-1994*, Paris, Centre Georges-Pompidou, 1994.

RHEINGOLD, Howard (ed.), *The Millennium Whole Earth Catalog : Access to Tools and Ideas for the Twenty-First Century*, San Francisco, Harper San Francisco, 1994.

ROUILLARD, Dominique, « La planète interdite », in *Archigram*, Paris, Cnam/Centre Georges-Pompidou, 1994.

COHEN, Jean-Louis, *Scènes de la vie future, L'architecture européenne et la tentation de l'Amérique, 1893-1960*, Paris, Flammarion/Centre canadien d'architecture, 1995.

FEENBERG, Andrew, *Alternative Modernity, The Technical Turn in Philosophy and Social Theory*, Berkeley, University of California Press, 1995.

HALPRIN, Anna, *Moving Toward Life, Five Decades of Transformational Dance*, Hanover, Wesleyian University Press, 1995.

KRONENBURG, Robert, *Houses in Motion, The Genesis, History and Development of the Portable Building*, Londres, Academy Editions, 1995.

BALDWIN, Jay, *Bucky Works, Buckminster Fuller's Ideas for Today*, New York,Wiley, 1996.

CROW, Thomas, *The Rise of the Sixties : American and European Art in the Era of Dissent, 1955-69*, New York, Harry N. Abrams, 1996.

GERVEREAU, Alain, MELLOR, David, BERTRAND-DORLÉANC, Laurence, WILSON, Sarah, *Les Sixties, Années utopies*, Paris, Somogy, 1996.

KAPLAN, Caren, *Questions of Travel, Postmodern Discourses of Displacement*, Durham, Londres, Duke University Press, 1996.

KROES, Rob, *If You've Seen One, You've Seen The Mall : European and American Mass Culture*, Urbana, University of Illinois Press, 1996.

KUISEL, Richard, *Le miroir américain, 50 ans de regard français sur l'Amérique*, Paris, Lattès, 1996.

MERLIN, Pierre, TRAISNEL, Jean-Pierre, *Énergie, environnement et urbanisme durable*, Paris, Presses universitaire de France, 1996.

WOJTOWICZ, Robert, *Lewis Mumford and American Modernism*, Cambridge/New York, Cambridge University Press, 1996.

BRAYER, Marie-Ange (dir.), *David Georges Emmerich : une utopie rationnelle*, Orléans, HYX, 1997.

FRANK, Thomas, *The Conquest of Cool : Business Culture, Counterculture, and the Rise of Hip Consumerism*, Chicago, University of Chicago Press, 1997.

GITLIN, Todd, *Reassessing the Sixties*, New York, Norton, 1997.

HARRIS, Steven, BERKE, Deborah (ed.), *Architecture of the Everyday*, New York, Princeton Architectural Press/Yale publications on architecture, 1997.

HOURMANT, François, *Le désenchantement des clercs : figures de l'intellectuel dans l'après-Mai 68*, Rennes, Presses universitaires de Rennes, 1997.

MARTIN, Reinhold, *ANY 17*, « Forget Fuller ? », New York, Anyone Corporation, 1997.

PELLS, Richard, *Not Like US, How Europeans have Loved, Hated, and Transformed American Culture Since World War II*, New York, Basic Books, 1997.

PICON, Antoine (dir.), *L'art de l'ingénieur*, Paris, Centre Georges-Pompidou, 1997.

PICON, Antoine, « Une utopie américaine, Le monde de Buckminster Fuller », *Les Cahiers de la recherche architecturale et urbaine*, nº 40, 1997, p. 101-112.

PIEDMONT-PALLADINO, Susan, ALDEN, Mark Brand, *Devil's Workshop, 25 years of Jersey Devil Architecture*, New York, Princeton Architectural Press, 1997.

LIEBERSOHN, Harry, *Aristocratic Encounters, European Travellers and North American Indians*, Cambridge, Cambridge University Press, 1998.

MILLER, Timothy, *The Quest for Utopia in Twentieth Century America*, Syracuse, Syracuse University Press, 1998.

SADLER, Simon, *The Situationist City*, Cambridge, MIT Press, 1998.

SCOTT, Felicity, « Architecture Without Architects. Bernard Rudofsky, New York, Museum of Modern Art, 1964 », *Harvard Design Review*, automne 1998, p. 69-72.

SMITH, Elizabeth A.T., KOSHALEK, Richard (ed.), *At the End of the Century, One Hundred Years of Architecture*, Los Angeles, The Museum of Contemporary Art/ Harry N. Abrams, 1998.

STOCKWELL, Foster, *Encyclopedia of American Communes, 1663-1963*, Jefferson, McFarland, 1998.

SÉNÉ, Michel, « Le courant alternatif », *Urbanisme*, nº 300, mai-juin 1998, p. 58-61.

WIGLEY, Mark, *Constant's New Babylon : The Hyper-Architecture of Desire*, Rotterdam, 010 Publishers, 1998.

BOLTANSKI, Luc, CHIAPELLO, Eve, *Le nouvel esprit du capitalisme*, Paris, Gallimard, 1999.

BRAND, Stewart, *The Clock of the Long Now : Time and Responsibility*, New York, Basic Books, 1999.

DENES, Michel, *Le fantôme des Beaux-Arts, L'enseignement de l'architecture depuis 1968*, Paris, Éditions de la Villette, 1999.

DESSAUCE, Marc (ed.), *The Inflatable Moment : Pneumatics and Protest in '68*, New York, Princeton Architectural Press, 1999.

FRASCINA, Francis, *Art, Politiques and Dissent, Aspects of the Art Left in Sixties America*, Manchester, Manchester University Press, 1999.

GIENOW-HECHT, Jessica, *Transmission Impossible*, Baton Rouge, Louisiana State University Press, 1999.

KRAUSSE, Joachim, LICHTENSTEIN, Claude (dir), *Your Private Sky : R. Buckminster Fuller, The Art of Design Science*, Baden, Lars Müller, 1999.

MARCHAND, Bruno, « *The View From the Road*, Le paysage de bord de route à l'âge du chaos », *Matières*, nº 3, 1999, p. 7-18.

MILLER, Timothy, *The 60s Communes : Hippies and Beyond*, Syracuse, Syracuse University Press, 1999.

VIOLEAU, Jean-Louis, « Mai 68-Mai 81 : l'entre-deux-Mai des architectes, Itinéraires intellectuels », *In Extenso*, 1999.

WILLEMIN, Véronique, *Maisons mobiles*, Paris, Alternatives, 1999.

BESS, Michael, CIOC, Mark, *et al.*, « Environmental History Writing in Southern Europe », *Environmental History*, 5, nº 4, octobre 2000, p. 545-556.

CRAWFORD, Margaret, « Alternative Shelter : Counterculture Architecture in Northern California », in BARRON, Stephanie, BERNSTEIN, Sheri, FORT, Ilene Susan (eds.), *Reading California, Art, Image, and Identity, 1900-2000*, Berkeley, Los Angeles, Los Angeles County Museum of Art/University of California Press, 2000.

FEHRENBACH, Heide, POIGER, Uta (eds.), *Transactions, Transgressions, Transformations : American Culture in Western Europe and Japan*, New York, Berghahn Books, 2000.

FORTY, Adrian, *Words and Buildings, A Vocabulary of Modern Architecture*, Londres, Thames & Hudson, 2000.

LIMA, Antonietta Iolanda, *Soleri : Architettura come ecologia umana* Milan, Jaca Book, 2000.

MONNIER, Gérard, *L'architecture moderne en France*, Paris, Picard, 2000.

OCKMAN, Joan, « Une nouvelle politique du spectacle : entre le tourisme architectural et l'imagination globale », in GUIHEUX, Alain, *Architecture instantanée : nouvelles acquisitions*, Paris, Centre Georges-Pompidou, 2000, p. 58-59.

WHISTON SPIRN, Anne, « Ian McHarg, Landscape Architecture, and Environmentalism : Ideas and Methods in Context », in CONAN Michel (ed.), *Environmentalism in Landscape Architecture*, Washington, Dumbarton Oaks Colloquium on the History of Landscape Architecture XXII, 2000, p. 97-114.

WINES, James, *Architecture verte*, Cologne, Taschen, 2000.

Architecture radicale, Institut d'art contemporain à Villeurbanne, Orléans, Éditions HYX, 2001.

BERGHAHN, Volker, *America and the Intellectual Cold Wars in Europe, Shepard Stone Between Philanthropy, Academy, and Diplomacy*, Princeton, Princeton University Press, 2001.

BIZOT, Jean-François, *Underground : l'histoire*, Paris, Denoël, 2001.

BLOOM, Alexander (ed.), *Long Time Gone : Sixties America Then and Now*, New York, Oxford University Press, 2001.

CHEW, William (ed.), *National Stereotypes in Perspective : Americans in France, Frenchmen in America*, Amsterdam, Rodopi, 2001.

FRANCIS, Mark (dir.), *Les Années Pop 1956-1968*, Paris, Centre Georges-Pompidou, 2001.

GAUZIN-MÜLLER, Dominique, *Architecture écologique*, Paris, Le Moniteur, 2001.

GEMELLI, Giuliana (ed.), *American Foundations and Large Scale Research : Construction and Transfer of Knowledge*, Bologne, Clueb, 2001.

KIRK, Andrew, « Appropriating Technology : The *Whole Earth Catalog* and Counterculture Environmental Politics », *Environmental History* 6, nº 3, juillet 2001, p. 374-394.

LENGEREAU, Eric, *L'État et l'architecture 1958-1981, Une politique publique?*, Paris, Picard, 2001.

LUCAN, Jacques, *Architecture en France (1940-2000), histoires et théories*, Paris, Le Moniteur, 2001.

MANIAQUE, Caroline, « En quête de légéreté », in MESTRE, Marie-Ève (ed.), *Celebrating Air-Air*, Monaco, Grimaldi Forum, 2001, p. 118-149.

OSGOOD, Kenneth Alan. *Total Cold War : United States Propaganda in the "Free World", 1953-1960*, Santa Barbara, University of California Press, 2001.

ROBERSON, Susan L [dir.), *Defining Travel : Diverse Visions*, Jackson, University Press of Mississippi, 2001.

ROME, Adam, *The Bulldozer in the Countryside : Suburban Sprawl and the Rise of American Environmentalism*, Cambridge, Cambridge University Press, 2001.

TURNBULL, William, *Buildings in the Landscape*, San Francisco, William Stout Publishers, 2001.

ZUNG, Thomas T. K., *Buckminster Fuller : Anthology for the New Millennium*, New York, St. Martin's Press, 2001.

BENDER, Thomas (ed.), *Rethinking American History in a Global Age*, Berkeley, University of California Press, 2002.

BESS, Michael, *The Light-Green Society : Ecology and Technical Modernity in Postwar France*, Chicago, University of Chicago Press, 2002.

BRAUNSTEIN, Peter, DOYLE, Michael William (eds.), *Imagine Nation, The American Counterculture of the 1960s and 70s*, New York, Routledge, 2002.

BULLOCK, Nicholas, *Building the Post-War World : Modern Architecture and reconstruction in Britain*, Londres, New York, Routledge, 2002.

FABOZZI, Paul F., *Artists, Critics, Context : Readings in and around American Art since 1945*, Upper Saddle River, Prentice Hall, 2002.

HEYNEN, Hilde, LOECKX, André, *et al*, (dir.), *Back from Utopia : the Challenge of the Modern Movement*, Rotterdam, 010 Publishers, 2002.

MANIAQUE, Caroline, « Hard French versus Soft America : perspectives françaises », *Les Cahiers de la recherche architecturale et urbaine*, mai 2002, p. 37-48.

NEWTON, Lisa, *Ethics and Sustainability : Sustainable Development and the Moral Life*, Upper Saddle River, Prentice Hall, 2002.

SPITZ, René, *hfg ulm, The View behind the Foreground, The Political History of the Ulm School of Architecture, 1953-1968*, Stuttgart, Londres, Axel Menges, 2002.

TOPHAM, Sean, *Blow up, Inflatable Art, Architecture and Design*, Munich, Prestel, 2002.

TOURAINE, Alain, « Contre-culture » [1972], Paris, *Encyclopædia Universalis*, 6, 2002, p. 392.

WHITELEY, Nigel, *Reyner Banham : Historian of the Immediate Future*, Cambridge, MIT, 2002.

BRINKLEY, Alan, « The Concept of an American Century », in MOORE, Laurence, VAUDAGNA, Maurizio (ed.), *The American Century in Europe*, Ithaca, Cornell University Press, 2003.

COUCHAUX, Denis, *Habitats nomades*, Paris, Alternatives, 2003.

EMILI, Anna Rita, *Richard Buckminster Fuller e le neoavanguardie*, Roma, Edizioni Kappa, 2003.

GUARNERI, Andrea Bocco, *Bernard Rudofsky, A Humane Designer*, Vienne/New York, Springer 2003.

INGERSOLL, Richard, « A Post-Apocalyptic View of Ecology and Design », *Harvard Design Review*, nº 18, printemps-été 2003.

LEFAIVRE, Liane, « Everything is Architecture », *Harvard Design Magazine*, printemps/été 2003, p. 64-68.

MACY, Christine, BONNEMAISON, Sarah, *Architecture and Nature, Creating the American Landscape*, New York, Routledge, 2003.

PONTE, Alessandra, « La maison de la lumière et de l'entropie, Habiter dans le désert (américain) », *Exposé revue d'esthétisme et d'art contemporain*, la maison vol. 1, nº 3, 2003.

LYNDON, Donlyn (ed.), *The Sea Ranch*, New York, Princeton Architectural Press, 2004.

LEWALLEN, Constance, SEID, Steve, *Ant Farm, 1968-1978*, Berkeley, University of California Press, Berkeley Art Museum, Pacific Film Archive, 2004.

MANIAQUE, Caroline, « L'*Inflatocookbook* : les fiches de cuisine de l'underground architectural », *Cahiers thématiques*, nº 3, Paris/Lille, Jean-Michel Place/EAL, 2004, p. 149-159.

MANIAQUE, Caroline, « Searching for Energy », in LEWALLEN, Constance, SEID, Steve (ed.), *Ant Farm, 1968-1978*, Berkeley, University of California Press, Berkeley Art Museum, Pacific Film Archive, 2004, p. 14-21.

Rouillard, Dominique, *Superarchitecture, Le futur de l'architecture 1950-1970*, Paris, Éditions de La Villette, 2004.
Saunier, Pierre-Yves, « Circulations, connexions et espaces transnationaux », *Genèses*, n° 57, décembre 2004, p. 110-126.
Snyder, Robert (dir.), *Buckminster Fuller : scénario pour une autobiographie*, Paris, Images modernes, 2004.
Avermaete, Tom, *Another Modern, The Post-War Architecture and Urbanism of Candilis-Josic-Woods*, Rotterdam, NAI publishers, 2005.
Chanéac, Jean-Louis, Amouroux, Dominique, *Architecture interdite*, Paris, Éditions du Linteau, 2005.
Cooper-Richet, Diana, Mollier, Jean-Yves *et al.*, *Passeurs culturels dans le monde des médias et de l'édition (XIXe et XXe siècles)*, Villeurbanne, Presse de l'Enssib, 2005.
Grazia, Victoria de, *Irresistible Empire : America's Advance through 20th-Century Europe*, Cambridge, Mass, The Belknap Press of Harvard University Press, 2005.
Grunenberg, Christopher (ed.), *Summer of Love, Art of the Psychedelic Era*, Liverpool, Tate, 2005.
Jackson, John Brinckerhoff, *De la nécessité des ruines et autres sujets*, Paris, Linteau, 2005.
Ross, Kristin, *Mai 68 et ses vies ultérieures*, Bruxelles, Complexe, 2005.
Schaik, Martin van, Otakar Máčel (ed.), *Exit Utopia, Architectural Provocations 1956-1976*, Munich, Prestel, 2005.
Steele, James, *Architecture écologique : une histoire critique*, Arles, Actes Sud, 2005.
Violeau, Jean-Louis, *Les architectes et Mai 68*, Paris, Recherches, 2005.
Sadler, Simon, « Drop City Revisited », *Journal of Architectural Education*, printemps 2006, p. 5-14.
Grenier, Catherine (dir.), *Los Angeles 1955-1985, Naissance d'une capitale artistique*, Paris, Centre Pompidou, 2006.
Jacobs, Karrie, « The Revolution That Never Quite Was the Vermont Enclave », *Metropolis*, octobre 2006, p. 60-63.
Scott, Felicity, « Acid Visions », *Grey Room*, n° 23, printemps 2006, p. 22-39.
Turner, Fred, *From Counterculture to Cyberculture : Stewart Brand, the Whole Earth Network, and the Rise of Digital Utopianism*, Chicago, University of Chicago Press, 2006.
Borasi, Giovanna, Zardini, Mirko (ed.), *Sorry Out of Gas, Architectural's Response to the 1973 Oil Crisis*, Montréal, CCA/ Corraini Edizioni, 2007.
Busbea, Larry Dale, *Topologies : the Urban Utopia in France, 1960-1970*, Cambridge, Mit Press, 2007.
Kirk, Andrew, *Counterculture Green : The Whole Earth Catalog and American Environmentalism*, Lawrence, University Press of Kansas, 2007.
Maniaque, Caroline, « La diffusion des savoirs techniques de la culture de l'éphémère », in Garric, J.-Ph., Nègre, V., Thomine, A. (dir.), *Les avatars de la « littérature » technique, Formes imprimées des savoirs liés à la construction*, Paris, Picard, 2007, p. 411-421.
Maniaque, Caroline, « Sur les pas de la contre-culture », in Borasi, Giovanna, Zardini, Mirko (dir.), *Désolé, plus d'essence : l'innovation architecturale en réponse à la crise pétrolière de 1973*, Montréal, CCA/Corraini Edizioni, 2007, p. 130-131.
Scott, Felicity, *Architecture or Techno-Utopia, Politics after Modernism*, Cambridge, MIT Press, 2007.
Gordon, Alastair, *Spaced Out, Radical Environments of the Psychedelic Sixties*, New York, Rizzoli, 2008.
Maniaque, Caroline, « The American Travels of European Architects : 1958–1973 », in Traganou, Jilly, Mitrašinović, Miodrag (ed.), *Space, Travel, Architecture*, Burlington/Farnham, Ashgate, 2008, p. 189-209.
Sadler, Simon, « An Architecture of the Whole », *Journal of Architectural Education*, vol. 61, n°4, mai 2008, p. 108-129.
Scott, Felicity (ed.), *Living Archive 7 : Ant Farm*, Barcelone, Actar, 2008.
Sornin, Alexis, Jannière, Hélène, Vanlaethem, France (dir.), *Revues d'architecture dans les années 1960 et 1970 : fragments d'une histoire événementielle, intellectuelle et matérielle*, Montréal, IRHA, 2008.
Colomina, Beatriz, Buckley, Craig (ed.), *Clip/Stamp/Fold, The Radical Architecture of Little Magazines 196X to 197X*, New York, Barcelone, Actar, 2010.
Devlieger, Lionel, « Relire Papanek », *Criticat* (Paris), n° 5, mars 2010, p. 106-123.
Kervran, Perrine, Kien, Anaïs, *Les années Actuel : contestations rigolardes et aventures modernes*, Marseille, Le Mot et le reste, 2010.
Lopez, Fanny, *Déterritorialisation énergétique 1970-1980 : de la maison autonome à la cité auto-énergétique, le rêve d'une déconnexion*, thèse de doctorat, Paris I, 2010., multig.
Ausser, Elissa, Lerner, Adam, *West of Center : Art and Experiment in America, 1965-1977, Minneapolis*, University of Minnesota Press, 2011.
Awan, Nishat, Schneider, Tatjana, Till, Jeremy, *Spatial Agency, Other Ways of Doing Architecture*, New York, Routledge, 2011.
Boal, Iain, Stone, Janferie Stone, Watts, Michael, Winslow, Cal (eds.), *West of Eden : Communes and Utopia in Northern California*, Oakland, PM Press, 2012.
Hayes, Richard, « Design / Build » in Ockman, Joan, Williamson, Rebecca (eds), *Architecture School : Three Century of Educating Architects in North America*, Cambridge, MIT Press / Washington, Association of Collegiate Schools of Architecture, 2012.
Sadler, Simon, « A Culture of Connection. How Design Makes Us All Californian », in *Boom : A Journal of California*, vol. 2, n° 1, p. 1-16, printemps 2012.
Frank, Anselm, Diederichsen, Diedrich (eds.), *The Whole Earth. California and the Disappearance of the Outside*, Berlin, Sternberg Press, 2013.
Kallipoliti, Lydia, *Mission Galactic Household : The Resurgence of Cosmological Imagination*, Ph D. dissertation, Princeton University, 2013, multig.
Hirsh, Alison, *City Choreographer : Lawrence Halprin and Public Performance in Urban Renewal America*, Minneapolis, University of Minnesota Press, 2014.

Affiche de Bernard Gotfryd
pour First Earth Day, 1970.

Couverture de *Domus* (Milan),
n° 487, juin 1970.

domus
487 giugno 1970
architettura arredamento arte
HELP!!
EARTH

GO WEST

INDEX

CRÉDITS

Ant Farm : p. 26, 50b.
Architectural Press Archive / Riba (Londres) : p. 180.
Jean Aubert : p. 209.
Steve Baer : p. 149.
Bancroft Library, University of California, Berkeley : p. 45.
Claude Bestel : p. 52.
Steward Brand : p. 42-43, 138, 140, 142-144, 145.
Henri Cartier Bresson © Magnum Photos : p. 103.
Centre canadian d'architecture (CCA, Montréal) : p. 6, 16h, 21, 58, 62, 76, 79, 79, 81, 83, 84, 85, 86, 94-95, 96, 98, 107, 108, 109, 110, 111, 120-121, 122, 147, 174b, 231.
William Chaitkin : p. 16b.
Pierre Colboc : p. 168.
François Dallegret : p. 102.
DR : p. 15, 17, 19h, 34b, 49, 50h, 178.
Frac Centre : p. 108h.
Gébé, L'Association : p. 33.
Sol Goldberg : p. 82.
Lawrence Halprin Collection, the Architectural Archives, University of Pennsylvania : p. 80h.
Ina (Paris) : p. 34,47.
Archives Jean-Paul Jungmann : p. 20, 23, 29h, 88, 90, 91g, 170, 172b, 173, 203, 205, 207, 208.
Lloyd Kahn : p. 72b, 104, 146, 160, 162, 164, 166-167.
Richard Kallweit : p. 64b, 165m.
Chip Lord and Curtis Schreier : p. 155, 156, 157.
Gilles Mahé : p. 61.
Caroline Maniaque : p. 16b, 55, 91d, 105, 169, 215.
Susan Miller : p. 50b.
Jon Naar : p. 66h.
Alexandra Papadakis : p. 68b, 101, 106g, 122d, 134h.
Archives Parenthèses : p. 2, 5, 10, 13, 19b, 22, 24, 25, 39, 41, 66b, 67b, 69g, 70h, 73, 74, 75, 81, 89, 92, 106d, 112, 115, 117, 119, 122g, 135, 144, 148, 151, 159, 163, 164, 182, 183, 184, 185, 187, 188, 191, 193, 194, 196, 197, 198, 199, 200-201, 210, 211, 212.
Pascal Perquis : p. 56.
Centre Pompidou (Paris) : p. 57, 123, 124, 131, 133.
Progressive Architecture : p. 26.
Robert Rauschenberg / Vaga : p. 38.
Michèle Reiser / Éditions Glenat : p. 200-201.
Dennis Stock © Magnum Photos : p. 152.
Marc Vaye : p. 64h, 66m, 68h, 69h, 70b, 150, 165h, 165b, 174h, 189, 190.
Agnès Varda © Ciné-Tamaris : p. 54.

REMERCIEMENTS

Nombreux sont ceux qui m'ont aidée au cours de la préparation de ce livre. Tout d'abord, Jean-Louis Cohen pour ses idées lumineuses et pour son soutien indéfectible tout au long de la recherche. Puis ceux qui m'ont reçue et raconté leurs expériences de voyageurs et d'acteurs, tant aux États-Unis qu'en France : Jean Aubert, Steve Baer, Jay Baldwin, Jean Barda, François Barré, Henri Bonnemazou, Philippe Boudon, Jean Castex, Alain Chatelet, Françoise Choay, Pierre Clément, Claude Costy, Jean-Pierre Cordier, Jean Dethier, David Elalouf, Marc Emery, Harrison Fraker, Dean Fleming, Yona Friedman, Christian Gimonet, Patrice Goulet, Ahmet Gülgönen, Thomas Hugues, Jean-Paul Jungmann, Pierre Lajus, Keith Lindauer, Pierre Lombard, Chip Lord, Georges Maurios, Carl Mitcham, Robin Middleton, Hans-Walter Müller, Marc Pelletier, Alain Peskine, Gwenaël Querrien, Mike Reynolds, Clark Richert, Witold Rybczynski, Jean Soum, Brian Brace Taylor, Marc Vaye, Sim Van der Ryn.

Cela a été pour moi un grand privilège de rencontrer Jean Baudouin, Walter Bird, Marc Dessauce, David Georges Emmerich, Lawrence Halprin, Ivan Illich, Alain Rénier, aujourd'hui disparus.

J'ai eu la chance d'avoir l'assistance de trois lectrices attentives, Anne Debarre, Stéphanie Grégoire et Wilma Wols, qui ont contribué à rendre plus lisible le texte. D'autres encore m'ont invitée à présenter des étapes de ce travail ou m'ont aidée à finaliser un article ou fait part d'informations utiles : Barry Bergdoll, Greg Castillo, Jean-Philippe Garric, Reto Geiser, Isabelle Gournay, Corinne Jaquand, Guy Lambert, Zeuler Lima, Mary McLeod, William Menking, Guillemette Morel Journel, Joe Nasr, Valérie Nègre, Joan Ockman, Max Risselada, Jay Rowell, Paolo Scrivano, Simon Sadler, Catherine de Smet, Christian Topalov, Jilly Traganou, Estelle Thibault, Caroline Varlet, Frank Vermandel. Je voudrais remercier Barbara Shapiro-Comte et Susan Subtle Dintenfass pour m'avoir mise en contact avec Jay Baldwin, Chip Lord et les membres du groupe Ant Farm. Merci aux collègues de l'École nationale supérieure d'architecture Paris-Malaquais et aux chercheurs des laboratoires auxquels j'ai été et suis associée : le LACHT, le LIAT et l'IPRAUS.

Des bourses de la commission Fulbright comme du Getty Research Institute et de la Rockefeller Foundation m'ont permis de financer mes séjours aux États-Unis. Les bourses de la Graham Foundation for Advanced Studies in the Fine Arts et du ministère de la Culture ont facilité la publication de l'ouvrage. L'université de Pennsylvanie et l'université de Californie à Berkeley m'ont accueillie à plusieurs reprises en tant que Visiting Scholar. Une affiliation comme chercheur au Centre Canadien d'Architecture (CCA) ainsi qu'au Center for the Advanced Study in the Visual Arts (CASVA), m'ont permis de bénéficier d'un environnement intellectuel stimulant.

Tim Benton est le compagnon idéal. Nos travaux, aussi différents soient-ils, ont toujours été pour nous l'occasion joyeuse de partager des aventures new-yorkaises, californiennes, coloradiennes, new-mexicaines, parisiennes ou cambridgeoises.

CM

TABLE

« Au fond, "Qu'est-ce qui est arrivé après ?" — voilà la seule raison d'être de la vie ou d'une histoire. »

Jack Kerouac, *Sur la route*

CET OUVRAGE A ÉTÉ COMPOSÉ
EN UTOPIA CORPS 10 [ROBERT SLIMBACH, 1992] POUR LE TEXTE
ET GLYPHA [ADRIAN FRUTIGER, 1977] POUR LES TITRES ET LÉGENDES
ET MIS EN PAGES PAR L'ATELIER GRAPHITHÈSES (MARSEILLE)
SUR UNE IDÉE DE FRANÇOIS BOYER.
ACHEVÉ D'IMPRIMER LE 21 JUILLET 2014
SUR LES PRESSES DE L'IMPRIMERIE SEPEC À PERRONAS
POUR LE COMPTE DES ÉDITIONS PARENTHÈSES À MARSEILLE.

NUMÉRO D'IMPRESSION : 07964140702.
IMPRIMÉ EN UNION EUROPÉENNE.

DÉPÔT LÉGAL : AOÛT 2014.